Elsbeth Bihler

Symbol »Mensch«

W0230995

Elsbeth Bihler

Symbol »Mensch«
Sinne – Fähigkeiten – Berufe

Werkbuch für Religionsunterricht
und Katechese

Lahn-Verlag Limburg

Die Deutsche Bibliothek – CIP-Einheitsaufnahme

Bihler, Elsbeth:
Symbol „Mensch": Sinne – Fähigkeiten – Berufe;
Werkbuch für Religionsunterricht und Katechese /
Elsbeth Bihler. – Limburg: Lahn-Verlag, 1996
ISBN 3-7840-3132-3

Wir danken den Autorinnen und Autoren sowie den Verlagen
für die uns freundlicherweise erteilten Abdruckgenehmigungen.

Gedruckt auf chlorfrei gebleichtem, umweltfreundlichem Papier.

© 1996 Lahn-Verlag Limburg
Lektorat: Dr. Stefan Ohnesorge
Umschlaggestaltung: Jürgen Weber, Limburg
Umschlagfoto: Peter Friebe, Germering
Litho: Koch Lichtsatz und Scan GmbH, Wiesbaden-Nordenstadt
Notensatz: Nikolaus Veeser, Freiburg
Satz: Typo Schröder, Dernbach
Druck: Clausen & Bosse, Leck
Abdruck, auch auszugsweise, nur mit Genehmigung des Verlags.

ISBN 3-7840-3132-3

Inhalt

Vorwort 9

Mit allen Sinnen leben

1. Einführung 11
2. Wahrnehmungsübungen 12
3. Geschichten/Texte 16
4. Lieder/Tanz/Musik 24
5. Biblische Bezüge 29
6. Gestalten/Malen/Basteln 29
7. Spiel und Aktion 33

Hände

1. Einführung 37
2. Wahrnehmungsübungen 38
3. Biblische Bezüge 42
4. Geschichten/Texte 42
5. Lieder/Tanz/Musik 47
6. Bilder 53
7. Gestalten/Malen/Basteln 54
8. Spiel und Aktion 56

Füße

1. Einführung 59
2. Wahrnehmungsübungen 60
3. Biblische Bezüge 61
4. Geschichten/Texte 61
5. Lieder/Tanz/Musik 63
6. Bilder 65
7. Gestalten/Malen/Basteln 65
8. Spiel und Aktion 68

Augen

1. Einführung 71
2. Wahrnehmungsübungen 72
3. Biblische Bezüge 74

4. Geschichten/Texte 75
5. Lieder/Tanz/Musik 79
6. Bilder 84
7. Gestalten/Malen/Basteln 85
8. Spiel und Aktion 87

Ohren

1. Einführung 91
2. Wahrnehmungsübungen 91
3. Biblische Bezüge 92
4. Geschichten/Texte 93
5. Lieder/Tanz/Musik 95
6. Bilder 100
7. Gestalten/Malen/Basteln 100
8. Spiel und Aktion 101

Mund

1. Einführung 103
2. Biblische Bezüge 104
3. Geschichten/Texte 105
4. Lieder/Tanz/Musik 108
5. Gestalten/Malen/Basteln 114
6. Spiel und Aktion 118

Herz

1. Einführung 123
2. Wahrnehmungsübungen 124
3. Biblische Bezüge 126
4. Geschichten/Texte 126
5. Lieder/Tanz/Musik 129
6. Bilder 131
7. Gestalten/Malen/Basteln 131
8. Spiel und Aktion 134

Familie

1. Einführung 139
2. Biblische Bezüge 140
3. Geschichten/Texte 140
4. Lieder/Tanz/Musik 146

5. Bilder 150
6. Gestalten/Malen/Basteln 150
7. Stilleübung 152
8. Spiel und Aktion 153

Kind

1. Einführung 155
2. Biblische Bezüge 156
3. Geschichten/Texte 156
4. Lieder/Tanz/Musik 161
5. Gestalten/Malen/Basteln 165
6. Stilleübungen 167
7. Spiel und Aktion 169

Mutter und Vater

1. Einführung 171
2. Biblische Bezüge 172
3. Geschichten/Texte 173
4. Lieder/Tanz/Musik 177
5. Bilder 185
6. Gestalten/Malen/Basteln 185
7. Stilleübungen 188
8. Spiel und Aktion 190

Bauer

1. Einführung 195
2. Biblische Bezüge 196
3. Geschichten/Texte 196
4. Lieder/Tanz/Musik 199
5. Bilder 201
6. Gestalten/Malen/Basteln 201
7. Stilleübungen 202
8. Spiel und Aktion 205

Hirt

1. Einführung 207
2. Biblische Bezüge 208
3. Geschichten/Texte 208
4. Lieder/Tanz/Musik 212

5. Bilder 215
6. Gestalten/Malen/Basteln 215
7. Stilleübung 219
8. Spiel und Aktion 220

Fischer

1. Einführung 225
2. Biblische Bezüge 226
3. Geschichten/Texte 226
4. Lieder/Tanz/Musik 229
5. Bilder 233
6. Gestalten/Malen/Basteln 234
7. Stilleübungen 236
8. Spiel und Aktion 238

König

1. Einführung 241
2. Biblische Bezüge 242
3. Geschichten/Texte 243
4. Lieder/Tanz/Musik 250
5. Gestalten/Malen/Basteln 254
6. Stilleübungen 257
7. Spiel und Aktion 258

Clown

1. Einführung 265
2. Biblische Bezüge 266
3. Geschichten/Texte 266
4. Lieder/Tanz/Musik 272
5. Bilder 276
6. Gestalten/Malen/Basteln 276
7. Stilleübungen 278
8. Spiel und Aktion 279

Vorwort

Menschen zu einem Leben aus dem Glauben zu befähigen, ist ein wichtiges Ziel von Katechese und Religionsunterricht. Wenn Menschen glauben wollen, müssen sie ihren Glauben kennen und die wichtigsten Glaubensaussagen wissen. Aber allein durch Wissensvermittlung kann es nicht gelingen, Menschen den Zugang zum Glauben zu eröffnen. Ein Glaube, der nicht auch im Alltag und im konkreten Leben erfahrbar wird, trägt nicht.

Während in den drei Bänden der Werkbuchreihe »Symbole des Lebens – Symbole des Glaubens« anhand von Elementen, Dingen und Zeichen versucht wurde, etwas von der Wirklichkeit Gottes in unserem Leben aufscheinen zu lassen, rückt in diesem Werkbuch der Mensch selbst in den Mittelpunkt. In der Schöpfungsgeschichte des Alten Testaments lesen wir: »Gott schuf den Menschen nach seinem Bild, als Abbild Gottes schuf er ihn« (Gen 1,26 f.). Wenn der Mensch wirklich als Abbild Gottes erschaffen ist, dann liegt es nahe, sich auch dem Menschen zu nähern, wenn wir die Wirklichkeit Gottes in unserem Leben neu entdecken wollen.

Durch sein Da-sein, durch sein Denkvermögen und seine emotionalen Fähigkeiten wurde der Mensch im Lauf der Geschichte zum Symbol seiner selbst und zugleich zum Symbol der Gottheit. Der Pharao in Ägypten oder auch der »Inka« in Südamerika z. B. sind als Menschen gleichzeitig die Gottheit selbst. Im Christentum wird Gott in Jesus Christus Mensch. Gott läßt sich auf den Menschen ein und durchlebt mit ihm alle Tiefen des menschlichen Seins. So ist es nur natürlich, daß alles, was dem Menschen eigen ist, seine Fähigkeiten, seine Gefühlswelt, die Ausprägung unterschiedlicher Aufgaben und Berufe, auch einen Symbolwert erhielt, der von vielen Menschen verstanden wird. Diesen Symbolwerten wird hier nachgespürt.

Zunächst geht es darum, die Fähigkeiten des Menschen zu entdecken. Ziel ist, sie nicht nur bei anderen wahrzunehmen, sondern sie auch bei sich selbst zu sehen, auszuprobieren und zu fördern. Es geht um das Wahrnehmen der Vielfalt unserer Sinne und das Staunen über diese Vielfalt. Über das Wahrnehmen der Fähigkeiten, die wir durch unsere Hände und Füße, durch unsere Augen, Ohren und unseren Mund ausüben können, wird das Herz als »Mitte« des Menschen entdeckt; es steht für alles, was sich im »Inneren« des Menschen, in seiner Gefühlswelt und in seinem Menschsein als ganzem abspielt. Wir müssen lernen, mit allen unseren Sinnen zu leben und zu glauben.

Der nächste größere Bereich ist geprägt vom Stichwort »Familie«. Jeder Mensch ist aufgewachsen in einem Umfeld, das im engeren oder weiteren Sinne seine »Familie« bildet. Allgemein gesprochen stehen hier die prägenden sozialen Beziehungen des Menschen im Vordergrund. Die Rollen, Aufgaben und Pflichten von Mutter, Vater und Kind wurden immer wieder neu definiert und wechselten in ihrer jahrtausendealten Geschichte immer wieder. Weil das soziale Gefüge des menschlichen Zusammenlebens aber für den Menschen lebensnotwendig ist, erhielten diese Rollen auch einen Symbolgehalt für Bereiche dieses Zusammenlebens und wurden prägend für das jeweilige Gottesbild und für die Vorstellung von »göttlichem Verhalten«. Neben den Familienrollen, zu denen jeder Mensch in irgendeiner Weise Stellung nehmen muß – ob er nun eine Familie gründet oder nicht – gibt es noch bestimmte Berufsrollen, die unser Leben und unseren Glauben geprägt haben. Dieses Werkbuch beschränkt sich in der Hauptsache auf die Rollen bzw. die Berufe, die im biblischen Bereich zu finden sind: den Bauern, der die Erde bearbeitet, den Fischer und den Hirten, die sich die Tiere des Meeres und der Erde untertan machen, den »König«, der als Herrscher das Leben der Menschen in seinem Land entscheidend beeinflußt. Den Abschluß bildet die Figur des »Narren« bzw. »Clowns«, der den Menschen den Spiegel ihres Lebens vorhält und so gerade in unserer Zeit zur Symbolfigur wurde.

Es geht hier nicht darum, die menschlichen Sinne, Fähigkeiten und Rollen wissenschaftlich zu ergründen. Vielmehr soll Menschen auf möglichst einfache Weise ein Zugang verschafft werden, sich mit diesen Symbolwerten auseinanderzusetzen und sich deren Bedeutung für ihr eigenes Leben zu verdeutlichen, sei es in Schulklassen, in Gemeindegruppen unterschiedlichen Alters und unterschiedlicher Struktur oder auch im Kreis der Familie.

Jeder Symbolwert bildet ein eigenes Kapitel, in dem jeweils nach einer Einführung durch Wahrnehmungs- und Stilleübungen, durch Geschichten/Texte und Lieder/Tanz/Musik sowie Aktions-, Spiel- und Gestaltungselemente Angebote für Kinder, Jugendliche und Erwachsene gemacht werden, ihren Sinnen und ihren verschiedenen Lebensrollen nachzuspüren und deren Bedeutung für das eigene Leben und den eigenen Glauben zu entdecken.

Elsbeth Bihler

10

Mit allen Sinnen leben

1. Einführung

Unsere Umwelt nehmen wir mehr oder weniger bewußt über unsere Sinne wahr. Das erscheint uns selbstverständlich und wird häufig erst dann bemerkt, wenn einer dieser Sinne kurz- oder langfristig nicht mehr verfügbar ist. Eine wichtige Aufgabe ist es deshalb, unsere Sinne zu schärfen und neu auf sie aufmerksam zu machen.

Das erste Kapitel ist unserem Körper mit seinen Sinnen und Gliedmaßen gewidmet. Es geht darum, die einzelnen Fähigkeiten unseres Körpers wahrzunehmen, zu schulen und vielleicht wieder neu gebrauchen zu lernen. Dann können wir unsere Umwelt nicht nur neu wahrnehmen, sondern unserem Wahrnehmen auch wieder vielfältig Ausdruck geben.

Um unsere Sinne wirklich einzusetzen, bedarf es des Zusammenspiels aller Fähigkeiten, die letztlich nur im Miteinander den ganzen Menschen ausmachen. Auch in der Bibel finden wir immer wieder Bilder vom Zusammenspiel der einzelnen Körperteile zum Wohl des Ganzen (z.B. 1 Kor 12). So wird das Zusammenspiel der einzelnen Sinne und Körperteile mit ihren je eigenen Fähigkeiten häufig als Bild für menschliches Zusammenleben dargestellt.

Außerdem finden wir in allen religiösen Kulturen Ausdrucksformen, die durch die unterschiedlichen Sinne geprägt sind: der gesamte Körper im Tanz, das Ohr in der Musik, das Auge in Kostümen, Masken und Gewändern, die Nase durch unterschiedliche Wohlgerüche (z.B. Weihrauch in der katholischen Kirche oder Räucherstäbchen in den asiatischen Religionen).

Es geht im christlichen Leben nicht zuletzt darum, die Wirklichkeit Gottes mit allen Sinnen wahrzunehmen und diese dann wieder zum Aufbau des Reiches Gottes im Geiste Jesu Christi einzusetzen. Bei dieser Sichtweise ist es nur natürlich, daß unterschiedliche Gaben und Begabungen entdeckt, gefördert und zum Wohl aller eingesetzt werden sollten.

2. Wahrnehmungsübungen

L = Leiter/in; TN = Teilnehmer/in(nen). Jede freie Zeile im Sprechtext bedeutet eine längere Sprechpause.

(1) Meditation zur Einstimmung: Psalm 139,1–18.23–24

L spricht:
Wir hören ruhige, leise Musik. Eine/r liest nach einer Weile langsam den Psalm vor. Wir lesen, jede/r für sich, noch einmal den Psalm.
Jede/r sagt langsam einen Psalmvers, der ihm/ihr besonders wichtig erscheint.
Zwischen den einzelnen Versen lassen wir uns Zeit.
Wenn niemand mehr etwas sagen will, liest eine/r den ganzen Psalm noch einmal vor.

(2) Ankommen

Die Mitte des Kreises ist gestaltet (mit Blumen, Kerzen oder etwas, das zum Inhalt des Treffens gehört). Die TN sitzen im Stuhlkreis.

L spricht:
Wir sind hierher gekommen, um miteinander ... *(L nennt den Grund des Beisammenseins.)*
Aus den unterschiedlichsten Richtungen sind wir hier eingetroffen.
Ich lade euch/Sie jetzt ein, einmal ganz ruhig zu werden.

Wir stellen beide Füße auf den Boden und legen die Hände auf die Oberschenkel.

Wir schließen die Augen.

In Gedanken verlassen wir noch einmal unsere Wohnung und machen uns auf den Weg hierher.

Wenn wir in Gedanken hier angekommen sind und auf unserem Stuhl Platz genommen haben, wollen wir mit allen Sinnen wahrnehmen, wo wir sind.

Wir spüren.

Wir spüren den Stuhl, auf dem wir sitzen.

Wir spüren unter unseren Fußsohlen den Boden.

Wir spüren mit unseren Handflächen unsere Beine.

Wir spüren die Nähe der anderen Menschen im Raum.

Wir riechen.

Wir riechen die Möbel und die Tapete im Raum.

Wir riechen den Geruch der anderen Menschen.

Wir hören.

Wir hören die Geräusche, die von außen in den Raum dringen.

Wir hören das Atmen der Menschen um uns.

Wir hören die kleinsten Geräusche.

Wir hören die Stille.

Wir sehen.

Wir öffnen die Augen.

Wir schauen.

Wir schauen genau hin.

Wir schauen geradeaus.

Wir schauen nach links und nach rechts.

Wir schauen hinter uns.

Wir schauen in die Mitte.

Wenn wir alles in Ruhe angeschaut haben, sind wir wirklich da.

Wir können beginnen ... *(Inhalt des Zusammentreffens.)*

(3) Türen an uns

Siehe Elsbeth Bihler, Symbole des Lebens – Symbole des Glaubens III: Stein – Kreis/Mitte, S. 165.

(4) Weihrauch

Wahrnehmung »Riechen«

Die TN sitzen im Kreis auf dem Fußboden. In der Mitte steht ein Weihrauchfaß mit glühender Kohle und ein Gefäß mit Weihrauchkörnern.

L spricht:
In der Mitte sehen wir ein Weihrauchfaß.
In ihm brennt eine Kohle.
Daneben steht ein Gefäß mit Weihrauch.
Wir schließen die Augen, damit wir den Weihrauch besser riechen können.

Ich lasse jetzt die Weihrauchkörner im Kreis herumgehen.
Alle sind eingeladen, ihren harzigen Geruch aufzunehmen.

L gibt das Gefäß mit den Weihrauchkörnern herum. Wenn alle daran gerochen haben, spricht er/sie weiter:
Jetzt lege ich einige Weihrauchkörner auf die glühende Kohle.

Wir warten, bis der Geruch des brennenden Weihrauchs in unsere Nase dringt.
Dann öffnen wir die Augen.

(5) Der Apfel

Wahrnehmung »Schauen, Fühlen, Riechen, Schmecken«

Die TN sitzen im Kreis, in der Mitte steht ein Korb mit Äpfeln, für jede/n TN einer.
Mehrere Obstmesser liegen im Kreis verteilt.

L spricht:
In unserer Mitte sehen wir einen Korb mit Äpfeln.
Sie sind das Jahr über an einem Baum gewachsen und gereift.
Sonne, Regen und Wind waren an ihrem Reifungsprozeß beteiligt.
Menschen haben sie geerntet.
Jede/r von uns ist eingeladen, sich einen Apfel aus dem Korb zu nehmen und sich dann wieder in den Kreis zu setzen.

Wir schauen unseren Apfel an.
Wir sehen seine Farbe.
Wir sehen die Struktur seiner Schale.

Wir betrachten seine Form.
Vielleicht hat er noch einen Stiel, mit dem er am Baum befestigt war.

Wir schließen die Augen.
Wir befühlen unseren Apfel.
Langsam und sanft streichen unsere Finger über seine Schale.
Wenn wir ihn ganz mit unseren Händen ertastet haben,
nehmen wir seinen Geruch mit der Nase auf.

Wir öffnen die Augen.
Wir nehmen ein Obstmesser in die Hand.
Wir schneiden den Apfel im Querschnitt in der Mitte durch.
Wir betrachten das Gehäuse.
Es sieht aus wie ein kleiner Stern.
Wir sehen die Apfelkerne.
Wir sehen das saftige Fruchtfleisch.

Wir schließen die Augen und beginnen unseren Apfel zu essen.
Langsam kauen und schmecken wir.
Wer genug gegessen hat, öffnet wieder die Augen.

Wenn alle TN ihren Apfel gegessen haben, ist die Wahrnehmungs-
übung beendet.
(Diese Übung ist in ähnlicher Weise mit unterschiedlichen Lebens-
mitteln durchführbar.)

(6) Die Muschel
Wahrnehmung »Schauen, Fühlen, Hören«

Die TN sitzen im Kreis, einige mittelgroße Muscheln (möglichst für
jede/n TN eine) liegen neben einer großen Muschel in der Mitte.

L spricht:
In der Mitte sehen wir Muschelgehäuse.
Als sie noch im Meer lagen, dienten sie Lebewesen als Behausung.
Tag und Nacht ist das Rauschen des Meeres an ihnen vorbeige-
zogen.
Wir lassen einige Muscheln im Kreis herumgehen.
Wir schauen sie an und betrachten ihre unterschiedliche Form.

Wenn alle TN eine Muschel angeschaut haben, spricht L weiter:

Wir schließen die Augen und geben die Muscheln weiter.
Wir tasten ihre Oberfläche ab und erfühlen ihre Form.

Wenn alle TN die Muscheln gefühlt haben, spricht L weiter:
Wir führen die offene Seite der Muschel an unser Ohr und hören
mit geschlossenen Augen auf das Rauschen.

3. Geschichten/Texte

(1) Tao

Tao, der kleine Rabe war einmal vergnügt und glücklich. Doch eines
Tages, auf seinem Weg, findet Tao ein großes, glitzerndes Goldstück.
Lange betrachtet er es. Von dem Glanz wird er immer mehr geblendet, bis er nicht mehr sieht und spürt, was um ihn herum geschieht.
Er merkt nicht, wie ihn ein seltsamer Zauber bei diesem Goldstück
hält. Tao kann nicht mehr davon lassen, und so zieht und zerrt er es
mit sich. Immer wieder schaut er sich verstohlen nach allen Seiten
um, denn er möchte niemand begegnen. Was wäre, wenn ihm
jemand seinen kostbaren Schatz wegnehmen wollte? Ängstlich sucht
er nach einem Versteck. Doch kein Ort ist ihm sicher genug. So ver-
gehen viele Tage und Nächte. Ruhelos schleppt der kleine Rabe
seine schwere Last mit sich herum, bis er sehr, sehr müde ist und
nicht mehr gehen kann. Jetzt erst merkt er voller Schrecken, daß er
alle seine schönen, großen Federn verloren hat. Er hat ja nur noch
auf das Goldstück geachtet. Traurig steht Tao nun da.
»Kann ich dir helfen?« hört er plötzlich eine Stimme neben sich. Es
ist das Glückskäferchen. »Ich kann nicht mehr fliegen«, schluchzt
Tao verzweifelt. »Komm, wir wollen sehen, wie du deine Federn
wiederbekommen kannst.«
Das Glückskäferchen führt Tao zu einem hohlen Baum. Dort lebt
ein alter Kauz. »Man bekommt ihn selten zu sehen«, erzählt das
Käferchen. »Er weiß aber sehr viel. Ihn wollen wir um Rat fragen.«
Tao klopft mit seinem Schnabel immer wieder an den Stamm, zuerst
ganz zaghaft, dann lauter und lauter. Endlich schaut der Kauz heraus. Man hat ihn gestört. Er hört, was Tao erzählt und schüttelt
dann den Kopf. »Ich suche Sterne am Himmel und keine schwarzen

Federn, die der Wind verweht hat«, sagt er ärgerlich. Wieder machen sich Tao und das Käferchen auf den Weg. Sie kommen zur weisen Eule. Aufmerksam hört diese vom Kummer des kleinen Raben. Die weise Eule überlegt langt, dann sagt sie: »Elf Federn hast du verloren. Mit jeder dieser Federn hast du aber auch etwas verloren, das man nicht sehen kann. Wenn du herausfindest, was es ist, wirst du nach und nach neue Federn bekommen.« »Wie soll ich das nur machen?« fragt Tao verzagt. »Wenn du eine Feder von mir hättest, könnte es dir vielleicht möglich sein«, sagt die weise Eule. »Aber für meine Feder mußt du mir dein Goldstück geben. Du kannst es wiederhaben, wenn du meine Feder zurückbringst.« Sein Goldstück soll Tao hergeben? Niemals! Aber weil der kleine Rabe sich nichts sehnlicher wünscht, als wieder fliegen zu können, tauscht er dann doch sein Goldstück gegen eine Feder von der weisen Eule.

Es ist schon dunkel, aber Tao kann nicht einschlafen. Er meint immer noch, er müsse auf das Goldstück aufpassen, wie in all den anderen Nächten zuvor. Hätte er es nicht behalten sollen? Am Himmel leuchten die Sterne. »Sie funkeln wie lauter kleine Goldstücke«, flüstert das Käferchen. »Und man braucht sie nicht zu bewachen«, murmelt Tao und schläft endlich ein. Er schläft tief und ruhig wie schon lange nicht mehr. Als er erwacht, ist ihm eine neue Feder gewachsen. Warum wohl? Tao denkt lange nach: »Ich habe auch meine *Ruhe* wiedergefunden, die mir verlorengegangen war.« Nach der kühlen Nacht läßt sich der kleine Rabe behaglich den Tau auf seinem Rücken von der Morgensonne trocknen. Er spürt, wie sich die klare Luft um ihn herum erwärmt und angenehme Wärme durch alle seine Glieder dringt. »Du hast schon wieder eine Feder bekommen«, ruft das Käferchen. »Ich weiß auch warum«, sagt Tao, »ich kann wieder *fühlen*. Ich verstehe nun auch, was die weise Eule gemeint hat. Alle meine Sinne muß ich gebrauchen, um mich und andere froh zu machen und damit meine Federn wiederzubekommen.« Zwischen Blumen wie Sonnen fliegt das Glückskäferchen voraus.

Tao aber bleibt immer wieder zurück. »Ich lausche«, sagt er. »Ich höre Töne und Stimmen, die ich lange nicht mehr gehört habe: das Zirpen der Grillen, das Plätschern der Quelle, das Gesumm der Bienen. Ich möchte den Wind zwischen den langen Gräsern und in den Glockenblumen *hören*.«

»Riechst du den Duft der Blüten?« fragt das Käferchen.

Tao schüttelt traurig den Kopf. Doch bald spielen die beiden übermütig zwischen den Blumen einer großen Wiese. Als Tao ganz tief Atem holen muß, hat er plötzlich viele angenehme Düfte in der Nase: zarte und kräftige, feine und herbe. Wo kommen sie nur alle her? Hier von den Blumen, dort vom frischen Heu, am Bach vom Moos auf den Steinen, von der Rinde der Bäume und vom Blütenstaub, der von ihren Wipfeln kommt. Wie aufregend ist es für den kleinen Raben, dies alles zu *riechen*.

Inzwischen ist Tao hungrig geworden. Früher, als er noch sein Goldstück bewachen mußte, verschlang er hastig alles, was er aß. Heute nun sieht er große, leuchtendrote Kirschen an einem Zweig zur Erde herabhängen. Bedächtig pflückt er eine um die andere und genießt es, wie gut sie *schmecken*.

»Sieh doch die Schmetterlinge bei den Mohnblumen, und die Wasserperlen auf den Gräsern! Oh, wie schön ist das alles!« ruft Tao dem Glückskäferchen zu. »Wo hatte ich bloß meine Augen? Was ist schon der Glanz eines Goldstücks gegen die prächtigen Farben ringsumher! Ich kann alles *sehen*.« Das Glückskäferchen hat längst bemerkt, daß Tao neue Federn bekommen hat, sagt ihm aber nichts. Es soll eine Überraschung werden. Aber wie sollten sie die anderen Federn noch finden?

Bei den Fliegenpilzen machen Tao und das Glückskäferchen Rast. »Warum bist du so traurig?« fragt das Käferchen den kleinen Fliegenpilz. »Siehst du denn nicht, daß ich die schönen, weißen Punkte auf meiner Kappe nicht mehr habe? Dieser kleine Rabe hat hier ein großes Goldstück vorbeigeschleppt. Dabei ist er so achtlos gegen mich gestoßen, daß meine weißen Tupfen alle abgefallen sind. Beinahe hätte er mich umgeknickt. Jetzt lachen mich alle aus und sagen: Ein Pilz ohne Punkte, das soll ein Fliegenpilz sein?« Tao hört dies und ist sehr betrübt. »Wie könnte ich es nur wieder gutmachen?« fragt er ratlos. Doch das Glückskäferchen hat eine Idee und sagt zu dem kleinen Pilz: »Ich schenke dir meine schwarzen Punkte, damit bist du ein ganz besonderer Fliegenpilz.« Darüber ist der kleine Pilz sehr glücklich. Aber noch glücklicher ist Tao. Er erlebt, wie schön es ist, Freunde zu haben und selbst *Freund* zu sein. Der kleine Rabe macht vor *Freude* einen Luftsprung. Dabei berührt er einen blühenden Strauch. Goldfarbener Blütenstaub schwebt herunter und wird vom Wind fortgetragen. Dort, wo das Käferchen früher schwarze Punkte hatte, schimmert es nun golden.

Das Glückskäferchen möchte gern seinen neuen Schmuck genauer betrachten. Es fliegt an dem über die Steine plätschernden Bächlein entlang, bis es eine Stelle findet, wo das Wasser ruhig und glatt ist. Hier kann man sich spiegeln. Das Käferchen ist entzückt und dreht und wendet sich, bis es, o weh, kopfüber ins Wasser fällt. Es zappelt ängstlich mit den Beinen. Doch statt sich zu befreien, treibt es dem nächsten Strudel zu. Tao erschrickt. Er flattert herbei, so rasch es eben geht, und kann seinen kleinen Freund gerade noch aus dem Wasser holen. »Ich bin dir sehr dankbar«, sagt das Käferchen, »und sieh nur, du hast eine neue Feder bekommen! Sicher dafür, daß du *helfen* konntest.« Nun spiegelt sich auch Tao und sieht jetzt erst, wie viele Federn er schon wieder hat.

Unter blühenden Apfelbäumen erholen sich Tao und das Käferchen von ihrem Schrecken. Ganz still beobachten sie, wie drei junge Eulen friedlich auf einem Zweig schlafen. Aber was bewegt sich dort? Ein Fuchs schleicht sich an die Kleinen heran. Laut summend und krächzend stürzen die zwei auf den Fuchs los. Das Käferchen schwirrt ihm um den Kopf herum, und Tao zupft ihn *mutig* von hinten am Fell. Die kleinen Eulen werden wach und fliegen weg. Der Fuchs muß sich eine andere Beute suchen.

Weit spannt sich der Regenbogen über das Land. Still bewundern ihn die beiden Freunde lange. Endlich sagt Tao: »Ich fühle etwas stark und tief in mir.« »Ist es Glück?« fragt das Käferchen. »Ja, aber es ist mehr. Ich möchte, daß auch andere glücklich sind.« »Es ist Liebe«, jubelt das Glückskäferchen, »ja, es muß *Liebe* sein, denn sieh nur, die letzte Feder, die du bekommen hast, ist die größte und schönste.« Froh und leicht schwingen sich beide in die Luft, und Tao kann wieder fliegen, so hoch und weit er will.

Ein schöner, warmer Sommer ist vorüber. Die Tage werden kürzer, und Tao denkt viel über seine Erlebnisse nach. Er erinnert sich an die weise Eule und bringt ihr dankbar ihre kleine Feder zurück. Er bekommt auch sein Goldstück wieder. Es glänzt noch genauso wie früher. Doch Tao läßt sich nicht mehr davon blenden.

Was wird Tao wohl mit dem Goldstück machen?

Else Schwenk-Anger

Aus: Else Schwenk-Anger, Tao. Der kleine Rabe, ESA-Verlag, Alpirsbach 6. Auflage 1994.

(2) Wer bin ich?

Eine alte Geschichte berichtet von einem Einsiedler. Der klagte oft, daß er soviel zu tun habe. Darüber wunderten sich die Leute, und sie fragten ihn, was denn das eigentlich wäre. Er erklärte es: »Ich habe zwei Falken zu zähmen, zwei Sperber abzurichten, zwei Hasen aufzuhalten, eine Schlange zu behüten, einen Esel zu beladen, Pferde zu satteln und einen Löwen zu bändigen.«

»Nun ja«, sagten die Leute, »das ist allerdings viel; da ist die Zeit ausgefüllt. Aber wo ist denn die ganze Menagerie? Wo sind die Tiere, von denen du da redest? Wir sehen doch nichts davon.«

Da erzählte der Einsiedler auf eine Weise von diesen Tieren, daß sie ihn alle verstanden. Denn solche hatten sie zu Hause auch. Übrigens: wir auch.

Die zwei Falken, das sind unsere Augen, die sich auf alles stürzen, manchmal zu Stielaugen werden und sich da und dort festkrallen. Es ist oft schwierig, sie zu zähmen.

Und die zwei Sperber? Diese Greif-Vögel? Das sind unsere Hände, die zupacken. Und was sie einmal haben, das lassen sie nicht wieder los. Manchmal geraten sie auch außer Kontrolle. Dabei könnten sie etwas anderes tun: Sie könnten streicheln, lindern, helfen, loslassen.

Und die zwei Hasen, die wir aufzuhalten haben? Manchmal schwierig genug – unsere Füße, die mit uns auf und davon gehen, dahin und dorthin, Haken schlagen, uns unstet machen.

Am schwersten ist die Schlange zu zähmen, die hinter dem Gehege unserer Zähne: die Zunge. Einer hat einmal gesagt: »32 Zähne sind machtlos gegen eine Zunge!« Nicht umsonst spricht man so manches Mal von »Doppelzüngigkeit«. Aber diese Zunge kann auch trösten, Gutes sagen.

Und dann ist ein Esel zu beladen: unser Körper. Wie oft gleicht er einem solchen Tier. Ist er überlastet, wehrt er sich, schlägt aus, macht nicht mehr mit, ist »störrisch wie ein Esel«. Und dabei brauchen wir ihn.

Und dann gilt es noch einen Löwen zu bändigen. Vom Löwen sagt man, er sei der König der Tiere – so wie das Herz die Zentrale der Macht ist, Sitz für großen Mut, aber auch Keimzelle des Hasses und der Rache. »Das Herz – ein trotzig und verzagt Ding.« Aber es kann auch großherzig sein.

Wir werden heute, obwohl uns niemand diese Menagerie ansieht, genug zu tun haben, mit ihr fertig zu werden.

Johannes Kuhn

Aus: Johannes Kuhn, Ermunterung. Zum Anfangen und Atemholen, Kreuz Verlag, Stuttgart 8. Auflage 1994.

(3) Auf jeden kommt es an

Der kleine Finger und der Daumen fingen einen Streit an. Der Daumen sagte: »Kleine Finger sind nicht wichtig.« »Das darfst du nicht sagen«, sagte der kleine Finger, »ich bin auch etwas wert.« »Sieh mal, ich bin beweglicher und kann mich besser krümmen als du!« Der Streit ging eine ganze Weile hin und her. Im Grunde waren alle Finger unzufrieden, daß sie nur Finger waren und blickten neidisch auf die Augen. »Wir«, sagten die Finger, »müssen immer hart arbeiten, zupacken, zugreifen, festhalten! Die Augen da oben, die haben's gut! Die drehen sich nur ein bißchen, wandern von links nach rechts und haben Zeit, die Welt zu bestaunen!« »Ja, wir Augen sind eben mehr wert! Wir sind kostbar! Zu dem, was wir machen, seid ihr Finger nicht zu gebrauchen. Wir sind froh, daß wir nicht so kleine krumme Finger sind wie ihr!« Da wurden die Finger zornig: »Hütet euch, ihr Augen, wir können euch wehtun und kratzen! Wartet, wir zeigen es euch!« Und der Streit wurde immer heftiger. Die Füße und die Zehen fingen an mitzustreiten, und der Mund tönte am lautesten: »Ich bin am nützlichsten! Nur ich bin etwas wert!« Schließlich fing jeder mit jedem zu kämpfen an, so daß es wie ein richtiger Krieg war ...!

Heinz Janssen

Aus: Heinz Janssen, Im Laufe eines Jahres, Verlag Butzon & Bercker, Kevelaer 1976.

(4) Das Auge

Das Auge sagte eines Tages: »Ich sehe hinter diesen Tälern im blauen Dunst einen Berg. Ist er nicht wunderschön?«
Das Ohr lauschte und sagte nach einer Weile: »Wo ist ein Berg, ich höre keinen?« Darauf sagte die Hand: »Ich versuche vergeblich, ihn zu begreifen. Ich finde keinen Berg.«
Die Nase sagte: »Ich rieche nichts. Da ist kein Berg.« Da wandte

sich das Auge in eine andere Richtung. Die anderen diskutierten weiter über diese merkwürdige Täuschung und kamen zu dem Schluß: »Mit dem Auge stimmt etwas nicht.«

Khalil Gibran

Aus: Khalil Gibran, Der Narr. Lebensweisheit in Parabeln, Walter Verlag, Düsseldorf 13. Auflage 1993.

(5) Der Blinde und der Lahme

Ein Blinder und ein Lahmer wurden von einem Waldbrand überrascht. Die beiden gerieten in Angst. Der Blinde floh gerade aufs Feuer zu. Der Lahme rief: »Flieh nicht dorthin!« Der Blinde fragte: »Wohin soll ich mich wenden?« Der Lahme: »Ich könnte dir den Weg vorwärts zeigen, so weit du wolltest, da ich aber lahm bin, so nimm mich auf deine Schultern, damit ich dir angebe, wo du den Schlangen, Dornen, dem Feuer und anderen Gefahren aus dem Weg gehen kannst, und damit ich dich glücklich in die Stadt weisen kann.« Der Blinde richtete sich nach des Lahmen Worten, und so gelangten die beiden wohlbehalten in die Stadt.

Indisches Märchen

(6) Wider die Angst

Unter den vielen, vielen Tieren der Schöpfung lebte eine kleine Maus mit einer ganz, ganz großen Seele. Eine Seele zu haben, war ja der Wille des Schöpfers. Aber gleich eine so große!
Manchmal meinte die kleine Maus, sie wäre ein einziges Ohr.
Kann man sich vorstellen, nur Ohr zu sein? Alles zu hören, selbst die feinsten Klageschreie der gejagten Kreatur.
Immer wenn sie so ganz Ohr war, wünschte sie sich einen Berg von Watte, um nichts mehr hören zu müssen. Denn was sie hörte, machte ihr Angst, schreckliche, peinigende Angst, so daß sie sich selber vorkam, als sei sie von tausend Katzen umstellt.
Manchmal meinte die kleine Maus, sie wäre ein einziges Auge.
Kann man sich vorstellen, nur Auge zu sein? Alles zu sehen, selbst die unscheinbarsten Wunden der geplagten Kreatur.
Immer wenn sie so ganz Auge war, wünschte sie sich einen Berg von Tüchern, um nichts mehr sehen zu müssen. Denn was sie sah, machte ihr Angst, schreckliche, peinigende Angst, so daß sie sich

vorkam, als stäke sie in einer gräßlichen Falle.

Manchmal meinte die kleine Maus, sie wäre eine einzige Nase.

Kann man sich vorstellen, nur Nase zu sein? Alles zu riechen, was zum Himmel stinkt in der Welt der verzagten Kreatur!

Immer wenn sie ganz Nase war, wünschte sie sich ein Faß voll Parfüm, um nichts riechen zu müssen. Denn was sie roch, machte ihr Angst, schreckliche, peinigende Angst, so daß sie sich vorkam, als säße sie mitten im Speck voller Gift.

In ihrer Not ging sie zum Schöpfer: »Lieber Herr«, sagte sie, »ich möchte keine große Seele. Ich habe zuviel Angst und kann bald nicht mehr leben.«

Gütig antwortete ihr der Vater des Lebens: »Sag mir, ist es die Wirklichkeit, die du hörst, siehst und riechst?«

»Ja«, antwortete die kleine Maus mit der großen Seele.

»Nein«, sagte der Herr geduldig, »es ist nicht die Wirklichkeit, es ist die Fratze der Wirklichkeit. Ich verstehe, daß du Angst hast. Aber ich brauche deine große Seele, damit das wirkliche Leben zum Vorschein kommen kann. Ich will dir helfen, daß aus dem Hören das Begreifen, aus dem Sehen das Erkennen und aus dem Riechen das Empfinden für meine Wahrheit wird.«

Glücklich ging die kleine Maus mit der großen Seele nach Hause, wußte sie doch nun, daß sie wichtig war und nicht allein und voller Kraft.

Peter Spangenberg

Aus: Peter Spangenberg, Na gut ... sagte der Bär. Fabelhafte Weisheiten, © Agentur des Rauhen Hauses, Hamburg 1996.

(7) Christus hat keine Hände

Christus hat keine Hände, nur unsere Hände,
um seine Arbeit heute zu tun.
Er hat keine Füße, nur unsere Füße,
um Menschen auf seinen Weg zu führen.
Christus hat keine Lippen, nur unsere Lippen,
um Menschen von ihm zu erzählen.
Er hat keine Hilfe, nur unsere Hilfe,
um Menschen an seine Seite zu bringen.

Herkunft unbekannt.

4. Lieder/Tanz/Musik

(1) Paß auf, kleines Auge (Spiellied für kleine Kinder)

1. Paß auf, klei - nes Au - ge, was du siehst, paß
auf, klei - nes Au - ge, was du siehst. Denn der
Va - ter im Him - mel schaut im - mer auf dich, denn der
Va - ter im Him - mel hat dich lieb.

2. Paß auf, kleines Ohr, was du hörst –

3. Paß auf, kleiner Mund, was du sprichst –

4. Paß auf, kleine Stirn, was du denkst –

5. Paß auf, kleine Hand, was du tust –

6. Paß auf, kleiner Fuß, wohin du gehst –

7. Paß auf, kleines Herz, wer in dir wohnt –

Herkunft unbekannt.

Spielanleitung:

Bei jeder Strophe zeigen die Kinder auf die Dinge, die genannt sind:
Auge, Ohr, Mund, Stirn, Herz. Bei der Strophe »Hand« strecken sie
die Hände nach oben. Bei der Strophe »Fuß« zeigen sie ihre Füße
vor. Beim Refrain »Denn der Vater ...« klatschen alle im Rhythmus
mit.

(2) Herr, dein Wort bedeutet Leben

2. Herr, dein Wort bedeutet Liebe,
   du willst allen Bruder sein.
   Unsre Hände sollen Werkzeug
   deiner Liebe zu uns werden.
   Lebe in uns, mach uns frei.
   Lebe in uns, mach uns frei.

3. Herr, dein Wort bedeutet Hoffnung,
   Herr, wir danken für dein Wort.
   Laß uns aus der Hoffnung leben,
   beten, handeln für dein Reich.
   Dazu hilf uns, unser Gott.
   Dazu hilf uns, unser Gott.

T: Bernhard Fuhrmann M: Ulrich Rademacher
Rechte: bei den Autoren.

Tanzbeschreibung:

Alle stehen im Kreis, die Hände durchgefaßt.

Takt 1–2:   Acht Schritte rechts im Kreis gehen, nach den ersten
             vier Schritten die Arme mit den durchgefaßten Händen
             heben.

Takt 3–4:   Stehenbleiben, Gesicht zur Mitte, die Hände bittend
             nach oben führen.

Takt 5–8:   Im »Mayim-Schritt« rechts herum gehen (rechts seit,
             links kreuzt vorne, rechts seit, links kreuzt hinten).

Takt 9–10:   Jede/r dreht sich mit gehobenen Händen um sich
             selbst, rechts herum.

Takt 10–11: Jede/r dreht sich mit gehobenen Händen um sich
             selbst, links herum.

(3) Hände, die schenken

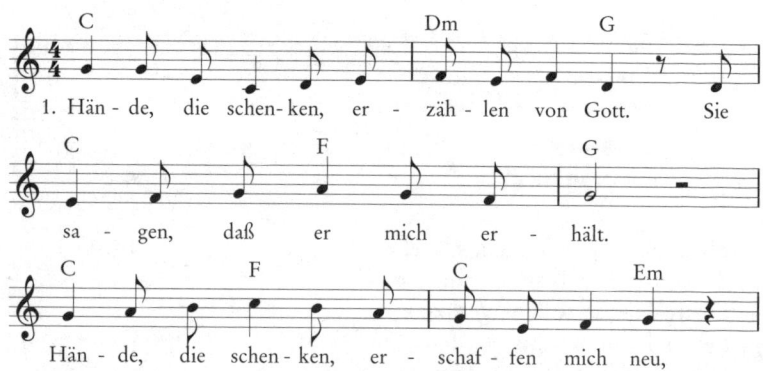

1. Hän - de, die schen - ken, er - zäh - len von Gott. Sie
sa - gen, daß er mich er - hält.
Hän - de, die schen - ken, er - schaf - fen mich neu,

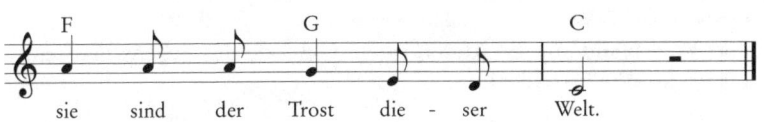

sie sind der Trost die - ser Welt.

2. Worte, die heilen, erzählen von Gott.
   Sie sagen, daß er zu mir steht.
   Worte, die heilen, befreien mich heut',
   sie sind das Licht dieser Welt.

3. Augen, die sehen, erzählen von Gott.
   Sie sagen, daß er auf mich schaut.
   Augen, die sehen, sie öffnen die Tür,
   sie sind die Hoffnung der Welt.

4. Lippen, die segnen, erzählen von Gott.
   Sie sagen, daß er mich erwählt.
   Lippen, die segnen, sind Freude für mich,
   sie sind die Zukunft der Welt.

T: Claus-Peter März M: Kurt Grahl
Rechte: bei den Autoren.

Tanzbeschreibung:

Aufstellung in einem Innen- und einem Außenkreis, jeweils zwei Partner/innen stehen sich gegenüber.

1. Str.:
Takt 1–2: Die Partner/innen reichen sich die Hände (Gebärde des Gebens).
Takt 3–4: Hände wie eine Schale nach oben führen.
Takt 5–6: Handfassung mit den Partner(inne)n, und die Paare drehen sich umeinander.
Takt 7–8: Die Paare lösen die Handfassung, beide Kreise gehen zwei kleine Schritte nach links, so daß jede/r eine/n neue/n Partner/in hat.

2. Str.:
Takt 1–2: Hand auf die Lippen legen, dann dem Gegenüber die Hand reichen.
Takt 3–8: Wie Strophe 1.

27

3. Str.:
Takt 1–2: Hand auf die Augen legen. Gebärde des Sehens machen.
Takt 3–8: Wie Strophe 1.

4. Str.:
Takt 1–2: Hand auf die Lippen legen, dann hält der Außenkreis segnend die Hände über die Partner/innen im Innenkreis.
Takt 3–8: Wie Strophe 1.

Walburga Schnock-Störmer

(4) Verklanglichung: Der Blinde und der Lahme

Siehe Abschnitt 3 Nr. 5.

Vorstellung:	**Verklanglichung:**
Blinder	*Melodie auf dem Metallophon (wird jedesmal wiederholt, wenn der Blinde redet oder etwas tut)*
Lahmer	*Melodie auf dem Xylophon (wird jedesmal wiederholt, wenn der Lahme redet oder etwas tut)*
Waldbrand	*Rasseln, Papierknistern*
Gehen	*Klanghölzer. Das Waldbrandgeräusch wird immer leiser.*

(5) Verklanglichung: Wider die Angst

Siehe Abschnitt 3 Nr. 6.

Vorstellung:	**Verklanglichung:**
Die kleine Maus	*leise, sanfte Töne auf dem Glockenspiel*
Das Ohr	*Handtrommel*
Das chaotische Lärmen	*alle Rhythmusinstrumente durcheinander*
Das Auge	*Fingercymbeln*

Das Schreckliche, das zu sehen ist	*alle Metallinstrumente durcheinander*
Die Nase	*Rumbarasseln*
Der Gestank	*alle Rasseln durcheinander*
Die große Seele und die Wirklichkeit	*harmonische Dreiklänge (z. B. C–E–G oder andere)*

5. Biblische Bezüge

Herr, du hast mich erforscht und kennst mich (Psalm 139)
Der Leib und die vielen Glieder (1 Kor 12,12–27)
Wir haben unterschiedliche Gaben (Röm 12,3–8)
Das Gleichnis vom anvertrauten Geld (Mt 25,14–30; Lk 19,11–27)
Wenn dich deine Hand zum Bösen verführt (Mt 18,8–9; Mk 9,42–47; Lk 17,1–3a)
Sie haben einen Mund ... (Psalm 115,1–8)
Verheißung des messianischen Reiches (Jes 35,1–10; Mt 11,2–6; Lk 7,18–23)

6. Gestalten/Malen/Basteln

(1) Gestaltung: Wo liegen meine Fähigkeiten?

Material:
buntes Tonpapier, Stifte, Scheren

Methode:
Damit sich die Teilnehmer/innen einer Gruppe besser kennenlernen, schneiden sie kleine Tonpapiermännchen aus buntem Tonpapier aus. Jede/r sucht sich eine/n Partner/in und beginnt ein Interview. Die Daten, Interessen und Fähigkeiten werden auf das Männchen geschrieben (wenn sie eindeutig sind, kann man die Fähigkeiten

auch den Gliedmaßen zuordnen). Die einzelnen Männchen werden dann auf ein Gesamtplakat (evtl. in Form eines Kreises oder Hauses) geklebt. Beim Zusammenfügen zu einem großen Bild kann man die Figuren auch schon nach Fähigkeiten sortieren und so einen ersten Überblick erhalten, woran die Gruppe Interesse hat und wo ihre gemeinsamen Fähigkeiten liegen.

(2) Zeichnung zu Psalm 115,1–8: »Die 3 Affen«

Viele Menschen kennen das Bild von den drei Affen, die nebeneinandersitzen:
Der erste hält sich die Augen zu, um nichts sehen zu müssen.
Der zweite hält sich die Ohren zu, um nichts hören zu müssen.
Der dritte hält sich den Mund zu, um nichts sagen zu müssen.

Dieses Bild versucht jede/r zu zeichnen. Es müssen keine Affen sein, einfache Gesichter und Hände reichen (s. u.). Es folgt ein

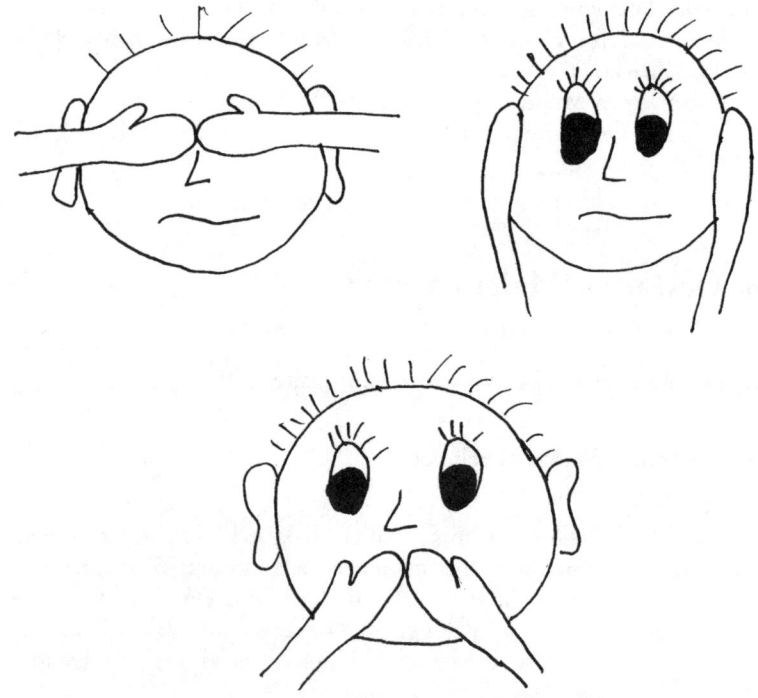

Gespräch über Situationen, in denen wir zu oft wegsehen, nicht hinhören oder betreten schweigen, anstatt den Mund aufzumachen.

(3) Bild malen: Der Blinde und der Lahme

Siehe Abschnitt 3 Nr. 5.

Eine/r bekommt ein Bild (farbiges Kunstbild oder Foto). Er/Sie beschreibt einem/einer Partner/in dieses Bild. Der/Die Partner/in sitzt mit dem Rücken zum/zur Bildbeschreiber/in und versucht, das beschriebene Bild nachzumalen.

(4) Comic: Wider die Angst

Siehe Abschnitt 3 Nr. 6.

Comic malen zu dem, was der kleinen Maus Angst macht:

1. Ganz Ohr sein
In vielen kleinen Bildern werden auf einem Blatt die unterschiedlichsten Geräusche, die der kleinen Maus Angst machen, gezeichnet und geschrieben (Zackenblitze, Sprechblasen, Ohren ...).

2. Ganz Auge sein
Auf ein zweites Blatt wird all das Schreckliche gemalt, was die kleine Maus sieht und wovor sie Angst haben könnte.

3. Ganz Nase sein
Auf ein drittes Blatt wird all das gemalt, was der kleinen Maus in die Nase steigt und zum Himmel stinkt.

4. Die große Seele
Auf einem vierten Blatt wird in vielen kleinen positiven Szenen dargestellt, wie die Wirklichkeit aussehen sollte.

(5) Collage: Unsere Sinne

Material:
Tonpapier (oder Stoff), großer Bogen Papier, Scheren, Klebstoff

Methode:
Hände, Füße, Augen, Ohren, Nasen, Herzen werden auf Tonpapier oder Stoff gezeichnet und ausgeschnitten. Aus den einzelnen Teilen wird auf einem großen Bogen Papier ein Gesamtbild, vielleicht auch

eine Landschaft gestaltet, die die Begabungen der einzelnen Sinne zum Ausdruck bringt.

Man kann auch zu einzelnen Teilen schreiben, wozu sie uns – positiv oder negativ – dienen können.

(6) Stoffcollage: Tao

Siehe Abschnitt 3 Nr. 1.

Material:
Nesselstoff, Filz (oder buntes Tonpapier), schwarzes Tonpapier, Scheren, Stifte

Methode:
Auf eine große Leinwand aus Nesselstoff (Sackleinen) werden beim Erzählen die einzelnen Tiere, Blumen und Landschaften geheftet, die in der Geschichte vorkommen. Diese Dinge werden vorher aus Filz (oder buntem Tonpapier) geschnitten. In der Mitte wird der Rabe Tao ohne Federn dargestellt *(siehe Abbildung)*. Die Federn werden aus schwarzem Tonpapier geschnitten. Die Dinge, für die der Rabe seine Federn zurückerhält, werden auf die Federn geschrieben und mit der Entstehung des Bilds zum Raben geheftet.

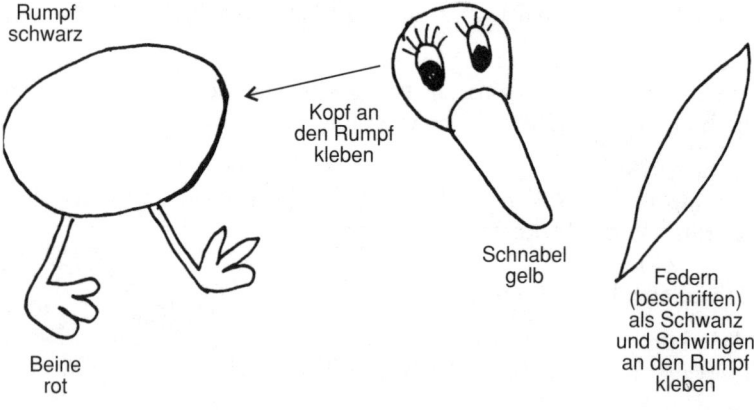

Rumpf
schwarz

Kopf an
den Rumpf
kleben

Schnabel
gelb

Federn
(beschriften)
als Schwanz
und Schwingen
an den Rumpf
kleben

Beine
rot

(7) Mobile-Marionette: Auf jeden kommt es an (1 Kor 12,12–27)

Material:
Tonpapier, Stifte, Scheren, Nähgarn

Methode:
Einzelne Körperteile eines Menschen werden auf Tonpapier gezeichnet und ausgeschnitten: der Kopf mit Augen, Nase und Mund, Hände, Füße, Arme, Beine, Rumpf, Herz ...
In einer Gruppe wird gemeinsam die Bibelstelle gelesen und überlegt: Wer entspricht in unserer Gemeinschaft welchem Körperteil?
Auf die entsprechenden Teile werden dann die Namen der einzelnen Personen oder Untergruppierungen geschrieben. Mit Nähgarn werden die einzelnen Körperteile richtig zusammengefügt und am Kopf in einem Raum aufgehängt.
Das Gespräch über die wesentliche Bedeutung der einzelnen Untergruppierungen in der Gruppe kann dann weitergeführt werden.

7. Spiel und Aktion

(1) Ideenbörse und Pantomimenspiel: Sprichwörter sammeln

Auf einem Plakat werden gemeinsam Sprichwörter und Redensarten zu den Stichworten »Riechen« und »Schmecken« gesammelt, z. B.: »Ich kann dich (nicht) riechen ...« oder: »Ich bin auf den Geschmack gekommen ...«
Wenn man die Sprichwörter gesammelt hat, kann man anschließend versuchen, sie pantomimisch darzustellen. Die Spannung wird erhöht, wenn diese Pantomime in zwei Gruppen durchgeführt wird. Ein/e Spielleiter/in nimmt das Plakat an sich und nennt einer Gruppe eines der aufgeschriebenen Sprichwörter. Die andere Gruppe muß raten, um welches Sprichwort es sich handelt.

(2) Schmeckspiele

Verschiedene Sorten Obst liegen (bei Bedarf geschält) auf Tellern nebeneinander. Die Teilnehmer/innen bekommen die Augen verbunden, dürfen von jedem Teller probieren und sagen, um welches

Obst es sich handelt. Ähnlich kann man auch mit unterschiedlichen Gewürzen in Pulverform verfahren. Hier ist es vielleicht nicht nötig, die Augen zu verbinden.

Denkbar sind solche Schmeckspiele auch mit unterschiedlichen Säften oder als »Weinprobe«.

(3) Riechspiele

Ähnlich wie »Schmeckspiele« kann man auch »Riechspiele« gestalten mit unterschiedlichen Essenzen, Parfüms oder Räucherstäbchen ...

(4) Kochen und essen

Um die Sinne »Schmecken« und »Riechen« bewußt zu erfahren, kann man auch gemeinsam eine Mahlzeit zubereiten und in Ruhe miteinander essen.

(5) Schriftstellenvergleich: Verheißung des messianischen Reiches (Jes 35,1–10/Mt 11,2–6)

Die beiden Textstellen in ähnlicher Form wie das »Bibel-Teilen« besprechen und vergleichen; mögliche Schritte sind:
1. Die Texte werden nacheinander gelesen.
2. Nach einer Stille nennt jede/r ein Wort oder einen Satz, der ihm/ihr besonders aufgefallen ist. (Man kann diese Worte und Sätze auch schweigend auf ein Plakat in der Mitte schreiben lassen.)
3. Nach einer weiteren Stille wird der Text noch einmal laut vorgelesen.
4. Alle tauschen aus, wie es ihnen mit dem Text ergangen ist, was ihnen wichtig, fraglich oder hoffnungsvoll erscheint.
5. Abschließend überlegen alle, wie dieses »messianische Reich« weitergebaut werden kann. Dabei können die folgenden Texte und Lieder als weiterführende Gesprächsanstöße oder Gebete gelesen werden: Christus hat keine Hände *(Abschnitt 3 Nr. 7)*; Herr, dein Wort bedeutet Leben *(Abschnitt 4 Nr. 2)*; Hände, die schenken *(Abschnitt 4 Nr. 3)*.

(6) Gewissenserforschung: Wer bin ich?

Siehe Abschnitt 3 Nr. 2.

Die Geschichte »Wer bin ich?« kann in einem Bußgottesdienst verwendet werden. Nachdem sie vorgelesen wurde, können folgende Fragen zur Gewissenserforschung dienen:

Die zwei Falken – unsere Augen
– Bin ich dankbar dafür, daß ich sehen kann?
– Worauf richte ich meinen Blick besonders gerne?
– Wo bemühe ich mich, Dinge bewußt zu übersehen?
– Ist mein Blick geschärft für die Situation anderer? Oder sehe ich nur mich selbst?
– Wie oft und was schaue ich mir im Fernsehen an? Ist mein Fernsehkonsum noch gesund?
– Nutze ich meine Augen, um mich weiterzubilden und meine Fähigkeiten auszuweiten?

Die zwei Sperber – unsere Hände
– Bin ich dankbar für meine Hände, die soviel tun können?
– Lasse ich sie zu oft tatenlos im Schoß liegen?
– Versuche ich in meinem Leben, zu Hause, im Beruf oder in der Freizeit, zuviel an mich zu raffen?
– Können meine Hände nur nehmen, oder geben sie auch gerne?
– Versuche ich meine Fähigkeiten, die ich mit meinen Händen ausübe, auch einzusetzen und fortzubilden?
– Halte ich meine Hand gern über Dinge, die mir nicht gehören? Bereichere ich mich zum Nachteil von anderen?
– Nutze ich meine Hände zur Zärtlichkeit, oder können sie nur hart zugreifen?

Die zwei Hasen – unsere Füße
– Bin ich bereit, auf andere zuzugehen?
– Bin ich bereit, nach einem Streit den ersten Schritt zur Versöhnung zu tun?
– Bin ich unruhig und gehetzt? Woran liegt das?
– Bin ich zu träge, um mich zu etwas aufzuraffen? Woran liegt das?
– Gehe ich zu Menschen, die in Not sind?
– Setze ich mich für die Schwachen und Benachteiligten ein?

Die Schlange – unsere Zunge
– Verletze ich andere durch Spott und Ironie?
– Suche ich den Ausweg aus schwierigen Lagen durch Lügen?
– Mache ich andere durch Gerede schlecht?
– Sage ich oft Gutes über andere, oder stelle ich durch meine Reden nur mich selbst ins rechte Licht?
– Versuche ich etwas von meinem Glauben weiterzusagen, oder bleibt er meine Privatsache?

Der Esel – unser Körper
– Neige ich dazu, meinen Körper, mich selbst zu überlasten?
– Achte ich auf meine Gesundheit?
– Neige ich zu irgendwelchen Süchten (Nikotin – Alkohol – Drogen – Arbeit ...)?
– Nehme ich meinen Körper an, oder fühle ich mich wegen irgendwelcher, oft scheinbarer Mängel minderwertig?
– Bin ich eitel und zu sehr auf mein Äußeres bedacht?
– Lebe ich meine Sexualität und Geschlechtlichkeit verantwortungsbewußt?

Der Löwe – unser Herz
– Bin ich fähig, andere Menschen (meinen Mann, meine Frau, meine Kinder, meine Eltern ...) wirklich zu lieben?
– Bin ich treu in freundschaftlichen Beziehungen?
– Bin ich, wenn es darauf ankommt, eher zaghaft oder mutig?
– Kann ich still werden und mich besinnen – auf mich, auf Gott?
– Bete ich »von Herzen«?

(7) Hindernisparcours: Der Blinde und der Lahme

Siehe Abschnitt 3 Nr. 5.

Die Geschichte folgendermaßen nachspielen: In einem Raum wird ein »Hindernisparcours« aufgebaut (Stühle, Tische, Folien als Wasser, kleine Hocker zum Darübersteigen). Eine/r bekommt die Augen verbunden und nimmt eine/n andere/n auf die Schultern oder an die Hand. Diese/r sagt nun, wie der/die andere durch den Parcours gehen soll. Man kann dieses Spiel auch als Wettbewerb gestalten.

Hände

1. Einführung

Wenn wir hören, etwas habe Hand und Fuß, dann meinen wir damit: es kann Wirklichkeit werden, es steht auf solidem Boden, man kann darauf vertrauen und bauen.

Hände und Füße dienen uns zur handwerklichen Geschicklichkeit bzw. zur Fortbewegung. Ohne Hände und Füße könnten wir viele Dinge nicht tun und erfahren. Mit den Händen können wir tasten und spüren, streicheln und schlagen. Wir können sie öffnen und schließen, etwas damit in Besitz nehmen und hergeben. Zärtlichkeit und Liebe können sich in Gesten der Hände ausdrücken.

Die Hand ist eines der ältesten und kompliziertesten Symbole der Menschheit. Wir finden Hände schon bei den Steinzeitmenschen in Höhlenwände geritzt, in Lehmwände eingedrückt und farbig hervorgehoben. Für diese Darstellungen gibt es viele Deutungsmöglichkeiten: Es kann sich um magische Beschwörung handeln, um Abwehr von Gefahren, die Bitte an unsichtbare Mächte, oder auch nur Ausdruck des Urerlebnisses der Selbstdarstellung oder Zeichen der Besitzergreifung von einer Beute sein. Oft sind Hände dargestellt, an denen Fingerglieder fehlen – Zeichen der Selbstverstümmelung vielleicht, wie wir sie heute noch bei Naturvölkern in bestimmten Trauerriten wiederfinden.

Im Islam hat die Fünfzahl eine große Bedeutung. Der Hand mit ihren fünf Fingern kommt eine starke symbolische Kraft zu. Die Hand mit den fünf ausgestreckten Fingern dient z. B. zur Abwehr des »bösen Blicks«. Ihre Darstellung wird als »Hand Fatimas« bezeichnet; Fatima war die jüngste Tochter Mohammeds. In islamischen Ländern finden wir sie an vielen Türen und Türstürzen. Sie soll das Böse vom Haus und seinen Bewohnern fernhalten.

Die Hand mit ihren individuellen Linien hat auch bei uns für viele Menschen magische Bedeutung: Sie lassen sich ihre Zukunft aus der Hand lesen.

Die Darstellung einer erhobenen rechten Hand, Daumen, Zeige- und Mittelfinger gestreckt, Ring- und kleiner Finger eingebogen, bedeutet die Hand Christi, des Weltenherrschers. Die Hand Gottes, die über dem Menschen wacht, finden wir bei vielen mittelalterlichen biblischen Darstellungen. Von oben kommend, segnet sie ein Geschehen.

In vielen Heilungsgeschichten des Neuen Testaments wird uns erzählt, daß Jesus den Kranken mit der Hand berührte und damit heilte. Und wer schon einmal Schwerkranken die Hand gehalten hat, weiß, wie wichtig diese Berührung für den Patienten ist: Da ist jemand, der läßt mich nicht allein.

Ineinander gelegte Hände drücken Geborgenheit aus. Ein Zeichen der Sammlung ist es, wenn wir unsere Hände zum Gebet falten.

2. Wahrnehmungsübungen

L = Leiter/in; TN = Teilnehmer/in(nen). Jede freie Zeile im Sprechtext bedeutet eine längere Sprechpause.

(1) Der Tageslauf der Hände

Die TN sitzen im Kreis, in der Mitte liegt eine Abbildung von Händen. Alle legen ihre Hände auf die Knie und betrachten sie.

L spricht:
Wir schauen unsere Hände an.

Wir brauchen sie notwendig zum Leben.

Ohne sie könnten wir vieles nicht tun.

Wir beginnen noch einmal unseren Tag und überlegen,
was wir mit den Händen schon gemacht haben:

Sie haben uns beim Aufstehen geholfen.
Wir haben uns gewaschen, die Zähne geputzt und die Haare gekämmt.

Wir haben unsere Tasche getragen.

Wir sind vielleicht mit dem Auto gefahren.
Wir haben geschrieben
oder handwerkliche Dinge getan
oder gemalt.

Wir haben gespielt,
vielleicht auch Musik gemacht.

Diese unsere Hände haben heute schon eine Menge Arbeit geleistet.
Jetzt legen wir sie in unseren Schoß und lassen sie ruhen.
Evtl. an dieser Stelle Musik einspielen.

(2) Hände

Die TN knien im Kreis und sitzen auf ihren Fersen. Die Hände liegen auf den Oberschenkeln, die Handflächen zeigen nach oben, die Mitte ist thematisch gestaltet.

L spricht:
Wir knien hier und schauen unsere geöffneten Hände an.
Wir betrachten ihre Linien und Formen eingehend.
Ruhige Musik einspielen.

Mit der rechten Hand zeichnen wir die Linien unserer linken Hand nach.

Mit dem Zeigefinger der linken Hand ziehen wir die Linien der rechten Hand nach.

Wir schauen auf unsere geöffneten Hände.

Wir drehen unsere Hände um und betrachten die andere Seite:
die Adern, die Knöchel, die Finger.

Wir versuchen, jeden Finger einzeln zu bewegen:
den Daumen,
den Zeigefinger,
den Mittelfinger,
den Ringfinger,
den kleinen Finger.

Wir drehen die Hände und schauen sie rundherum an.
Wir legen die Hände ineinander.
Wir probieren mehrere Möglichkeiten aus.

Zum Schluß legen wir sie wieder geöffnet auf die Beine.
Musik einspielen.

(3) Offene und geschlossene Hände

Die TN knien im Kreis und sitzen auf ihren Fersen. Die Hände lie-
gen auf den Oberschenkeln, die Handflächen zeigen nach oben, die
Mitte ist thematisch gestaltet.

L spricht:
Wir schauen auf unsere geöffneten Hände.
Sie sind wie ein Gefäß, eine Schale.

Vieles wird in sie hineingelegt:
Gegenstände,
Geschenke,
Verantwortung ...
Wir denken darüber nach, was alles in unseren Händen gelegen hat
und was heute darin liegt.
Musik einspielen.

Manchmal fällt es schwer, die Hand offen zu halten.
Wir wollen Dinge, Menschen, Macht besitzen und nicht wieder hergeben.

Wir schließen unsere Hände zur Faust.

Eine Faust zuhalten geht nur, wenn ich Kraft aufwende.
Die geschlossene Faust ist Zeichen der Gewalt.
In eine geschlossene Faust kann nichts mehr hineingelegt werden.

Wir öffnen unsere Hände wieder und schauen sie an.

Jetzt kann wieder etwas hineingelegt oder weggenommen werden.
Jetzt kann Beziehung entstehen.

(4) Wir spüren unsere Hände (Partnerübungen)

- *Die Partner sitzen sich gegenüber.*
  1. *Jede/r einzelne hält seine Handflächen dicht gegeneinander*
     (5 bis 10 mm Abstand) und spürt die Wärme, die entsteht.
  2. *Die Partner halten die rechte Hand mit der Handfläche zuein-*
     ander in einem Abstand von 5 bis 10 mm. Alle spüren die

Energie, die in dem Zwischenraum ausgetauscht wird. Das Gleiche geschieht mit der linken Hand.

3. *Jetzt werden beide Hände gleichzeitig mit den Handflächen gegeneinander gehalten, d. h. jeweils die linke Hand vor die rechte Hand des Partners/der Partnerin.*

Alle drei Übungen werden eine Zeitlang durchgehalten. Es schließt sich ein Gespräch an über das, was die einzelnen empfunden haben. Es kann auch sinnvoll sein, daß nur die Partner sich austauschen über das, was sie empfunden haben.

- *Ein/e Partner/in kniet sich hin. Der/Die andere reicht ihm/ihr die Hände, allerdings ohne ihn/sie wirklich zu berühren (Abstand 5 bis 10 mm), und hilft dem/der Partner/in aufzustehen.*
  Dann gibt er/sie ihm/ihr die rechte Hand auf die gleiche Weise, ohne ihn/sie wirklich zu berühren und führt ihn/sie durch den Raum. Nach einer Weile werden die Rollen getauscht.

- *Beide Partner sitzen voreinander. Eine/r von beiden schließt die Augen. Der/Die andere zeichnet mit Hand und Fingern das Gesicht des/der anderen behutsam nach, ohne es zu berühren. Nach einer Weile werden die Rollen getauscht. Anschließend können die Partner sich ihre Empfindungen mitteilen.*

(5) Kräfte durch die Hand fließen lassen (Partnerübungen)

- *Hand auflegen*
  Die Partner knien voreinander und legen sich nacheinander gegenseitig die Hände auf. Sie verharren einige Momente, so daß sie spüren, daß der/die andere ihn/sie schützen oder segnen will.

- *Heilende Hände*
  Vielen TN wird vielleicht aus Kindertagen vertraut sein, daß und wie die Eltern ihnen bei Krankheit die Hand auf die Stirn gelegt haben. In einer Partnerübung wiederholen wir das. Ein/e Partner/in legt sich auf den Boden, der/die andere legt die Hand auf die Stirn und läßt sie eine Weile dort ruhen.
  Bei einer anderen Übung kniet sich ein/e Partner/in hin oder sitzt auf dem Stuhl; der/die andere legt ihm/ihr die Hände auf die Schultern. Wenn man vorher die Schultern ein wenig massiert hat, kann man deutlich spüren, wie durch die Hände Energie, Wärme fließt, die dem/der anderen wohltut.

3. Biblische Bezüge

Wie Ton in der Hand des Schöpfers (Sir 33,13)
Der Gang Jesu auf dem Wasser (Mt 14,22–33)
Vom Almosengeben (Dtn 15,7–11; Mt 6,1–4)
Die Heilung eines Blinden bei Betsaida (Mk 8,22–26)
Heilung eines Aussätzigen (Mt 8,1–4; Mk 1,40–45; Lk 5,12–14)
Heilung der Schwiegermutter des Petrus (Mt 8,14–15; Mk 1,29–31; Lk 4,38–39)
Die Heilung des Mannes mit der verdorrten Hand (Mt 12,9–14; Mk 3,1–6; Lk 6,6–11)
Die Auferweckung der Tochter des Jaïrus (Mk 5,21–42; Mt 9,18–26; Lk 8,40–56)
Wie die Hand Gottes mit den Israeliten ist (Ex 17,8–16)
»Niemand wird sie meiner Hand entreißen« (Joh 10,27–30)

4. Geschichten/Texte

(1) Gedicht von den Händen

Was haben wir am Ende doch für geschickte Hände!
Sie können viele Sachen bald rechts, bald links schnell machen.
Die Hände können waschen, sie greifen in die Taschen.
Die Hände können suchen, sie backen einen Kuchen.
Sie rühren eine Suppe, sie füttern unsre Puppe,
sie lenken unsern Wagen und können Koffer tragen.
Sie kämmen unsre Köpfe, sie flechten unsre Zöpfe
und können Schleifen binden, im Dunkeln Schalter finden.
Die Hände öffnen Türen, die uns ins Freie führen.
Sie schlagen mit dem Hammer, sie klammern mit der Klammer.
Sie spielen auch die Flöte, die Geige und Trompete.
Sie lassen Peitschen knallen, die weithin laut erschallen.
Der Kreisel muß sich drehen, der Turm muß grade stehen.
Die Hände können malen, die Hände schreiben Zahlen.
Sie nähen und sie sticken, sie häkeln und sie stricken,

sie schneiden kreuz und quere mit einer scharfen Schere.
Was haben wir am Ende doch für geschickte Hände!
Sie können viele Sachen ganz zuverlässig machen.

Elfriede Pausewang

Aus: Elfriede Pausewang, Die Unzertrennlichen. Neue Fingerspiele 2, Don Bosco Verlag, München 23. Auflage 1994.

(2) Mit den Händen sehen

Jürgen fährt auf seinem Roller über den Gehsteig. Bei diesem Sommerwetter hält ihn nichts im Haus. Er will auf den Spielplatz, denn da kann er klettern und toben und raufen mit anderen Kindern und Verstecken spielen. Erst wenn es dämmert und Jürgen müde ist, wird er nach Hause gehen und seinen Eltern erzählen, was er heute erlebt hat ...
Beinahe hätte er jemanden angefahren. Der kleine Junge da geht so langsam und vorsichtig und tastet sich mit den Händen an den Mauern der Häuser entlang, als ob er Angst hätte, sich zu stoßen. Das findet Jürgen komisch, er drückt hart auf die Bremse am Hinterrad des Rollers und hält neben dem Kleinen. »Du machst vielleicht wie ein richtiger Opa«, spricht er ihn an. »Bist du aber ulkig.« Und er lacht: »Kannst du überhaupt schon bis drei zählen?«
Der Kleine stellt sich mit dem Rücken gegen die Hauswand und verzieht ängstlich das Gesicht. »Ich bin fünf«, sagt Jürgen, »und wie alt bist du?« Der Kleine hebt die rechte Hand und spreizt seine Finger. »Fünf?« staunt Jürgen. »Die bin ich auch. Und warum gehst du so langsam, bist du krank? Dann lauf' schnell nach Haus!« Jürgen bekommt keine Antwort. Aber jetzt tut der Junge einen Schritt auf ihn zu und betastet ihn vorsichtig mit den Fingerspitzen.
»Was machst du da? Laß das!« sagt Jürgen.
Mit einemmal steht eine Frau neben den beiden. »Das ist Son«, sagt sie zu Jürgen, »und wie heißt du?« Sie faßt den Kleinen fest bei der Hand. Son schmiegt sich an sie und lacht fröhlich.
»Er kann dich nicht sehen«, sagt die Frau, »er kann auch die Sonne nicht sehen, er ist blind. Er kann auch nicht nach Hause gehen. Zu Hause, das ist für Son viel zu weit.« »Ja, wie weit ist das denn?« will Jürgen wissen. »Er kommt aus Vietnam, und wer dorthin will, muß um die halbe Welt fahren.«

»Vietnam – wo der schreckliche Krieg ist?« Jürgen weiß das vom Fernsehen.

»Ja, in Vietnam ist Krieg. Viele Jahre schon. Dorther ist Son gekommen«, erzählt die Frau im Weitergehen. »Eines Tages gingen ein paar Soldaten über eine Landstraße, und plötzlich sahen sie im Straßengraben ein wimmerndes Bündel. Als sie es genauer betrachteten, war es ein kleiner Junge, der kaum noch atmete. Sein Gesicht war voll Blut. Eine verirrte Kugel hatte ihn blindgeschossen. Nun kann Son nicht mehr sehen. Wenn er mit anderen Kindern spielen will, betastet er sie mit den Fingerspitzen. Dann fühlt er, mit wem er es zu tun hat. Son muß mit seinen Händen sehen.«

Jürgen bleibt erschrocken stehen, so etwas hat er noch nicht gehört. Die Frau zieht Son mit sich fort, jetzt spricht sie mit ihm, streicht ihm übers Haar.

Ob er sie überhaupt versteht?

»Und wo geht ihr jetzt hin?« ruft Jürgen plötzlich hinterher. Aber da sind die beiden schon fort ...

Hans Georg Noack

Aus: Vorlesebuch Religion 3, Verlag Ernst Kaufmann, Lahr 8. Auflage 1992, Rechte beim Autor.

(3) Ein Wassergraben breit und tief

Werner und Fritz und Kurt und der kleine Hans liefen durch einen Wald. Sie kamen an einen Wassergraben, der breit und tief war. »Der ist aber breit!« sagte der kleine Hans. »Wir müssen umkehren.«

»Kommt nicht in Frage!« sagte Werner sofort.

»Wenn er nicht zu lang ist, könnten wir rechts oder links an ihm vorbei«, meinte der kleine Hans.

»Springen ist besser«, sagte Kurt. Er nahm Anlauf – schon war er drüben. Fritz nahm Anlauf – schon war er drüben. Am leichtesten kam Werner hinüber. Er war der Größte. »Spring doch!« riefen die drei von drüben. Der kleine Hans traute sich nicht. Er war der Kleinste.

»Wie ein Frosch siehst du aus!« spottete Kurt. Er dachte: Vielleicht springt er, wenn ich ihn auslache.

Frosch! hat er gesagt, überlegte der kleine Hans. Nie werde ich mich trauen.

Werner sagte: »Ich nehm' dich auch auf den Rücken und spring'
noch einmal.«
Der kleine Hans dachte: Dann fallen wir beide hinein!
Da sagte Fritz: »Wenn der Graben nicht ganz so breit wäre, kämst
du dann hinüber?«
»Dann natürlich«, sagte der kleine Hans.
Und Fritz stellte gleich einen Fuß an den Grabenrand und streckte
ihm eine Hand weit entgegen und sagte: »Hier – meine Hand ist
der Rand!« Und der kleine Hans schaute nur auf die Hand und
dachte: Die ist gar nicht weit weg! und nahm Anlauf, und schon
war er drüben.
Fritz sagte: »Du warst besser als wir. Und meine Hand hast du gar
nicht gebraucht!«
Dann liefen sie weiter. Und der kleine Hans dachte: Eins weiß ich
bestimmt, daß Fritz mein Freund ist.

Hans Baumann

Aus: Erzählbuch zum Glauben 4, © Verlag Ernst Kaufmann, Lahr.

(4) Gott gab uns Hände

Gott gab uns Hände
Hände, die arbeiten
Hände, die lieben
geben
helfen
und beschützen

Gott gab uns Hände
aber wir gebrauchen diese Hände
um zu trennen
und zu zerstören

Hände, die lieben sollten, hassen
Hände, die geben sollten, stehlen
Hände, die helfen sollten, verweigern sich
Hände, die beschützen sollten, kämpfen

Gott streckte seine Hände nach uns aus
aber wir nagelten diese Hände ans Kreuz
und dachten: Die rühren sich nicht mehr

Es kam anders:
Gott streckt seine Hände von neuem nach uns aus
die Hände, die wir ans Kreuz genagelt haben

damit unsere Hände lernen
zu lieben
zu geben
zu helfen
und zu schützen

Teresa Berger

Aus: Teresa Berger, Tanzt vor dem Herrn, lobt seinen Namen, Matthias-Grünewald-Verlag, Mainz 1985.

(5) Mit leeren Händen

Mit leeren Händen zu Gott gehen,
    offen,
    ohne etwas vorzuweisen,
    ausgestreckt,
    nach oben ausgerichtet.

Mit leeren Händen zu Gott gehen,
    offen,
    um zu empfangen,
    um gefüllt zu werden.

Mit leeren Händen zu Gott gehen,
    bittend,
    dankend,
    vertrauend.

Mit leeren Händen zu Gott gehen,
    damit er durch sie wirken kann,
    in uns
    und um uns.

Hans und Marie Th. Kuhn-Schädler

Aus: Hans Kuhn-Schädler/Marie Th. Kuhn-Schädler, Vergiß das Träumen nicht, Rex-Verlag, Luzern 1992.

5. Lieder/Tanz/Musik

(1) Ich freue mich und springe

Refrain: Ich freu - e mich und sprin - ge und
sin - ge: Gott sei Dank! Ich freu - e mich und
sprin - ge und sing den Tag ent - lang!

1. Ich ha - be Hän - de, ich bin ge -
   kann sie ge - brau - chen zu vie - ler -

sund, kann da - mit spie - len
lei, nach al - lem grei - fen,

so man - che Stund',
was es auch sei!

Refrain

2. Ich habe Füße, ich bin gesund,
   die mir gehorchen zu jeder Stund'
   und die mich tragen, wohin ich mag,
   ich lauf' und springe den langen Tag.

Refrain

3. Ich denk' an andre, die krank, in Not,
   wie kann ich helfen, zeig's, lieber Gott,
   lenk Händ' und Füße, lenk Herz und Sinn,
   daß ich den andern ein Helfer bin.

Refrain

T und M: Wolfgang Longardt
Rechte: Verlag Ernst Kaufmann, Lahr.

Spielanleitung:

Die Kinder stehen im Kreis. Beim Refrain springen sie auf der Stelle
mit kleinen Schlußsprüngen. Zum Rhythmus von »Gott sei dank!«
und »Tag entlang« klatschen sie mit.

1. Str.:
Die Kinder zeigen ihre Hände hoch, spielen pantomimisch mit
einem Ball und greifen nach imaginären Dingen.

2. Str.:
Die Kinder zeigen abwechselnd ihre Füße, an der Stelle »und die
mich tragen« gehen sie hintereinander auf der Kreisbahn.

3. Str.:
Alle stehen im Kreis, halten sich an den Händen und schließen die
Augen. (Wir singen ganz leise.) Ab »lenk Händ' und Füße« heben
die Kinder die Arme bei geschlossener Handhaltung langsam in die
Höhe.

(2) Die Hoffnung braucht Hände

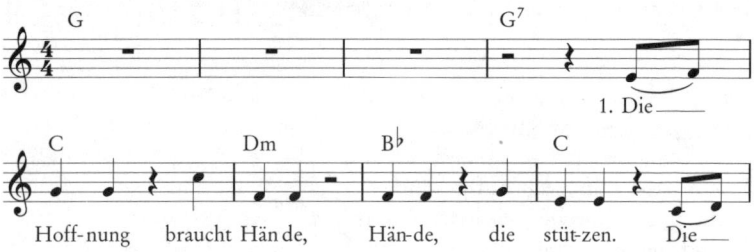

Hoff-nung braucht Hän-de, Hän-de, die stüt-zen. Die—

Hoff-nung braucht Hän-de, Hän-de, die nüt – zen.

2. Die Hoffnung braucht Hände,
   Hände, die leben.
   Die Hoffnung braucht Hände,
   Hände, die geben.

3. Die Hoffnung braucht Hände,
   Hände, die teilen.
   Die Hoffnung braucht Hände,
   Hände, die heilen.

4. Die Hoffnung braucht Hände,
   Hände begegnen.
   Die Hoffnung braucht Hände,
   Hände, die segnen.

T: Josef Reding M: Reinhard Horn
Aus: Kontakte Songbook 2
Rechte: KONTAKTE Musikverlag, Lippstadt.

Spielanleitung:

Alle stellen sich paarweise in einer Reihe oder im Kreis auf.
Beim Text »Die Hoffnung braucht Hände« werden die Hände über
den Kopf gehalten und hin und her bewegt.

Zwischentexte:
1. Str.: Die Paare halten die Arme hoch und die Handflächen gegen-
         einander.
2. Str.: Alle halten die Hände hoch und spielen mit den Fingern.
3. Str.: Alle Paare machen die Gesten des Gebens und Nehmens.
4. Str.: a) Die Paare reichen sich die Hände; b) sie halten sich die
         Hände segnend über den Kopf.
         Aus der 4. Strophe können auch zwei einzelne Strophen
         gemacht werden.

(3) He's got the whole world/Er hält die ganze Welt

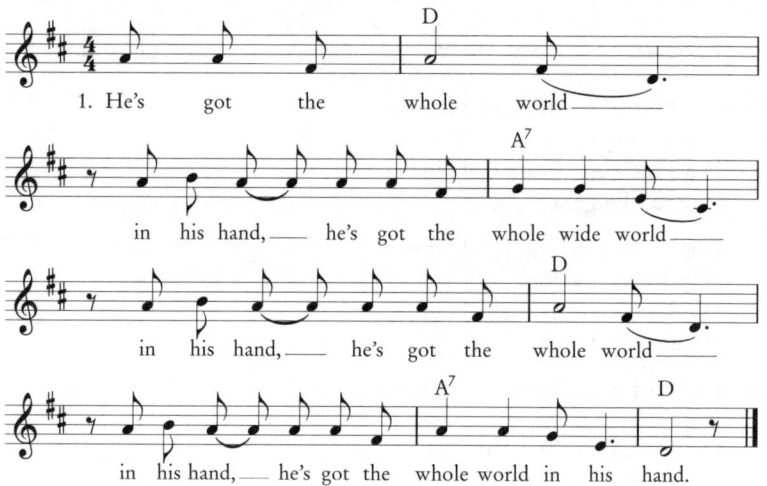

1. He's got the whole world in his hand, he's got the whole wide world in his hand, he's got the whole world in his hand, he's got the whole world in his hand.

2. He's got the night and the day in his hand,
   he's got the earth and the sky in his hand,
   he's got the land and the sea in his hand,
   he's got the whole world in his hand.

3. He's got the sun and the moon in his hand,
   he's got the wind and the rain in his hand,
   he's got the springs and the falls in his hand,
   he's got the whole world in his hand.

4. He's got the birds on the trees in his hand,
   he's got the snakes and the bees in his hand,
   he's got the flowers on the ground in his hand,
   he's got the creatures in his hand.

5. He's got my father and my mother in his hand,
   he's got my brother and my sister in his hand,
   he's got the tiny little baby in his hand,
   he's got the whole world in his hand.

6. He's got you and me brother in his hand,
   he's got you and me sister in his hand,

he's got you and me my friend in his hand,
he's got you and me in his hand.

Deutscher Text:

1. Er hält die ganze Welt in seiner Hand,
   er hält die ganze weite Welt in seiner Hand,
   er hält die ganze Welt in seiner Hand,
   er hält die Welt in seiner Hand.

2. Er hält den Tag und die Nacht in seiner Hand,
   er hält die Erde und den Himmel in seiner Hand,
   er hält das Land und das Meer in seiner Hand,
   er hält die Welt in seiner Hand.

3. Er hält die Sonne und den Mond in seiner Hand,
   er hält den Wind und den Regen in seiner Hand,
   er hält den großen Regenbogen in seiner Hand,
   er hält die Welt in seiner Hand.

4. Er hält die Bäume und die Büsche in seiner Hand,
   er hält die Tiere auf dem Felde in seiner Hand,
   er hält die Vögel und die Blumen in seiner Hand,
   er hält die Welt in seiner Hand.

5. Er hält den Vater und die Mutter in seiner Hand,
   er hält den Bruder und die Schwester in seiner Hand,
   er hält das süße kleine Baby in seiner Hand,
   er hält die Welt in seiner Hand.

6. Er hält auch dich und mich, mein Bruder, in seiner Hand,
   er hält auch dich und mich, mein' Schwester, in seiner Hand,
   er hält auch euch, meine Freunde, in seiner Hand,
   er hält die Welt in seiner Hand.

T und M: Negro Spiritual
Deutscher Text: Halle 1972

Spielanleitung:

Eine Gruppe klatscht zum Lied (immer auf die 2. und die 4. Taktzeit). Der Rhythmus kann auch durch Rhythmusinstrumente gegeben werden, z.B. Taktzeit 1 und 3 mit der Handtrommel, Taktzeit 2 und 4 mit einem Schellenkranz, gegen den Handballen geschlagen. Die anderen versuchen, pantomimisch darzustellen, was in der Strophe genannt wird. Bei der letzten Zeile bleiben alle immer stehen, beschreiben mit beiden Armen einen großen Kreis, der in den nebeneinander geöffneten Händen geschlossen wird.

(4) In deine Hände

Gotteslob, Nr. 699 (Antwortgesang aus der Komplet)

(5) So nimm denn meine Hände

Evangelisches Gesangbuch, Nr. 376

(6) Verklanglichung: Der Gang Jesu auf dem Wasser (Mt 14,23-33)

Vorstellung:	Verklanglichung:
Die Jünger im Boot	*langsame Schläge auf Holzblock*
Die Wellen, sanft	*Glissando auf Xylophon*
Der Wind	*mit den Fingerspitzen über Handtrommeln fahren, Rumbarasseln*
Wind und Wellen werden stärker.	*Glissando auf dem Xylophon verstärken, Handtrommeln und Rasseln ebenfalls*
Jesus kommt.	*Melodie auf dem Glockenspiel erfinden und immer wiederholen*
Angst der Jünger	*Handtrommel mit Schlegeln*
Petrus steigt aus dem Boot.	*Klanghölzer, aufgeregt; Aufregung steigern*
Jesus hilft Petrus.	*Jesusmelodie Klanghölzer: Abklingen der Aufregung*
Der Wind läßt nach.	*Xylophon und Rasseln werden leiser.*

6. Bilder

Ich bin da 2 S.4

– Fotos:
  – Kinderhand in der Hand eines Erwachsenen
  – Hände, die etwas weiterreichen
  – Hände, die gemeinsam etwas anpacken

– Alexander Rodin: La Cathédrale

– Albrecht Dürer: Betende Hände

– Mittelalterliche Bilder von biblischen Geschichten, in denen die Hände und Handbewegungen von Bedeutung sind, z.B. aus dem Egbert-Codex, Echternacher Evangeliar, Kölner Evangeliar.

– Michelangelo: Erschaffung des Adam, Sixtinische Kapelle (evtl. nur Ausschnitt der Hände)

– Sieger Köder: Das letzte Abendmahl
– Sieger Köder: Das Gastmahl der Armen
  Schwabenverlag, Ostfildern.

– Ernst Alt: Petrus steigt aus dem Boot
  Aus: Exodus 3, Religionsbuch für das 3. Schuljahr, Kösel Verlag, München 1974.

– Walter Habdank: Blindenheilung (Holzschnitt)
  Kösel Verlag, München.

– Walter Habdank: In Gottes Hand (Holzschnitt)

– Walter Habdank: Mose betend während der Schlacht (Holzschnitt)

– Abraham unterm Sternenhimmel (Wiener Genesis, Antiochia 6. Jh.)
  Aus: Jörg Zink, Diabücherei Christliche Kunst, Band 14, Verlag am Eschbach, Eschbach 1985.

– Gottes Bund mit Noe (Wiener Genesis, Antiochia 6. Jh.)
  Aus: Hubertus Halbfas, Religionsbuch für das 3. Schuljahr, Patmos Verlag, Düsseldorf 1985.

7. Gestalten/Malen/Basteln

(1) Ideensammlung: Was wir alles mit unseren Händen können

Material:
großer Bogen Papier, Stifte

Methode:
Die Teilnehmer/innen sitzen in der Runde. In der Mitte liegt ein großer Bogen Papier mit dem Text »Was wir alles mit unseren Händen können«.
Alle werden aufgefordert, das, was ihnen dazu einfällt, auf den Papierbogen zu schreiben.

(2) Rußdias

Material:
Glasdiarähmchen, Kerze, Zahnstocher, evtl. Pinzette, Projektor, Leinwand

Methode:
Die Glasdiarähmchen werden geöffnet und ein Glas aus einer Seite vorsichtig herausgelöst. Mit einer Pinzette wird das Glas über einer Kerze mit Ruß dick geschwärzt. Mit einem Zahnstocher können nun Handhaltungen oder Dinge eingeritzt werden, die wir mit unseren Händen tun. Das Glas wird wieder vorsichtig in den Rahmen gedrückt und das Dia geschlossen. Nun können die Dias mit einem Projektor betrachtet werden.

(3) Wollfadenbilder

Material:
viele Wollfäden, eine große Schüssel mit Wasser, Teppichfliesen oder Teppichboden

Methode:
Die Wollfäden werden geschnitten und in der Wasserschüssel angefeuchtet. Die Teilnehmer/innen werden aufgefordert, aus den Wollfäden auf die Teppichfliesen unterschiedliche Haltungen von Händen zu legen: geöffnete Hände, geschlossene Hände, hinweisende Hände, gebende Hände usw.

(4) Handabdrücke in Gips

Material:
Gips, ein flaches Gefäß, in das eine flache Hand paßt, Wasser, ein Stock zum Rühren, Eimer, evtl. Abtönfarben oder Plakafarben und Pinsel

Methode:
In einem Eimer wird der Gips mit Wasser angerührt und dann in die flachen Gefäße gefüllt (Deckel von Pappschachteln o.ä.). Wenn der Gips eine gewisse Festigkeit hat, aber noch nicht hart ist, wird die Handfläche hineingedrückt. Wenn alles fest ist, wird der Gips aus dem Gefäß gelöst. Man kann die Handfläche oder die Umrahmung farbig anmalen.

(5) Handdruck farbig auf Papier mit Namen

Material:
großer Bogen weißes Papier, Abtönfarbe oder Fingerfarbe (Farbe, die nicht sofort an der Hand trocknet)

Methode:
Die Handflächen werden mit Farbe angemalt und dann auf den weißen Bogen Papier gedrückt. Man kann die Hände auch in einer bestimmten Reihenfolge aufdrucken, damit daraus ein Gesamtbild entsteht (z.B. ein Haus, ein Baum, eine Sonne). Wenn es um die Darstellung einer Gruppe geht, können nach dem Trocknen der Farbe mit Filzstiften die Namen in die Handabdrücke geschrieben werden.

(6) Poster gestalten

Material:
großer Bogen weißes Papier, farbiges Tonpapier, Buntstifte, Klebstoff

Methode:
Die Handumrisse werden auf Tonpapier gezeichnet und dann ausgeschnitten, evtl. die Namen darauf geschrieben. Die ausgeschnittenen Hände werden auf den weißen Bogen Papier geklebt. Man kann in die Hände auch hineinschreiben, was man mit ihnen tun kann.
Falls kein Tonpapier zur Verfügung steht oder man es einfacher

möchte, zeichnet man die Handumrisse mit bunten Farben direkt auf den großen Papierbogen.

(7) Formen mit Ton: Wie Ton in der Hand des Töpfers ... (Sir 33,13)

Material:
Ton, Töpferbesteck, evtl. Brennofen

Methode:
Die Textstelle Sir 33,13 wird gelesen und besprochen. Dann kann jede/r aus Ton etwas formen, was ihm/ihr zum Text einfällt, z.B. ein Bild der Geborgenheit. Bei der Arbeit sollte nicht gesprochen werden (evtl. meditative Musik einspielen). Die fertigen Formen werden im Brennofen gebrannt.

(8) Leporello/Bilderbuch: Gedicht von den Händen

Siehe Abschnitt 4 Nr. 1.

Material:
Papierrolle oder mehrere Blätter Papier, Hefter, Malstifte, Farben

Methode:
Zunächst wird besprochen, welche einzelnen Szenen dargestellt werden sollen.
Leporello: Auf einer Papierrolle werden verschiedene Bildabschnitte eingeteilt und in jedes Teil gemalt, was die Hände im einzelnen machen.
Bilderbuch: Hier werden die Szenen auf einzelne Blätter gemalt und hinterher zu einem Bilderbuch zusammengefügt.

8. Spiel und Aktion

(1) Sprichwörter suchen

Jeder schreibt ein Sprichwort oder ein geflügeltes Wort zum Thema »Hand« auf ein Plakat, z.B. »etwas hat Hand und Fuß«, »etwas per Handschlag regeln«, »von der Hand in den Mund leben«. Danach kann man zu den Sprichwörtern eine Geschichte erfinden lassen (gemeinsam oder jede/r für sich).

(2) Tastspiele

- Dinge ertasten
  Auf einem Tisch liegen mehrere Dinge. Ein/e Mitspieler/in wird mit verbundenen Augen an den Tisch geführt und muß ertasten, was dort liegt. Für jeden richtig geratenen Gegenstand gibt es einen Punkt.
  Das Spiel sollte mehrere Personen nacheinander spielen; es könnte Teil eines Wettbewerbs sein.

- Blindenschrift
  Man versucht, das Alphabet in Blindenschrift zu ertasten und evtl. einen bekannten Text aus der Bibel wiederzuerkennen.

(3) Handabdrücke vergleichen

Die Gruppe wird in zwei Untergruppen unterteilt. Die eine geht hinaus. Von jedem/jeder Mitspieler/in der anderen Gruppe werden mit einem Stempelkissen (oder dunkler Farbe) ein Handabdruck und Fingerabdrücke genommen und das einzelne Blatt auf der Rückseite mit dem Namen der entsprechenden Person beschriftet. Dann werden die Abdrücke in die Mitte auf den Boden gelegt. Jetzt kommt die zweite Gruppe herein und sieht sich die Abdrücke genau an. Die Mitspieler/innen, deren Handabdrücke auf dem Fußboden liegen, treten einzeln vor und reichen ihre Hand den »Untersuchern«. Diese dürfen mit Hilfe einer Lupe oder durch genaues Hinsehen nun die Abdrücke den Personen zuordnen, ohne die Namen aufzudecken. Am Ende wird verglichen, wie viele »Richtige« dabei waren.

(4) Ohne Hände leben

Um nachzuempfinden, wie es Menschen geht, die ihre Arme oder Hände nicht gebrauchen können, versuchen einzelne einer Gruppe einmal, mit nur einem Arm oder ohne Hand einen Tag zu leben. Man kann die Arme festbinden, damit man nicht »in Versuchung« gerät. Die anderen der Gruppe müssen sich bereithalten, dem/der Gefesselten zu helfen.

(5) Fingerübungen

- Die Hände werden ineinander gelegt wie zum Gebet. Ein/e Mitspieler/in tippt nun einzelne Finger an, die einzeln bewegt werden sollen.

- Die Fingerkuppen werden locker auf eine Tischplatte gelegt. Dann werden die Finger einzeln hochgehoben und klopfen auf die Tischplatte. Die anderen Finger dürfen sich dabei nicht bewegen.

- Die Hände werden in Kopfhöhe gehalten, die Finger einschließlich Daumen liegen dicht nebeneinander. Jetzt wird erst der kleine Finger abgespreizt, dann kleiner Finger und Ringfinger (die anderen Finger bleiben geschlossen nebeneinander), dann der Zeigefinger und dann der Daumen.

(6) Spiel mit Tüchern: Der Gang Jesu auf dem Wasser (Mt 14,22–33)

Das Boot wird durch einen umgedrehten Tisch gebildet, in dem die »Jünger« Platz nehmen. Das Wasser des Sees wird von anderen Mitspieler(inne)n mit blauen, grauen und türkisen Tüchern dargestellt. Die Wellen schaukeln das Boot hin und her. Jesus kommt in diesem Sturm zu den Jüngern. Petrus verläßt das Boot und droht in den Wellen zu versinken. Jesus streckt ihm die Hand entgegen und rettet ihn. Wichtig bei der Darstellung ist die pantomimische, langsame Gestik, etwa wie die Jünger Angst haben, wie sie vielleicht versuchen, den Petrus zurückzuhalten, wie Petrus zu sinken droht und Jesus ihn rettet.

(7) Wassergrabenspiel

Siehe Abschnitt 4 Nr. 3.

Aus blauen Tüchern wird ein »Graben« gelegt, erst schmal und dann immer breiter. Alle hüpfen darüber, und wenn es nicht mehr allein geht, helfen die einen den anderen (wie in der Geschichte). Wenn man das Spiel im Freien spielt, kann man entweder über einen richtigen Bach oder Graben springen oder aus Steinen einen Graben andeuten.

Eine weitere Möglichkeit, eine »helfende Hand« zu erfahren, ist das Balancieren über eine Stange.

Füße

1. Einführung

In-Bewegung-sein gehört zum Lebendig-sein. Wer sich nicht bewegt, weder körperlich noch geistig, wird krank oder stirbt. Die Füße sind unsere ursprünglichste Möglichkeit der körperlichen Fortbewegung: gehend, schreitend, laufend, hüpfend, springend ...
Es sind die konkreten Schritte mit unseren Füßen, die leichtbeschwingten und die zögernden, manchmal auch ängstlichen, durch die wir unbegehbare oder zum Ziel führende Wege erkennen lernen. Und: Das Gehen-können ist nichts Selbstverständliches, sondern muß gelernt werden. Es ist ein langer Prozeß. Wir Menschen müssen uns im Gleichgewicht befinden, um gehen zu können.
Mit wem und für wen ich gehe, ist von besonderer Bedeutung für mein Leben. Die Fußspuren, denen ich folge, müssen mir Richtung und Ziel zeigen. Wir sagen: »Ich folge den Spuren von ...«, wenn wir uns auf historischem Gelände bewegen. Von Indianern ist der Spruch überliefert: »Traue keinem Menschen, ehe du nicht einen Monat lang in seinen Fußstapfen gegangen bist.«
Eng verbunden mit dem Gehen ist das Symbol des Wegs. Das Bild vom Lebensweg, auf dem man Zeit seines Lebens voranschreitet, ist uns vertraut. Wir wissen: Jede/r muß ihren/seinen eigenen Weg gehen. Alles Geschöpfliche und damit auch der Mensch befindet sich in ständiger Bewegung.

Zum Symbol »Weg« siehe Elsbeth Bihler, Symbole des Lebens – Symbole des Glaubens II: Wasser – Kreuz, S. 204–238.

2. Wahrnehmungsübungen

*L = Leiter/in; TN = Teilnehmer/in(nen). Jede freie Zeile im Sprech-
text bedeutet eine längere Sprechpause.*

(1) Gehen

*Diese Übung sollte in einem Raum mit Teppichboden durchgeführt
werden; alle TN haben die Schuhe ausgezogen.*

L spricht:
Wir stellen uns im Raum verteilt auf.
Wir stellen uns fest auf unsere Füße.
Wir schließen die Augen.

Wir spüren genau, wo unsere Füße den Boden berühren:
an den Zehen –
an den Fußballen –
an den Fersen.
*Hier leise Musik einspielen und Zeit lassen, um die Fußsohlen zu
erspüren.*

Wir lösen einen Fuß von der Erde,
erst die Ferse, dann den Fußballen, dann die Zehen.
Langsam gehen wir einen Schritt vor.
Der zweite Fuß folgt dem ersten.
Wir öffnen die Augen.
Ganz langsam gehen wir zur Musik im Raum umher.

Musik einspielen, am Ende der Musik spricht L weiter:
Wir bleiben stehen.

*Anschließend sollte ein Gespräch über die Empfindungen der TN bei
dieser Übung stattfinden.*

(2) Anschauung: Ein Paar Schuhe

In der Mitte des Kreises steht ein Paar ausgetretene Schuhe.

L spricht:
Wir sehen in der Mitte ein Paar Schuhe.
Sie sind ausgetreten und verschlissen.
Sie sind schon manchen Weg gegangen, so wie wir.

Wir schließen die Augen und stellen uns ein Paar ausgetretene Schuhe vor, die wir getragen haben.

Vielleicht liefen sie viel, um anderen Menschen zu helfen.
Vielleicht liefen sie aber mehr, um für uns selbst etwas zu erreichen.

Es gab Tage, da wurden sie sehr leichtfüßig über die Wege getragen.
Es gab dann wieder Zeiten, wo die Füße schwer waren.

Was haben unsere Füße in diesen Schuhen am liebsten gemacht?

Wir öffnen die Augen und schauen wieder auf die Schuhe in der Mitte.
Bei leiser Musik denken wir über unser Leben nach.
Musik einspielen.

3. Biblische Bezüge

Heilung eines Gelähmten (Mk 2,1–12; Mt 9,1–8; Lk 5,17–26)
Heilung eines Gelähmten im Tempel (Apg 3,1–10)
Heilung eines Gelähmten (Apg 14,8–10)
Zieh deine Schuhe aus (Ex 3)
Die Salbung Jesu in Betanien (Lk 7,36–50)
Fußwaschung (Joh 13,1–15)

4. Geschichten/Texte

(1) Nähe und Ferne

Ein Schüler fragte den Baalschem: »Wie geht das zu, daß einer, der an Gott hängt und sich ihm nah weiß, zuweilen eine Unterbrechung und Entfernung erfährt?«
Der Baalschem erklärt: »Wenn ein Vater seinen kleinen Sohn will gehen lehren, stellt der ihn erst vor sich hin und hält die eigenen Hände zu beiden Seiten ihm nah, daß er nicht falle, und so geht der

Knabe zwischen den Vaterhänden auf den Vater zu. Sowie er aber zum Vater herankommt, rückt er um ein weniges ab und hält die Hände weiter auseinander, und so fort, daß das Kind gehen lerne.«

Martin Buber

Aus: Martin Buber, Die Erzählungen der Chassidim, Manesse Verlag, Zürich 1949.

(2) ... als ich dich getragen habe

Eines Nachts hatte ein Mann einen Traum.

Er träumte, er würde mit Christus am Strand entlangspazieren. Am Himmel über ihnen erschienen Szenen aus seinem Leben. In jeder Szene bemerkte er zwei Paar Fußabdrücke im Sand, eines gehörte ihm, das andere dem Herrn.

Als die letzte Szene vor ihm erschien, schaute er zurück zu den Fußabdrücken und bemerkte, daß sehr oft auf dem Weg nur *ein* Paar Fußabdrücke im Sand zu sehen war. Er stellte ebenfalls fest, daß dies gerade während der Zeiten war, in denen es ihm am schlechtesten ging.

Dies wunderte ihn natürlich, und er fragte den Herrn: »Herr, du sagtest mir einst, daß ich mich entscheiden sollte, dir nachzufolgen; du würdest jeden Weg mit mir gehen. Aber ich stelle fest, daß während der beschwerlichsten Zeiten meines Lebens nur *ein* Paar Fußabdrücke zu sehen ist. Ich verstehe nicht, warum! Wenn ich dich am meisten brauchte, hast du mich allein gelassen.«

Der Herr antwortete: »Mein lieber, lieber Freund, ich mag dich so sehr, daß ich dich niemals verlassen würde. Während der Zeiten, in denen es dir am schlechtesten ging, als du auf die Probe gestellt wurdest und gelitten hast – dort, wo du nur *ein* Paar Fußabdrücke siehst –, es waren die Zeiten, in denen ich dich getragen habe.«

aus Taizé

5. Lieder/Tanz/Musik

(1) Wir kommen und gehen

Lied abgedruckt in Elsbeth Bihler, Symbole des Lebens – Symbole des Glaubens I: Licht – Feuer, S. 184.

Tanzbeschreibung:

Alle stehen in einer Reihe hintereinander.

Takt 1–4: Alle gehen vorwärts in Wellenbewegungen (bzw. Zick-zacklinien) über die Tanzfläche.

Takt 5–8: Beim Weitergehen werden die gestreckten Arme von links unten über den Kopf nach rechts unten geführt.

Takt 9–16: Wie Takt 1–4.

Man kann zum Tanz auch bunte Tücher (in Wolken- und Erd-farben) in die Hand nehmen und die Armbewegungen damit voll-ziehen.

(2) Ich freue mich und springe

Siehe »Hände«, Abschnitt 5 Nr. 1.

(3) Laß uns in deinem Namen, Herr

2. Laß uns in deinem Namen, Herr, die nötigen Schritte tun.
   Gib uns den Mut, voll Liebe, Herr, heute die Wahrheit zu leben.

3. Laß uns in deinem Namen, Herr, die nötigen Schritte tun.
   Gib uns den Mut, voll Hoffnung, Herr, heute von vorn zu beginnen.

4. Laß uns in deinem Namen, Herr, die nötigen Schritte tun.
   Gib uns den Mut, voll Glauben, Herr, mit dir zu Menschen zu werden.

T und M: Kurt Rommel
Rechte: Strube Verlag, München-Berlin.

Tanzbeschreibung:

Alle stellen sich im Kreis auf, die Hände durchgefaßt.
Schrittfolge: Wiegen, Laufen.

Takt 1–2:   Auf die erste und die vierte Zählzeit hin und her wiegen.
Takt 3:   Sechs kleine Schritte auf der Kreisbahn gehen.
Takt 4:   Wieder anhalten und Front zur Mitte.
Takt 5–6:   Wie Takt 1–2.
Takt 7:   Arme heben; jede/r dreht sich um sich selbst in sechs kleinen Schritten.
Takt 8:   Zurück zur Ausgangsstellung.

(4) Und richte unsere Füße (Kanon)

T: nach Lukas 1,79 M: Friedrich Grünke; Rechte: Strube Verlag, München-Berlin.

Tanzbeschreibung:

Alle stellen sich in einer Kette auf, die Hände durchgefaßt.
Schrittfolge: Langsam, schnell.

Takt 1: Zwei langsame Taktzeiten vor- und zurückwiegen (rechts vor, links zurück).

Takt 2: Drei schnelle Schritte vorwärts (rechts, links, rechts), einen langsamen Schritt links vor.

Takt 3+4: Dieses Taktpaar und die folgenden wie Takt 1 und 2.

(5) Wer leben will wie Gott auf dieser Erde

Gotteslob, Nr. 183

6. Bilder

– Kees de Koort: Heilung des Gelähmten
– Kees de Koort: Der Gelähmte geht
  Deutsche Bibelgesellschaft, Stuttgart.

– Relindis Agethen: Die Heilung des Gelähmten
  Aus: Hubertus Halbfas, Religionsunterricht in der Grundschule 1, Patmos Verlag, Düsseldorf.

7. Gestalten/Malen/Basteln

(1) Ideensammlung: Was wir alles mit unseren Füßen können

Material:
Papierbogen, Stifte, Foto: Füße

Methode:
Auf einem großen Bogen Papier liegt ein Bild/Foto von Füßen. Die Teilnehmer/innen werden aufgefordert, aufzuschreiben, was sie alles mit den Füßen tun können.

(2) Fußabdrücke in Gips

Material:
Gips, ein flaches Gefäß, in das ein Fuß paßt, Wasser, ein Stock zum Rühren, Eimer, evtl. Abtönfarben oder Plakafarben und Pinsel

Methode:
In einem Eimer den Gips mit Wasser anrühren und dann in die flachen Gefäße füllen (Deckel von Pappschachteln o. ä.). Wenn der Gips eine gewisse Festigkeit hat, aber noch nicht hart ist, wird die Fußsohle hineingedrückt. Wenn alles fest ist, wird der Gips aus dem Gefäß gelöst. Man kann den Fußabdruck oder die Umrahmung farbig anmalen.

(3) Fußabdruck auf Papier

Material:
großer Bogen weißes Papier, Abtön- oder Fingerfarbe (Farbe, die nicht sofort am Fuß trocknet)

Methode:
Die Fußsohlen werden mit der Farbe angemalt und auf den weißen Bogen Papier gedrückt. Man kann die Füße auch in einer bestimmten Reihenfolge aufdrucken, so daß ein Gesamtbild entsteht (z.B. ein Weg, eine Spirale, ein Labyrinth). Wenn es um die Darstellung einer Gruppe geht, können nach dem Trocknen der Farbe mit Filzstiften die Namen der Teilnehmer/innen in die Fußabdrücke geschrieben werden.

(4) Poster gestalten

Material:
großer Bogen weißes Papier, farbiges Tonpapier, Buntstifte, Klebstoff

Methode:
Die Fußsohlen werden um die bloßen Füße auf Tonpapier gezeichnet und ausgeschnitten, evtl. die Namen darauf geschrieben. Die ausgeschnittenen Füße werden auf den weißen Bogen Papier geklebt. Man kann in die Füße auch hineinschreiben, was man mit ihnen tun kann.

Falls kein Tonpapier zur Verfügung steht oder man es einfacher möchte, zeichnet man die Fußabdrücke mit bunten Farben direkt auf den großen Papierbogen.

Hinweis: Wenn man die Bilder mit Fußabdrücken als Weg gestaltet, ist sinnvoll, daß dieser Weg zu einem Ziel führt: in der Adventszeit z.B. zur Krippe, in der Fastenzeit zum Kreuz oder zum offenen Grab, zur Auferstehungssonne. Man kann auch an den Weg noch Symbole bzw. Stationen malen.

In der Adventszeit jeden Tag einen Fußabdruck auf den Weg kleben, der zur Krippe führt.

(4) Film/Comic/Leporello: Wohin wir schon gegangen sind

Material:
Papier, Farbstifte

Methode:
Auf ein Blatt Papier wird ein Filmstreifen gezeichnet, der in viele kleine Einzelbildchen eingeteilt ist. In diesen Film wird gemalt, wohin wir mit unseren Füßen am vergangenen Tag oder in unserem Leben schon gegangen sind.

Man kann dieses Thema auch als Comic auf ein Blatt Papier zeichnen oder als Leporello, bei dem viele größere Einzelbilder nebeneinander gemalt werden. Die größeren Einzelbilder können auch hintereinander als Bilderbuch geheftet werden.

(5) Bilder zum Lied: Wir kommen und gehen

Siehe Abschnitt 5 Nr. 1.

Material:
Papier, Farben, Pinsel

Methode:
Die einzelnen Bilder wie »Wolken« und »Spuren« können Assoziationen für eine Bildgestaltung zum Liedtext bieten.

Während das Lied immer wieder gesungen wird, malen alle auf einem großen Bogen Papier mit Wasserfarben Wellenlinien, Spuren, Wege, die evtl. hinterher ein Gesamtbild ergeben. Es kann auch jeder auf einem einzelnen Blatt malen.

(6) Gestaltung zum Lied: Wer leben will wie Gott auf dieser Erde

Siehe Abschnitt 5 Nr. 5.

Auf einem Blatt wird ein Weg angedeutet. Auf diesem Weg wird links die Geschichte des Weizenkorns gezeichnet, wie sie im Lied dargestellt ist, auf der anderen Seite der Weg Jesu. In den Weg hinein wird auf Fußspuren geschrieben, wie Menschen heute diesen Leidensweg Jesu gehen, der letztlich zum Leben führt.

8. Spiel und Aktion

(1) Gehen auf unterschiedlichem Untergrund

In einem Garten, in dem sich unterschiedliche Bodenuntergründe befinden, führt eine/r den/die andere/n über Wiese, Kiesweg, Sand, Pflaster, Asphalt ... Die Person, die geführt wird, geht mit bloßen Füßen und schließt die Augen. Wichtig ist, daß beide sehr langsam gehen.

(2) Fortbewegung mit unseren Füßen

Alle Teilnehmer/innen stehen im Raum verteilt. Der/Die Leiter/in erzählt eine frei erfundene Geschichte, in der unterschiedliche Formen der Fortbewegung vorkommen, z. B. langsam schreiten, beschwingt gehen, hüpfen, schleichen, laufen. Immer wenn eine dieser Fortbewegungsarten in der Geschichte vorkommt, vollziehen alle im Raum diese Bewegung; entsprechend macht der/die Leiter/in eine Erzählpause.

(3) Fußspuren

Fußspuren kann man gut hinterlassen im Schnee, im Sand, auf lehmigem Boden ... Verschiedene Personen gehen auf solchem Untergrund einen Weg und verstecken sich an einem Ziel.
Andere folgen ihren Spuren und versuchen, die ersten zu finden.
Variante: Einige gehen auf einem Untergrund, der deutliche Fußspuren hinterläßt. Anhand der Sohlenabdrücke versuchen andere herauszufinden, wer dort gegangen ist.

(4) Dreibeinlauf

Daß es nicht ganz einfach ist, Bewegungen zu koordinieren, kann man bei diesem Spiel lernen. Es tun sich immer zwei Personen zusammen und stellen sich nebeneinander. Die Beine, die direkt nebeneinanderstehen, werden zusammengebunden. Jetzt versuchen mehrere Paare, so miteinander um die Wette zu laufen.

(5) Wettläufe

Wettrennen sind seit alters her ein beliebter Sport. In Form einer Stafette können mehrere Mannschaften miteinander in verschiedenen Fortbewegungsarten um die Wette laufen:
Der Start wird markiert und in einer bestimmten Entfernung ein Stuhl aufgestellt, der zu umrunden ist. Die einzelnen Wettläufe werden nacheinander von den Gruppenmitgliedern durchgeführt.
Mögliche Bewegungen: laufen, hüpfen, gehen, hüpfen im Schlußsprung (beide Füße gleichzeitig), rückwärts gehen, Dreibeinlauf (s. o.), Entengang (in der Hocke vorwärts laufen), auf allen Vieren vorwärts laufen, Krebsgang (auf allen Vieren rückwärts laufen) ...

(6) Beobachtungen

Wenn man erst einmal gehen kann, denkt man nicht viel darüber nach, wie mühsam es war, es zu lernen. Deshalb kann es hilfreich sein zu beobachten, wie Menschen gehen lernen. Vielleicht ist es auch möglich, ihnen dabei zu helfen, z. B. kleinen Kindern oder Kranken, die eine Gehbehinderung haben.

(7) Spiel: Wie gelähmt sein

Alle gehen im Raum umher, erzählen, spielen, machen etwas miteinander. Auf ein bestimmtes Zeichen hin bleiben alle »wie gelähmt« stehen und verharren in der Position, die sie gerade eingenommen haben.
Nach einem Austausch darüber, was man alles nicht mehr könnte, wenn man gelähmt wäre, kann man miteinander darüber sprechen, ob man schon einmal »wie gelähmt« war.

(8) Umsetzung: Heilung des Gelähmten (Mk 2,1–12)

Die Geschichte kann in unterschiedlicher Form umgesetzt werden: als Darstellendes Spiel mit Tüchern, als Papptheater oder als Schattenspiel am Tageslichtprojektor.

Beschreibung der einzelnen Darstellungsformen in: Elsbeth Bihler, Kommt und seht. Handreichung für Katechetinnen und Katecheten, Lahn-Verlag, Limburg 4. Auflage 1995, S. 42–45.

(9) Umsetzung ... als ich dich getragen habe

Siehe Abschnitt 4 Nr. 2.

Auf ein Blatt wird ein Weg mit zwei Fußspuren gezeichnet (kann auch fertig kopiert verteilt werden). Wie in der Geschichte beschrieben, sieht man an manchen Stellen nur eine Fußspur. Die Teilnehmer/innen werden aufgefordert, bei leiser Musik darüber nachzudenken, wann sie sich in äußerst schwierigen Situationen befunden haben. Mit kurzen Stichworten schreiben sie diese an den Weg, wo nur eine Fußspur zu sehen ist. Dann überlegen sie, ob und wie sie sich während dieser Zeit von Gott getragen gefühlt haben.

Je nach Teilnehmerkreis kann sich ein Gespräch darüber anschließen.

Augen

1. Einführung

Wie die meisten anderen Lebewesen ist auch der Mensch mit Augen, Ohren und Mund ausgestattet. Augen und Ohren dienen in erster Linie zur Wahrnehmung der Umwelt, der Mund zur Nahrungsaufnahme und zur Lautäußerung. Der Verstand unterscheidet den Menschen vom Tier. Er gibt ihm die Fähigkeit, das, was er sieht und hört, in Gedanken und Worte zu fassen. Auf der anderen Seite sind die Sinne des Menschen im einzelnen weniger scharf ausgebildet als die der Tiere.

Die Augen brauchen wir zum Sehen. Sie stehen in enger Verbindung zum Licht, nehmen die Umwelt durch die unterschiedlichen Lichteinwirkungen wahr. Der Mensch besitzt die Gabe, seine Umwelt mit dem Auge farbig wahrzunehmen.

In vielen Naturreligionen und bei den alten Ägyptern gelten Sonne und Mond als Augen der Gottheit. Im altorientalischen Symboldenken sind die Sterne Synonyme für die Augen.

Das Auge Gottes, das alles sieht, wird auf vielen Bildern und auch auf Grabsteinen dargestellt. Es deutet auf seine Allwissenheit und treue Fürsorge hin. Allerdings wurden Sätze wie »Ein Auge ist, das alles sieht!« oder »Der liebe Gott sieht alles!« auch als Bedrohung erfahren (Kindererziehung). Die ursprünglich positive Aussage des Bilds vom Auge Gottes wurde damit vergessen.

Auch im Buddhismus spielt das Auge als Symbol eine große Rolle. Viele Buddhisten tragen einen Punkt zwischen den Augenbrauen. Dieser Punkt symbolisiert das Auge der Weisheit, das in die Tiefe schaut.

»Die Augen sind der Spiegel der Seele«, sagen viele Menschen.

In unserer Gesellschaft wird das Auge durch die ständige Reizüberflutung der Reklamebilder und die bewegten Bilder in Fernsehen und Video oft sehr strapaziert. Unsere Beobachtungsgabe ist deshalb häufig nicht sehr ausgeprägt. Und doch nehmen wir alles, was wir sehen, unbewußt auf. Wenn jemand redet, dann hören wir nicht nur die Worte, sondern sehen auch sein Gesicht, seine Körperhaltung, seine Bewegungen und Gesten. Daraus schließen wir, wie dieser Mensch sich gerade fühlt.

Sehen und Schauen ist nicht das gleiche. Vieles hängt davon ab, mit welcher Absicht ich etwas ansehe. Bei einem Pferd z.B. schaut sich ein Tierarzt dessen Beine an, um festzustellen, wo es Schmerzen hat. Ein Händler dagegen schaut sich seine Form, seine Bewegungen an, um seinen Kaufpreis festzustellen. Ein Maler wiederum sieht die Gesamtheit, seine Schönheit, seine Bewegungen, um sie dann in seinem Kunstwerk zum Ausdruck zu bringen. Schauen geht tiefer als Sehen.

2. Wahrnehmungsübungen

L = Leiter/in; TN = Teilnehmer/in(nen). Jede freie Zeile im Sprechtext bedeutet eine längere Sprechpause.

(1) Wir nehmen einen Raum, eine Umgebung wahr

Die TN sitzen im Kreis oder im Raum verteilt.

L spricht:
Wir werden still und schließen die Augen.
Wir lassen alles hinter uns, was uns bewegt hat an diesem Tag.
Wenn wir uns frei und leer fühlen, öffnen wir die Augen und schauen uns unsere Umgebung bewußt an:
den Raum, die Menschen, die Dinge.
Vielleicht fällt uns etwas auf im Raum.
Wir gehen näher heran und schauen es an:
die Form, die Struktur der Oberfläche.
Wenn wir es genau betrachtet haben, gehen wir zurück auf unseren Platz und schließen die Augen.
Wenn wir sie wieder öffnen, bleiben unsere Augen an einem anderen Gegenstand hängen.
Auf den gehen wir wieder zu und betrachten ihn genau.

Diese Übung kann weiter fortgesetzt werden.

(2) Wir betrachten einen Gegenstand

Ein Gegenstand steht in der Mitte eines Kreises bzw. jede/r TN hält ihn vor sich in der Hand oder stellt ihn vor sich hin. Wenn es sich um etwas Konkretes handelt, wird anstelle des Worts »Gegenstand« die richtige Bezeichnung genannt.

L spricht:
In der Mitte (vor uns) sehen wir einen Gegenstand.
Wir betrachten ihn genau.
Millimeter für Millimeter gleiten unsere Augen an ihm entlang.
Wenn nötig, drehen wir ihn, um alle seine Seiten wahrzunehmen.
Wir hören leise Musik und betrachten unseren Gegenstand sehr genau, bis aufs kleinste.

Musik wird eingespielt.

Hinweis: Man kann auf diese Weise auch das Gesicht eines Menschen betrachten. Bei Übungen mit Paaren kann dies helfen, um den/die andere/n (wieder einmal) richtig wahrzunehmen.

(3) Unser inneres Auge

Alle sitzen im Kreis um eine gestaltete Mitte. Jede/r hat Papier und Malstifte vor sich.

L spricht:
Wir sind hierher gekommen und haben vieles hinter uns gelassen.
Wir versuchen, ruhig zu werden. Wir schließen die Augen.

Vor unserem inneren Auge lassen wir noch einmal die Ereignisse des Tages (der letzten Woche, des letzten Jahres ...) wie einen Film ablaufen.
Vielleicht sehen wir bewegte Bilder,
vielleicht sind die Bilder ruhig.
Wir selbst werden immer ruhiger.
Bei allen Bildern, die in uns sind, kommt vielleicht eines immer wieder. Wir wollen versuchen, es festzuhalten,
Ruhe oder Unruhe, frohe oder traurige Zeiten.

Wir wollen versuchen, unser Bild zu malen.

Jetzt wird leise Musik eingespielt.

(4) Mit dem inneren Auge sehen

Die TN sitzen im Raum verteilt. L fordert sie auf, die Augen zu schließen und sich mit dem »inneren Auge« auf die Reise zu begeben.

Diese Reise kann die unterschiedlichste Form und das unterschiedlichste Thema haben. Viele Beispiele für Traumreisen mit dem inneren Auge finden sich in den drei Bänden von Elsbeth Bihler, Symbole des Lebens – Symbole des Glaubens, z. B.:

Symbole I
Die Reise in den Himmel, S. 171f.
Vom Wolkenschloß träumen, S. 189f.

Symbole II
Der Weg des Wassers, S. 46f.
Mit dem Boot auf dem See, S. 76f.
Die Wüste ist weit und groß, S. 102f.
Eine Bergbesteigung, S. 160f.
Der Traum von meinem Baum, S. 192f.
Der Weg unseres Lebens, S. 231f.

Symbole III
Unsere Traumbrücke, S. 70f.
Traumhaus, S. 110f.
Menschen in unserer Stadt, S. 136
Türen, S. 163
Das große Fest, S. 239f.

3. Biblische Bezüge

Tobits Erblindung (Tob 2,1–10) und Heilung (11,1–15)
Bekehrung des Paulus (Apg 9,1–19)
»Blinde führe ich ...« (Jes 42,16)
Blinde Blindenführer (Mt 15,14)
Wir tasten uns wie Blinde ... (Jes 59,10)
Wenn ihr blind wäret (Joh 9,35–41)
Heilung eines Blinden bei Betsaida (Mk 8,22–26)

Zwei Blinde (Mt 9,27–31)
Heilung von zwei Blinden bei Jericho (Mt 20,29–34; Lk 18,35–43)
Heilung eines Blinden (Joh 9,1–12)
Bartimäus (Mk 10,46–52; Lk 18,35–43)
Die Schlange (Gen 3,1–7)
Gottes Augen prüfen den Menschen (Psalm 11,4–7)
Die Verklärung Jesu (Mt 17,1–9; Mk 9,2–10; Lk 9,28–36)
Balken im Auge (Lk 6,39–42)
Sinn der Gleichnisse (Mt 13,10–17)
Nun läßt du, Herr (Lk 2,29–32)

4. Geschichten/Texte

(1) Blind

Aus dem Dunkel
ans Licht wollen,
zum Wegkreuz
mehr kriechen
als gehen,
stundenlang warten,
ehe der kommt,
der die Wunder vollbringt.
Dann hineinhorchen
in das Stimmengewirr,
den heraushören, an den sich
die ganze Hoffnung klammert,
sich bemerkbar machen,
rufen, aufschreien,
als Störenfried weggeschubst werden.
Diesmal keinen Erfolg haben,
sich wieder auf den Heimweg machen,
auch ein blindes Huhn
findet einmal ein goldenes Korn.
Dann wieder Stimmen, die gesuchte
ist ganz nah jetzt und fragt.

Und das »Bring mir Licht« bricht
heraus aus dem Blinden.
Feuer fällt in erloschene Augen,
tausendfaches Feuer,
quälend, schmerzend, dann beglückend.
Geblendet noch wird er seinen Dank
in das Staunen der Menschen geben.
Dem der Dank gilt, wird fort sein.

Paul Reding

Aus: Paul Reding, Nebenan ist Jericho, Verlag Butzon & Bercker, Kevelaer 1976.

(2) Wir brauchen andere Augen

Text abgedruckt in Elsbeth Bihler, Symbole des Lebens – Symbole des Glaubens I: Licht – Feuer, S. 154.

(3) Halbvoll oder halbleer?

»Schade«, sagt der eine am Tresen zum anderen, »mein Glas ist schon halb leer!«
»Macht nichts«, sagt der andere, »dafür ist meines noch halb voll!«

(4) Die beiden Spiegel

Satan, der Spaß daran hat, alles zu verwirren und durcheinanderzubringen, hatte einen Spiegel gemacht, an dem er seine teuflische Freude hatte. Dieser Spiegel zeigte alles Gute und Schöne ganz klein und zusammengeschrumpft; was aber schlecht war, trat übergroß ins Bild. Überall hielt er diesen Spiegel hin, und es gab kein Land und keine Menschen mehr, die nicht verzerrt darin zu sehen waren.
Eines Tages mußte der Böse über das Ekelhafte, das er im Spiegel sehen konnte, so lachen, daß er ihm aus den Händen rutschte und zerbrach – in Tausende, ja Millionen Teile. Und ein böser Sturm, ein Orkan, trieb die Splitter über die ganze Erde. Manche Splitter waren so klein wie ein Sandkorn; sie saßen vielen Menschen in den Augen. Diese Menschen sahen an anderen alles verkehrt; sie sahen nur das, was schlecht war. Andere Scherben kamen in Brillen, und wenn die Leute diese Brillen aufsetzten, dann war es schwer für sie, richtig hinzusehen und gerecht zu urteilen.

Sind wir solchen Menschen schon begegnet? Manche Spiegelscherben waren so groß, daß sie als Fensterscheiben benutzt werden konnten. Aber sehen wir nicht hindurch! Wir entdecken nur das Häßliche an unseren Nachbarn.

Als Gott sah, wie verkehrt viele Menschen alles sahen, wurde er traurig. Er beschloß, ihnen zu helfen. Er sagte: Ich will meinen Sohn in die Welt schicken. Er ist mein Ebenbild, mein Spiegel. Er spiegelt meine Güte, meine Gerechtigkeit wider; er spiegelt den Menschen so, wie ich ihn gemeint habe!

Und Jesus wurde ein Spiegel für die Menschen. Er zeigte das Gute in den Menschen, sogar an Betrügern, Räubern, verachteten Frauen. Er ließ in den Kranken den Mut zum Leben wieder wachsen. Er tröstete die Menschen, die trauerten, und half ihnen, die Angst vor dem Tod zu überwinden.

Viele Menschen liebten diesen Spiegel Gottes und liefen Jesus nach. Sie waren begeistert von ihm. Andere aber ärgerten sich, sie griffen ein und zerbrachen den Spiegel: Jesus wurde getötet. Aber da erhob sich ein guter Sturm: der Heilige Geist, der die Tausende, die Millionen Splitter dieses Spiegels über die ganze Welt blies. Und wer nur ein Splitterchen dieses Spiegels ins Auge bekommt, der lernt die Welt und die Menschen so sehen, wie Jesus sie gesehen hat: Das Gute und Schöne fällt zuerst ins Auge, das Böse und Gemeine aber ist veränderlich und überwindbar.

Aus: Willi Hoffsümmer, Kurzgeschichten 3, Matthias-Grünewald-Verlag, Mainz 1987.

(5) Der Korb mit den wunderbaren Sachen

Ein Mann hatte viele Kühe. Morgens trieb er sie auf die Weide, und abends trieb er sie zurück in den Stall. Er molk seine Kühe und freute sich über die viele gute Milch. Einmal aber, als er morgens in den Stall kam, gab keine einzige Kuh auch nur einen Tropfen Milch. Auch am nächsten und am übernächsten Tag gaben die Kühe keine Milch.

Jemand muß sie heimlich melken, dachte der Mann. An diesem Abend versteckte er sich neben der Stalltür und wartete. Es wurde dunkler und dunkler, die Sterne gingen auf und leuchteten immer heller. Auf einmal senkte sich eine Strickleiter aus geflochtenen Strahlen von den Sternen herab. Auf der Leiter stiegen Mädchen herunter, eines nach dem anderen. Die Sternmädchen gingen in den

Stall und fingen zu kichern und zu singen an. Dann setzte sich jedes zu einer Kuh und molk die Kuh ohne Eimer.

Als der Mann das sah, wurde er zornig. Er sprang auf die Sternmädchen los und wollte sie fangen und schlagen. Aber die Sternmädchen waren viel zu flink. Sie huschten dahin und dorthin, sie kicherten und sangen. Dann liefen sie zurück zur Leiter und kletterten zurück in den Himmel. Ein einziges Mädchen war nicht flink genug. Der Mann packte es an den Haaren und ließ es nicht mehr los. Die anderen Mädchen bemerkten nicht, daß eines von ihnen noch auf der Erde war, und zogen die Strahlenstrickleiter ein.

Das gefangene Sternmädchen war so schön, daß der Mann allen Zorn vergaß. »Willst du meine Frau werden?« bat er. »Ja, ich will deine Frau werden«, sagte das Mädchen. »Du mußt mir aber versprechen, daß du nie in mein Körbchen hineinschaust!«

»Was für ein Körbchen?« fragte der Mann. Kaum hatte er das gefragt, sah er, daß das Sternmädchen einen kleinen Korb am Arm trug. »Ich bin nicht neugierig«, sagte der Mann, »und ich werde gewiß nie hineinschauen.« Da wurde sie seine Frau.

Monate vergingen, und der Mann vergaß allmählich, was er versprochen hatte. Das kleine Körbchen war kunstvoll geflochten und hatte einen Deckel, der ganz fest saß. Der Mann sah das Körbchen Tag für Tag und wurde plötzlich neugierig, was drinnen war. Er sagte aber kein Wort davon.

Einmal, als seine Frau nicht daheim war, hob er den Deckel des Körbchens und schaute hinein: Der Korb war leer!

Bald darauf kam seine Frau und sagte traurig: »Du hast in das Körbchen geschaut!«

»Dummes Ding!« antwortete der Mann. »Warum hätte ich nicht hineinschauen sollen? Es ist doch gar nichts drinnen.«

Da sah die Frau ihn lange an, dann wandte sie sich um und ging fort. Der Mann hat sie nie wieder gesehen. Die Sternmädchenfrau war in den Himmel zurückgekehrt.

Aus: Käthe Recheis/Friedl Hofbauer, 99 Minutenmärchen, Verlag Kerle, Wien 15. Auflage 1995.

5. Lieder/Tanz/Musik

(1) Blind sein und nicht sehen können

1. Blind - Sein und Nicht - Se - hen - Kön - nen, das ist schlimm,
doch auch mit ge - sun - den Au - gen sieht man oft nicht hin.

2. Komm, bedecke deine Augen, langsam, sacht.
   Immer dunkler wird es dann, fast wie in der Nacht.

3. Taste dich mit Füßen vorwärts, Schritt für Schritt,
   o, wie mühsam ist das Laufen dann bei jedem Tritt.

4. Öffne deine Augen wieder, schau umher!
   Menschen, Blumen, Bäume, Himmel freuen uns so sehr.

5. Mancher lacht dich fröhlich an, schaut dir ins Gesicht,
   mancher ist so traurig heut', lachen kann er nicht.

6. Jesus einst den Blinden heilte, der war froh.
   Weck auch meine Augen auf, hilf mir ebenso.

7. Gib uns off'ne Augen, Herr, hilf zum rechten Sehn,
   daß wir nicht mit müden Augen durch das Leben gehn.

(Die Strophen 2–7 reimten westfälische und Hamburger Erzieher
auf Rissener Werkstattseminaren.)

T und M: Wolfgang Longardt
Aus: Vieles ist nicht selbstverständlich, Nr. 040
Rechte: ABAKUS Schallplatten & Ulmtal Musikverlag, Greifenstein.

Spielanleitung:

1. Str.: Alle gehen mit geschlossenen Augen umher und öffnen sie
   bei der zweiten Zeile.

2. Str.: Alle bleiben stehen und bedecken ihre Augen langsam mit den Händen.

3. Str.: Langsam werden einige Schritte vorwärts gemacht.

4. Str.: Die Hände werden von den Augen genommen, alle hüpfen umher.

5. Str.: Beim Umhergehen schauen sich alle gut an.

6. Str.: Alle bleiben wieder stehen, bedecken ihre Augen wieder mit den Händen und nehmen die Hände bei der zweiten Zeile wieder weg.

7. Str.: Alle schließen sich zu einem Kreis zusammen und gehen rechts herum.

(2) Als Jesus kam nach Jericho

1. Als Jesus kam nach Jericho, da saß am Straßenrand ein Mann, der nichts mehr sehen konnt' und keinen Freund mehr fand. Der blinde Bartimäus war so arm und so allein. Doch als er hört, der Herr ist da, fing er laut an zu schrein. So ist es geschehn,

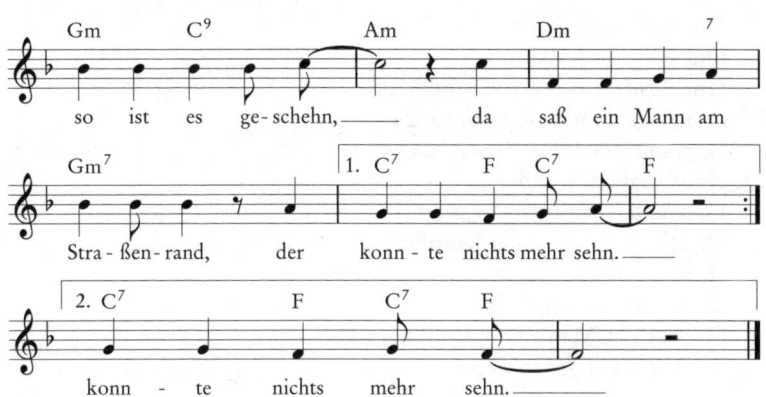

so ist es ge-schehn, ___ da saß ein Mann am Stra-ßen-rand, der konn-te nichts mehr sehn. ___

1. konn-te nichts mehr sehn. ___

2. »O Jesus, Herr aus Nazaret!«
Was war das ein Geschrei!
»Erbarme dich! Erbarme dich,
o Herr, und steh mir bei!«
Die Leute wurden ärgerlich,
und sie bedrohten ihn.
Jedoch der Mann am Straßenrand
hat weiter laut geschrien.
So ist es geschehn.
So ist es geschehn.
Da war ein Mann am Straßenrand,
der wollt zu Jesus gehn.

3. Sie sagten: »Geh zur Seite, Mann,
und sei jetzt endlich still!«
Jedoch der Mann am Straßenrand
war ja schon fast am Ziel.
»O Jesus, Herr aus Nazaret!
Erbarme dich!« schrie er.
Als Jesus ihn so schreien hört',
da rief er: »Komm doch her!«
So ist es geschehn.
So ist es geschehn.
Da war ein Mann am Straßenrand,
der durft' zu Jesus gehn.

4. Da stand sogleich der Blinde auf
und ging zu Jesus nun.
Und Jesus sah ihn freundlich an
und fragt': »Was soll ich tun?«
So stand der arme Bruder da,
vom Straßenrand der Mann.
Und voll Vertrauen sagte er:
»Mach, daß ich sehen kann!«
So ist es geschehn.
So ist es geschehn.
Da war ein Mann vom Straßenrand,
der blieb vor Jesus stehn.

5. Und Jesus sah den Blinden an
und sagte: »Du kannst gehn!
Weil du so glaubst, mein Freund,
drum kannst du wirklich wieder sehn!«
Da blickt der Arme in die Welt
mit Augen hell und wach.
Da ließ er alles hinter sich
und folgte Jesus nach.
So ist es geschehn.
So ist es geschehn.
Da war ein Mann vom Straßenrand,
der konnte wieder sehn.

So ist es geschehn.
So ist es geschehn.
Da wollt ein Mann vom Straßenrand
mit Jesus weitergehn.

T: Rolf Krenzer M: Peter Janssens
Aus: Ich schenk' dir einen Sonnenstrahl, 1985.
Rechte: Peter Janssens Musik Verlag, Telgte.

Spielanleitung:

Alle sitzen im Kreis. Bartimäus, der Blinde, sitzt in der Mitte. Die Leute im Kreis machen die Gesten, die die Menschenmenge macht. Eine/r spielt Jesus. Der Erzählverlauf wird dem Lied entnommen. Kostüme können einfach mit bunten Tüchern hergestellt werden.

(3) Gib uns Augen

2. Gott, du gibst das Licht in finstrer Nacht,
   hast aus Samen Frucht ans Licht gebracht.

3. Kannst die Lahmen wieder gehend machen,
   wandelst unser Weinen bald in Lachen.

4. Manches muß erst sterben und vergehn
   kann verwandelt endlich auferstehn.

5. Wenn kein Mensch an Licht und Freude denkt,
   Gott uns einen neuen Anfang schenkt.

T und M: Wolfgang Longardt
Aus: Wolfgang Longardt, Leben im Jahreskreis Bd. 1, Verlag Herder, Freiburg 1984
Rechte: beim Autor.

Tanzbeschreibung:

Alle stehen im Kreis.

Refrain:
Takt 1:   Arme bittend nach oben strecken.
Takt 2:   Nach rechts und links wiegen.
Takt 3:   Mit vier Schritten um sich selbst drehen.
Takt 4:   Hände zum Kreis durchfassen.
Takt 5–8:   Rechts herum im Kreis gehen.

Strophen:
Takt 1–2:   In die Hocke gehen, Kopf nach unten neigen.
Takt 3–4:   Aufstehen, kleine Schritte nach hinten gehen und dabei
            die Arme ausbreiten.

(4) Gott gab uns Atem, damit wir leben

Evangelisches Gesangbuch, Nr. 432.

6. Bilder

– Vorspann der »Tatort«-Krimis auf Video aufnehmen und ansehen

– Dreidimensionale Bilder – Das magische Auge
  In den vielen Büchern mit dreidimensionalen Kunstwerken versuchen, einige Bilder zu erkennen.

– Pieter Breughel der Ältere: Das Gleichnis von den Blinden
  Aus: Hubertus Halbfas, Religionsbuch für das 1. Schuljahr, Patmos Verlag, Düsseldorf.

– Kees de Koort: Der blinde Bartimäus
– Kees de Koort: Bartimäus kann sehen
  Deutsche Bibelgesellschaft, Stuttgart.

– Relindis Agethen: Blindenheilung
  Aus: Hubertus Halbfas, Religionsbuch für das 3. Schuljahr, Patmos Verlag, Düsseldorf.

– Relindis Agethen: Die Heilung des Blinden
– Relindis Agethen: Der Korb mit den wunderbaren Sachen (Bild-reihe zur Geschichte)
Aus: Hubertus Halbfas, Religionsbuch für das 1. Schuljahr, Patmos Verlag, Düsseldorf.

7. Gestalten/Malen/Basteln

(1) Ideenbörse: Sehen und nicht sehen können

Zum Thema »Sehen und nicht sehen können« wird eine Ideensuche gemacht. Auf ein Plakat wird ein Auge gezeichnet. Alle werden eingeladen, darumherum spontan zu schreiben, was ihnen einfällt: einzelne Begriffe, Sprichwörter, Sätze ... Danach können aufgrund dieser Ideenfindung andere Assoziationen ausgetauscht werden.

(2) Augen zeichnen

Material:
Papier, dünne Buntstifte

Methode:
Die Teilnehmer/innen tun sich zu Paaren zusammen. Abwechselnd versuchen nun die Paare, die Augen des/der anderen abzuzeichnen, und zwar in der richtigen Farbe und Form.
Man kann die Paare auch wechseln, um verschiedene Augenformen und -farben zu entdecken. Am Ende kann man versuchen, die Personen anhand der gezeichneten Augen wiederzuerkennen.

(3) Landschaften malen

Material:
Farben jeder Art, Papier, Pinsel

Methode:
Jede/r sucht sich ein Motiv und malt es aus seinem/ihrem Blickwinkel. Wenn es sich um das gleiche Motiv handelt, kann man die Bilder und Betrachtungsweisen gut miteinander vergleichen.

(4) In welcher Farbe sehe ich die Welt?

Material:
Wasserfarben, Pinsel und Papier

Methode:
Die Teilnehmer/innen gehen in die Landschaft und suchen sich ein bestimmtes Motiv aus, das sie malen möchten. Reizvoll für den anschließenden Vergleich ist es, wenn jede/r das gleiche Motiv wählt.
Dann bekommen alle die Aufgabe, das Bild in nur einer Farbe mit unterschiedlichen Farbnuancen zu malen. Jede/r darf sich seine/ihre Lieblingsfarbe aussuchen.

(5) Gegensatzcollage: Halbvoll oder halbleer?

Siehe Abschnitt 4 Nr. 3.

Material:
ein heller und ein dunkler Bogen Papier, Zeitungen, Stifte, Malkreiden

Methode:
Wie der Kurztext zeigt, kann man die Welt durch unterschiedliche Augen bzw. Blickwinkel betrachten. Dieser Blickwinkel kann für die Menschen entscheidend sein.
Man kann sich über diese verschiedenen Blickwinkel unterhalten und konkrete Beispiele aus dem Leben dazu suchen. Aus den Ergebnissen kann man eine Gegensatzcollage erstellen: Auf einen dunkleren Bogen Papier schreibt man alle negativen, auf einen hellen Bogen Papier alle positiven Betrachtungsweisen. Man kann auch aus Zeitungen Berichte ausschneiden, Bilder malen oder ähnliches.

(6) Gestaltung: Die beiden Spiegel

Siehe Abschnitt 4 Nr. 4.

Material:
mehrere kleine Taschenspiegel und kleine Gegenstände

Methode:
Aus vielen kleinen Spiegeln ein kleines »Spiegelkabinett« bauen und sich darin verschiedene kleine Gegenstände anschauen.

(7) Gestaltung: Der Korb mit den wunderbaren Sachen

Siehe Abschnitt 4 Nr. 5.

Material:
schwarzes Tonpapier oder Pappe, Schnur, Papier, Stifte

Methode:
Aus Schnur einen Korb auf einen schwarzen Plakatkarton kleben.
Miteinander versuchen, »wunderbare Sachen« zu benennen, die das
Leben lebenswert machen. Diese Sachen werden auf Papierstreifen
geschrieben, die in den Korb geklebt werden.

8. Spiel und Aktion

(1) »Schau mir in die Augen, Kleines ...«

Ein beliebtes Spiel für zwei Personen war schon immer, sich gegenseitig in die Augen zu sehen, ohne wegzuschauen und zu lachen.
Wer zuerst lacht oder wegschaut, hat verloren.

(2) Sehspiele

● Jemand beschreibt etwas ganz genau, was die anderen nicht sehen
   können. Die anderen müssen raten, um was es sich handelt bzw.
   nach der Beschreibung den Gegenstand zeichnen.

● Auf einem Tisch liegen zehn (auch weniger oder mehr) verschiedene Gegenstände. Ein/e Mitspieler/in schaut sich diese Gegenstände genau an. Dann werden sie zugedeckt, und der/die Spie-
   ler/in nennt aus dem Gedächtnis alle Gegenstände. Wer die
   meisten Gegenstände behalten hat, hat gewonnen.

● Mehrere Personen befinden sich in einem Raum. Eine/r sucht
   sich einen Gegenstand im Raum aus und sagt: »Ich seh' etwas,
   das ihr nicht seht, und das ist ... (blau, gelb, irgendeine Farbe).«
   Die anderen raten, um welchen Gegenstand es sich handelt.

(3) Telegrafieren

Ein Spiel, das auf genauer Beobachtung beruht, ist »Stille Post« oder »Telegrafieren«. Die Teilnehmer/innen sitzen im Kreis und halten sich an den Händen. Eine/r steht in der Mitte. Jemand aus dem Kreis beginnt und sagt: »Ich schicke ein Telegramm an ... (Namen nennen).« Dann drückt er/sie dem rechten oder linken Nachbarn die Hand und sagt: »Abgeschickt«. Der Händedruck wird durch den Kreis weitergegeben. Wenn er bei dem Empfänger des Telegramms angekommen ist, sagt diese/r: »Angekommen«. Die Person in der Mitte muß vorher versuchen zu entdecken, wo der Händedruck gerade ist. Wenn er/sie richtig rät, muß der/die, der/die gedrückt hat, in die Mitte. Kommt ein Telegramm bis zum Empfänger durch, darf diese/r wieder ein Telegramm abschicken.

(4) Experimentieren mit Fernrohr, Nahrohr, Mikroskop

Mit einem Fernrohr zu experimentieren macht viel Spaß. Man versucht, die gleichen Dinge damit zu entdecken oder dreht es einfach einmal um und sieht alles viel kleiner.
Ein »Nahrohr« muß man sich erst aus Papier basteln. Das Papier wird einfach zu einem Rohr gedreht. Durch dieses Rohr betrachtet man sich genau einen kleinen Ausschnitt aus einem Raum, einem Bild o. ä.
Man kann auch etwas durch ein Mikroskop betrachten, z. B. eine Blume zuerst als ganze betrachten und dann die einzelnen Blütenblätter durch ein Mikroskop anschauen. Die neuen Entdeckungen kann man aufzeichnen.

(5) Farbfilter

Die Welt durch verschiedenfarbige Brillen sehen. Einzelne Gegenstände werden angestrahlt. Dann wird verschiedenfarbiges Transparentpapier (oder Farbfilter) vor die Lichtquelle gehalten und betrachtet, wie sich die Dinge verändern.

(6) Interview: Wenn ich nicht sehen könnte ...

Eine/r oder mehrere aus der Gruppe bekommen die Augen verbunden. Die anderen interviewen sie und fragen: Was kannst du jetzt alles nicht, im Gegensatz zu vorher?

(7) Blinde Kuh

Eine/r aus der Gruppe bekommt die Augen verbunden. Auf den Anruf »Blinde Kuh« muß der/die Blinde versuchen, eine/n der anderen zu fangen. Wenn er/sie jemanden gefangen hat, muß er/sie raten, wer es ist.

(8) Tastspiele

Siehe »Hände« Abschnitt 8 Nr. 2.

(9) Blinde führen

Die Teilnehmer/innen tun sich zu Paaren zusammen. Eine/r bekommt die Augen verbunden. Der/Die andere führt den/die Blinde/n durch den Raum, um Hindernisse herum und macht auf Gefahren aufmerksam. Nach einer vereinbarten Zeit wechseln beide die Rollen. Hinterher werden die Erfahrungen ausgetauscht und mitgeteilt, wie man sich als Blinde/r bzw. als Blindenführer/in gefühlt hat.

(10) Der Blindenkreis

Alle stehen in einem Kreis. Eine/r bekommt die Augen verbunden und tritt aus dem Kreis heraus, tastet sich am Kreis entlang, bis er/sie sich wieder am Ausgangspunkt befindet.

(11) »Gute und schlechte Nachrichten«

Eine Nachrichtensendung mit ausschließlich guten Nachrichten des Tages schreiben und spielen und eine Nachrichtensendung mit schlechten Nachrichten des Tages.

(12) Aktion: Die beiden Spiegel

Siehe Abschnitt 4 Nr. 4.

Miteinander auf einer Kirmes oder einem Jahrmarkt ein »Spiegel-kabinett« besuchen.

(13) Bildreihe: Der Korb mit den wunderbaren Sachen

Siehe Abschnitt 4 Nr. 5 und Abschnitt 5.

Die Bilder miteinander betrachten und überlegen, warum der Mann die schönen Dinge im Korb nicht entdecken konnte. Besonderes Augenmerk auf das Bild richten, auf dem die Blindheit des Mannes dargestellt ist.

Ohren

1. Einführung

Die Ohren brauchen wir zum Hören. Auch wenn wir uns dessen nicht immer bewußt sind, gibt unser Ohr doch ständig Signale, die uns sagen, was um uns herum passiert. Sind die Geräusche vertraut, etwa das Ticken einer Uhr, das Vorbeifahren eines Zuges, bleibt unsere Reaktion gelassen. Sind es aber ungewöhnliche Geräusche, merken wir auf oder sehen nach, was passiert ist. Wir unterscheiden mit dem Gehör die Stimmen und Schritte von Menschen. Menschen, die blind sind, haben oft ein viel feineres Gehör. Stumme Menschen sind oft eigentlich »nur« taub und können deshalb das Sprechen nicht oder nur sehr schwer erlernen.

»Wer Ohren hat zu hören ...«, sagt Jesus immer dann, wenn er zu den Menschen in Gleichnissen redet.

Das Ohr selbst wird meist nicht direkt als Symbol dargestellt, aber die Kunst, die damit verbunden ist, die Musik, ist aus keinem Kulturkreis wegzudenken.

2. Wahrnehmungsübungen

L = Leiter/in; TN = Teilnehmer/in(nen). Jede freie Zeile im Sprechtext bedeutet eine längere Sprechpause.

(1) Was wir um uns herum hören

Wir befinden uns im Freien oder in einem Raum. Wir schließen die Augen und versuchen, »ganz Ohr« zu sein. Wenn wir nach einiger Zeit die Augen wieder öffnen, erzählen wir einander, was wir gehört haben. Wir können es auch aufschreiben.

(2) Triangel und Becken

Alle sitzen im Kreis.

L spricht:
Ich halte eine Triangel (ein Becken) in den Händen.
Ich werde die Triangel (das Becken) anschlagen.
Wir schließen die Augen.
Wer den Ton nicht mehr hört, kann die Augen öffnen.

Diese Übung dreimal wiederholen.

(3) Flüstern in die Stille hinein

Die TN werden aufgefordert, die Augen zu schließen und ganz ruhig zu werden. In die Stille hinein sagt L flüsternd, was in der nächsten Zeit in der Gruppe getan wird.

(4) Stecknadel

Alle werden aufgefordert, ganz still zu werden und die Augen zu schließen. Wer die Stecknadel fallen hört, darf die Augen öffnen.

(5) Geräusche/Instrumente erkennen

Verschiedene Instrumente oder Dinge, mit denen Geräusche hergestellt werden können, werden vorgestellt. Alle haben einen Zettel und einen Stift vor sich. Alle schließen die Augen. Ein Instrument wird zum Klingen gebracht, ein Geräusch wird erzeugt. Danach schreiben alle auf, um welches Geräusch/Instrument es sich gehandelt hat. Dann folgt das nächste Instrument/Geräusch usw.
Für geübte Ohren kann auch versucht werden, verschiedene Intervalle zu erkennen, die man auf einem Klavier oder einer Gitarre spielt.

3. Biblische Bezüge

Heilung eines Taubstummen (Mk 7,31–37)
Samuel (1 Sam 3,1–17)

Verpflichtung, auf Gottes Wort zu hören (Dtn 4,1–2)
... so höre du sie im Himmel (1 Kön 8,31–45)
Ich bin wie ein Tauber ... (Psalm 38,14–16)
Bitte in tiefer Not (Psalm 130)
Die unaufrichtigen Hörer (Ez 33,30–33)
Selig, die hören (Lk 11,27–28)
Die Deutung des Gleichnisses vom Sämann (Mk 4,9–20; Mt 13,18–23; Lk 8,11–15)

4. Geschichten/Texte

(1) Geräusch der Grille – Geräusch des Geldes

Eines Tages verließ ein Indianer das Reservat (ein Reservat ist ein Schutzgebiet für Indianer, in dem sie wie ihre Vorfahren frei leben können) und besuchte einen weißen Mann, mit dem er befreundet war. In einer Stadt zu sein, mit all dem Lärm, den Autos und den vielen Menschen um sich – all dies war ganz neuartig und auch ein wenig verwirrend für den Indianer. Die beiden Männer gingen die Straße entlang, als plötzlich der Indianer seinem Freund auf die Schulter tippte und ruhig sagte: »Bleib einmal stehen. Hörst du auch, was ich höre?«
Der weiße Freund des roten Mannes horchte, lächelte und sagte dann: »Alles, was ich höre, ist das Hupen der Autos und das Rattern der Omnibusse. Und dann freilich auch die Stimmen und die Schritte der vielen Menschen. Was hörst du denn?« »Ich höre ganz in der Nähe eine Grille zirpen«, antwortete der Indianer. Wieder horchte der weiße Mann. Er schüttelte den Kopf. »Du mußt dich täuschen«, meinte er dann, »hier gibt es keine Grillen. Und selbst wenn es hier irgendwo eine Grille gäbe, würde man doch ihr Zirpen bei dem Lärm, den die Autos machen, nicht hören.«
Der Indianer ging ein paar Schritte. Vor einer Hauswand blieb er stehen. Wilder Wein rankte an der Mauer. Er schob die Blätter auseinander, und da – sehr zum Erstaunen des weißen Mannes – saß tatsächlich eine Grille, die laut zirpte.

Nun, da der weiße Mann die Grille sehen konnte, fiel auch ihm das Geräusch auf, das sie von sich gab. Als sie weitergegangen waren, sagte der Weiße nach einer Weile zu seinem Freund, dem Indianer: »Natürlich hast du die Grille hören können. Dein Gehör ist eben besser geschult als meines. Indianer können besser hören als Weiße.« Der Indianer lächelte, schüttelte den Kopf und erwiderte: »Da täuschst du dich, mein Freund. Das Gehör eines Indianers ist nicht besser und nicht schlechter als das eines weißen Mannes. Paß auf, ich will es dir beweisen.«

Er griff in die Tasche, holte ein 50-Cent-Stück hervor und warf es auf das Pflaster. Es klimperte auf dem Asphalt, und Leute, die mehrere Meter von dem weißen und dem roten Mann entfernt gingen, wurden auf das Geräusch aufmerksam und sahen sich um. Endlich hob einer das Geldstück auf, steckte es ein und ging seines Weges. »Siehst du«, sagte der Indianer zu seinem Freund, »das Geräusch, das das 50-Cent-Stück gemacht hat, war nicht lauter als das der Grille, und doch hörten es viele der weißen Männer und drehten sich danach um, während das Geräusch der Grille niemand hörte außer mir. Der Grund dafür liegt nicht darin, daß das Gehör der Indianer besser ist. Der Grund liegt darin, daß wir alle stets das gut hören, worauf wir zu achten gewohnt sind.«

Frederik Hetmann

Aus: Frederik Hetmann, Wildwest Show, Beltz Verlag (Programm Beltz & Gelberg), Weinheim und Basel 1973.

(2) Zuhören können

Momo konnte so zuhören, daß dummen Leuten plötzlich sehr gescheite Gedanken kamen. Nicht etwa, weil sie etwas sagte oder fragte, was den anderen auf solche Gedanken brachte, nein, sie saß nur da und hörte zu mit aller Anteilnahme und Aufmerksamkeit. Dabei schaute sie den anderen mit ihren großen dunklen Augen an, und der Betreffende fühlte, wie in ihm auf einmal Gedanken auftauchten, von denen er nie geahnt hatte, daß sie in ihm steckten.

Sie konnte so zuhören, daß ratlose und unentschlossene Leute auf einmal ganz genau wußten, was sie wollten. Oder daß Schüchterne sich plötzlich frei und mutig fühlten. Oder daß Unglückliche und Bedrückte zuversichtlich und froh wurden.

Und wenn jemand meinte, sein Leben sei ganz verfehlt und bedeutungslos und er selbst nur irgendeiner unter Millionen, einer, auf den es überhaupt nicht ankommt und der ebenso schnell ersetzt werden kann wie ein kaputter Topf – und er ging hin und erzählte alles das der kleinen Momo, dann wurde ihm, noch während er redete, auf geheimnisvolle Weise klar, daß er sich gründlich irrte, daß es ihn, genauso wie er war, unter allen Menschen nur ein einziges Mal gab und daß er deshalb auf seine besondere Weise für die Welt wichtig war. So konnte Momo zuhören!

Michael Ende

Aus: Michael Ende, Momo, © by K. Thienemanns Verlag Stuttgart-Wien-Bern.

(3) Aufeinander hören

Als ein Mann, dessen Ehe nicht gut ging, seinen Rat suchte, sagte der Meister: »Du mußt lernen, deiner Frau zuzuhören.«
Der Mann nahm sich diesen Rat zu Herzen und kam nach einem Monat zurück und sagte, er habe gelernt, auf jedes Wort, das seine Frau sprach, zu hören.
Sagte der Meister mit einem Lächeln: »Nun geh nach Hause, und höre auf jedes Wort, das sie nicht sagt.«

Anthony de Mello

Aus: Anthony de Mello, Eine Minute Weisheit, Verlag Herder, Freiburg 9. Auflage 1996.

5. Lieder/Tanz/Musik

(1) Ich will auf das Leise hören

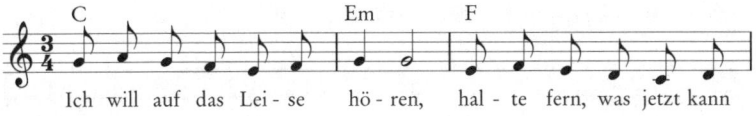

stö - ren, daß der Klang tief in mich dringt,

mei - ne See - le wie - der schwingt.

T und M: Wolfgang Longardt
Rechte: Christophorus Verlag, Freiburg/Verlag Ernst Kaufmann, Lahr.

(2) Da rief Gott nach Samuel

1. Dem E - li hilft beim Prie - ster - dienst sein
E - li fast er - blin - det war, war

Schü - ler Sa - mu - el. Weil Sa - mu - el zur Stell'. Als

Sa - mu - el im Tem - pel schlief, da ist er auf - ge - wacht, weil

Gott es war, der nach ihm rief, mit - ten in der Nacht.

Refrain: Da rief Gott nach Sa - mu - el, und wißt ihr, was ge - schah?

Sa - mu - el er - hob sich schnell: »Du rufst mich? Ich bin da!«

2. Doch Gottes Stimme war ihm fremd
und noch so unbekannt.
Und darum ist der Junge gleich
zum Priester hingerannt:
»Du riefst mich, Priester«, sagte er,
doch Eli meinte: »Nein,
geh nur und leg dich ruhig hin,
und schlafe wieder ein.«

Refrain

3. Doch Gottes Stimme war ihm fremd
und noch so unbekannt.
Drum ist der Junge noch einmal
zum Priester hingerannt:
»Jetzt riefst du aber«, sagte er,
doch Eli wieder: »Nein,
geh nur und leg dich ruhig hin,
und schlafe wieder ein.«

Refrain

4. Beim dritten Mal fiel Eli erst
der Schleier vom Gesicht:
Das kann doch Gott nur selber sein,
der zu dem Jungen spricht.
So kam's, daß Eli Samuel
am Ende fast beschwört:
»Wenn Gott dich ruft, dann sage laut:
Herr, sprich, dein Diener hört.«

Refrain:

Rede, Herr, dein Diener hört.
Gott hat in dieser Nacht
diesen Jungen zum Propheten
Samuel gemacht.

T: Rolf Krenzer M: L. Edelkötter
Aus: Weil du mich so magst
Rechte: Impulse Musikverlag Ludger Edelkötter, Drensteinfurt.

(3) Hört, Leute, hört

Das Gleichnis vom Sämann

Refrain: Hört, Leu-te, hört, was Je-sus zu uns spricht: Wer
hö-ren will, ge-hört zu mir, und ich ver-gess' ihn nicht. 1. Ein
Bau-er geht aufs Feld hin-aus und streut dort gu-ten Sa-men aus. Da
fal-len Kör-ner auf den Weg. Die Vö-gel pik-ken al-le weg. So
wird es nichts, so wird es nichts, so kann nichts ge-deihn!
Gu-ter Bo-den, gu-ter Bo-den muß zum Wach-sen sein!

2. Ein Bauer geht aufs Feld hinaus
und streut dort guten Samen aus.
Da fallen Körner aufs Gestein.
Die Sonne brennt. Sie trocknen ein.
So wird es nichts,
so wird es nichts,
so kann nichts gedeihn!
Guter Boden muß zum Wachsen sein!
Guter Boden muß zum Wachsen sein!

3. Ein Bauer geht aufs Feld hinaus
   und streut dort guten Samen aus.
   Auch im Gestrüpp ist nichts geglückt,
   denn alle Körner sind erstickt.
   So wird es nichts,
   so wird es nichts,
   so kann nichts gedeihn!
   Guter Boden muß zum Wachsen sein!
   Guter Boden muß zum Wachsen sein!

4. Ein Bauer geht aufs Feld hinaus
   und streut dort guten Samen aus.
   Der Boden läßt das Korn gedeihn.
   Wir bringen reiche Ernte ein.
   So wird es was,
   so wird es was,
   so kann es gedeihn!
   Guter Boden muß zum Wachsen sein!
   Guter Boden muß zum Wachsen sein!

T: Rolf Krenzer M: Detlev Jöcker
Rechte: Menschenkinder Verlag, Münster.

(4) Lieder aus dem Gotteslob

– Liebster Jesu, wir sind hier, Nr. 520
– Herr, gib uns Mut zum Hören, Nr. 521

(5) Ohren gabst du mir

Evangelisches Gesangbuch, Nr. 236

(6) Verklanglichung

Verschiedene prägnante Dinge werden im Raum aufgestellt. In der Mitte des Raumes liegen die verschiedensten Orffinstrumente. Die Teilnehmer/innen versuchen nun nacheinander, die Gegenstände in der Mitte mit den Instrumenten zu verklanglichen. Die anderen raten, um welche Gegenstände es sich handeln könnte.

6. Bilder

– Toni Zenz: Der Hörende
  Aus: Hubertus Halbfas, Religionsbuch für das 1. Schuljahr, Patmos Verlag, Düsseldorf.

– Ernst Barlach: Der Flötenspieler
  Aus: Hubertus Halbfas, Religionsbuch für das 1. Schuljahr.

– Relindis Agethen: Die Heilung des Taubstummen
  Aus: Hubertus Halbfas, Religionsbuch für das 1. Schuljahr.

– Ernst Alt: Heilung eines Taubstummen
  Kösel Verlag, München.

7. Gestalten/Malen/Basteln

(1) Ideenbörse: Warum die Ohren wichtig sind

Auf einen großen Bogen Papier wird ein Ohr gezeichnet. Alle Teilnehmer/innen schreiben spontan darum herum, was ihnen zu diesem Bild einfällt: Tätigkeiten, Sprichwörter ...
Anschließend überlegen alle gemeinsam, was wir alles verpassen würden, wenn wir nicht hören könnten.

(2) Zeichnen

Material:
Papier, Zeichenkohle, Bleistifte oder Buntstifte

Methode:
Zwei tun sich als Partner zusammen. Der/Die eine zeichnet das Ohr des/der anderen ab.

(3) Wollfadenbild

Material:
Wolle, Teppichboden oder Teppichfliesen, Wasser

Methode:
Wollfäden werden naß gemacht und dann in der Form eines Ohrs auf den Teppichboden oder einzelne Teppichfliesen gelegt.

(4) Formen

Material:
Ton, Knete, anderes Material zum Formen, evtl. ein Messerchen

Methode:
Nachdem sich jede/r eingehend angesehen hat, wie ein Ohr aussieht, formen alle ein Ohr aus dem Knetmaterial.

8. Spiel und Aktion

(1) Hänschen, piep einmal

Alle sitzen im Kreis. Nachdem eine/r die Augen verbunden bekommen hat, wird er/sie um sich selbst gedreht und dann zu einer Person im Kreis geführt. Der/Die mit den verbundenen Augen setzt sich auf den Schoß der Person und sagt: »Hänschen, piep einmal«. Die aufgeforderte Person sagt »Piep«, und die Person mit den verbundenen Augen muß raten, um wen es sich handelt. Wenn sie richtig geraten hat, bekommt jetzt die Person die Augen verbunden, die erraten worden ist. Wenn falsch geraten wurde, muß man so lange fragen, bis man richtig geraten hat.

(2) Hörspiele

• Auf eine Kassette werden die unterschiedlichsten Geräusche aufgenommen. Sie können auch so gestaltet und hintereinander angeordnet sein, daß man dazu eine Geschichte erzählen kann.

• Man kann auch ein ganzes Hörspiel aufnehmen und dann anderen vorstellen.

• In einer Art Ratespiel müssen verschiedene Leute einen Satz (immer denselben) auf Band sprechen, und die anderen müssen raten, wer da spricht.

(3) Musik hören

Alle werden aufgefordert, sich sitzend oder liegend eine möglichst bequeme, entspannte Haltung zu suchen. Dann wird ruhige Musik eingespielt, und alle überlassen sich ganz der Musik.

(4) Training: Zuhören können

Siehe Abschnitt 4 Nr. 2.

Wenn Menschen zusammenkommen und miteinander reden, in der Schule, in der Familie, im Beruf ..., dann scheitern gute Pläne und Absichten oft daran, daß sie einander nicht zuhören, sondern sich immer gleich ins Wort fallen.

Hilfreich kann es da sein, das Zuhören zu trainieren. Man kann z.B. den Satz: »Wenn du redest, hör' ich zu!«, groß auf Papier schreiben und an die Wand heften. Im Verlauf des Gesprächs kann man immer wieder darauf verweisen und wirklich warten, bis der andere ausgeredet hat. Das Training geht in der Gruppe auch, wenn zwei sich zu einem bestimmten vorgegebenen Thema unterhalten, und ein/e Dritte/r dabeisitzt und auf die Mängel beim Zuhören direkt aufmerksam macht.

(5) Bildbetrachtung: Der Hörende

Siehe Abschnitt 6.

Das Bild wird miteinander betrachtet. Was macht der Mensch auf diesem Bild? Wir machen seine Haltung nach. Wir versuchen so, auf alles um uns herum gut zu hören.

Das Bild kann auch gut vertiefend zur Samuelgeschichte (1 Sam 3,1–17) betrachtet werden.

Mund

1. Einführung

Den Mund brauchen wir zu vielerlei Dingen. Neben der Nahrungs-aufnahme ist der Mund des Menschen wichtig zur Bildung von Worten, von Sprache. Deshalb ist mit dem Mund die Kunst der Dichtung verbunden, aber auch die Kunst des Gesangs, der Musik. Sprechen und uns verständigen können erscheint uns als selbstver-ständlich; es wird nicht als etwas Wunderbares erfahren. Und doch zeigt uns die Beobachtung eines kleinen Kindes, wie mühsam das Erlernen von Sprache ist – eine Erfahrung, die wir dann wieder erahnen, wenn wir Fremdsprachen erlernen.

Jesus sagt einmal: »Nicht das, was in den Mund hineinkommt, ist böse, sondern das, was aus ihm herauskommt.« Der Mund ist das Organ, mit dem der Mensch Gutes und Böses bewirken kann. Des-halb ist der Mund, der »Schlund« auch in vielen Kulturen der Ein-gang zum Abgrund, zur Unterwelt. Er wird als dämonisches Maul dargestellt.

»Die Sprache ist ein Medium, in dem die sichtbare und die verbor-gene Fülle der Welt aufleuchtet. Das wahre Wort, die mit der Wirk-lichkeit übereinstimmende Sprache ist die Widerspiegelung der von Gott gewollten Ordnung« (Manfred Lurker). Dem gesprochenen Wort kommt deshalb besondere Bedeutung zu. Durch das Wort des Schöpfers wird den Dingen Leben »eingehaucht«.

Die Erschaffung des Menschen wird in vielen Kulturen, auch im Alten Testament, so beschrieben, daß Gott den Menschen zwar aus Lehm oder Ackerboden formt. Zum Leben erweckt wird er aber erst durch den »Atem Gottes« oder durch das machtvoll gespro-chene Wort. Im Johannesevangelium wird »das Wort«, »der Logos«, gleichgesetzt mit der Person Jesu: »Und das Wort ist Fleisch gewor-den und hat unter uns gewohnt.« (Joh 1,14).

Durch das gesprochene Wort wird auch die Beziehung zu Gott möglich, das Gebet. Hören, Reden und Schweigen sind dabei eng miteinander verbunden.

Erst durch das Wort und die Sprache wurde »Individualität« bewußt: Die Menschen im Paradies gaben allen Dingen Namen. Der Name ist das Schlüsselwort für viele Geheimnisse einer Person. (Auch im Märchen vom Rumpelstilzchen wird das deutlich.) Nach altägyptischer Vorstellung wird das Leben eines jeden Menschen von den geheimen Kräften seines Namens getragen. Bei vielen Naturvölkern ist die »Feier der Namensgebung« eines der wichtigsten Feste im Leben eines Menschen. Im Christentum ist dieses Fest der Namensgebung mit der Taufe der Kinder verbunden.

2. Biblische Bezüge

Die Not des vergänglichen Menschen (Psalm 39)
Sehnsucht nach Gott (Psalm 63)
Tröstet (Jes 40,1–9)
Singt (Eph 5,19)
Heilung eines Stummen (Mt 9,32–34; Lk 11,14; Mt 12,22–24)
Der Turmbau zu Babel (Gen 11,1–9)
Das Pfingstereignis (Apg 2,1–13)
Mose will nicht reden (Ex 4,10–16)
Berufung des Propheten (Jes 6,1–8)
Berufung Jeremias (Jer 1,4–10)
Sendung Ezechiels (Ez 2,8–3,11)
Was aus dem Mund herauskommt (Mt 15,10)
Zacharias wird stumm und kann wieder reden (Lk 1,20–22.64)
Die Macht der Zunge (Jak 3,1–12)
Im Anfang war das Wort (Joh 1)
Der Mensch gab allem Namen (Gen 2,20)
Aus Abram wird Abraham (Gen 17,1–5)
Aus Jakob wird Israel (Gen 35,9–15)
»Ich bin der Ich bin da« (Ex 3,1–15)

3. Geschichten/Texte

(1) Von der besten und der schlechtesten Sache der Welt

Eines Tages entschloß sich der große Herrscher der Welt, Obatalah, die Herrschaft über die Welt in die Hände eines anderen zu legen. Der erste, an den er dachte, war sein treuer Gehilfe Orula. Doch Orula war noch jung, und Obatalah befürchtete, daß er nicht genügend Erfahrung für eine so schwere Aufgabe haben würde. Und er sagte sich, daß er seine Klugheit auf die Probe stellen werde. Er ließ ihn holen und befahl, daß er ihm die beste Speise bereite, die er bereiten könne.

Orula gehorchte und begab sich auf den Markt. Eine Weile schaute er sich um, was zu kaufen wäre, und schließlich erwarb er eine Rindszunge. Zu Hause kochte er die Zunge schön, würzte sie und brachte sie dann dem großen Herrscher. Obatalah kostete die Zunge und war zufrieden. Noch nie hatte er so etwas Gutes gegessen. Als er zu Ende gegessen hatte, lobte er Orula und sagte zu ihm: »Sag mir, Orula, warum du gerade eine Zunge gewählt hast, als du auf dem Markt einkaufen warst?«

»Großer Herrscher«, antwortete Orula, »eine Zunge ist eine sehr wichtige Sache. Mit der Zunge kannst du eine gute Arbeit loben und jenem danken, der eine gute Tat vollbracht hat. Mit der Zunge kannst du gute Nachrichten verkünden und die Menschen auf den rechten Weg führen. Und mit der Zunge kannst du sogar den Menschen erhöhen und ihn zum Herrscher machen«, fügte Orula lächelnd hinzu. »Alles, was du sagst, stimmt«, sagte Obatalah und dachte sich: Orula ist ja doch ein sehr weiser Mann.

Doch der große Herrscher entschloß sich, Orula noch einmal auf die Probe zu stellen, und er sprach zu ihm: »Du hast mir die beste Speise der Welt bereitet, jetzt wünsche ich, daß du mir die schlechteste Speise bereitest, die du dir ausdenken kannst.«

Orula ging abermals auf den Markt. Ein Weilchen blickte er sich um, was zu kaufen wäre, und dann erwarb er wieder eine Rindszunge. Er brachte sie nach Hause, kochte sie, würzte sie und trug sie zu Obatalah.

Als der große Herrscher auf der Schüssel abermals eine Zunge sah, wunderte er sich und sprach: »Zuerst hast du mir eine Zunge als beste Sache der Welt gebracht, jetzt bringst du sie mir als schlechteste Sache der Welt. Wie willst du mir das erklären?«

»Großer Herrscher«, antwortete Orula, »die Zunge ist eine sehr wichtige Sache. Mit der Zunge kannst du den Menschen zur Arbeit antreiben und seinen guten Ruf vernichten. Mit der Zunge kannst du die Menschen ins Verderben stoßen und sie um ihren Lebensunterhalt bringen. Mit der Zunge kannst du deine Heimat verraten und dein Volk in Knechtschaft stürzen.«

Als das Obatalah hörte, sagte er zu Orula: »Alles, was du sagst, ist wahr. Obwohl du jung bist, bist du ein sehr weiser Mann.«

Und er legte die Herrschaft über die Welt in seine Hände.

aus Kuba

(2) Unaufhaltsam

Das eigene Wort,
wer holt es zurück,
das lebendige
eben noch ungesprochene
Wort?

Wo das Wort vorbeifliegt
verdorren die Gräser,
werden die Blätter gelb,
fällt Schnee.
Ein Vogel käme dir wieder.
Nicht dein Wort,
das eben noch ungesagte,
in deinen Mund.
Du schickst andere Worte
hinterdrein,
Worte mit bunten, weichen Federn.
Das Wort ist schneller,
das schwarze Wort.
Es kommt immer an,
es hört nicht auf, an-
zukommen.

Besser ein Messer als ein Wort.
Ein Messer kann stumpf sein.

Ein Messer trifft oft
am Herzen vorbei.
Nicht das Wort.

Am Ende ist das Wort,
immer
am Ende
das Wort.

Hilde Domin

Aus: Hilde Domin, Gesammelte Gedichte, © S. Fischer Verlag GmbH, Frankfurt am Main 1987.

(3) Höre, Sokrates

Ganz aufgeregt kam einer zum weisen Sokrates gelaufen: »Höre, Sokrates, das muß ich dir erzählen, wie dein Freund ...«

»Halt ein!« unterbrach ihn der Weise. »Hast du das, was du mir sagen willst, durch die drei Siebe gesiebt?«

»Drei Siebe?« fragte der andere voll Verwunderung.

»Ja, drei Siebe. Das erste Sieb ist die Wahrheit. Hast du alles, was du mir erzählen willst, geprüft, ob es wahr ist?«

»Nein, ich hörte es erzählen und ...«

»So, so. Aber sicher hast du es mit dem zweiten Sieb geprüft, es ist die Güte. Ist, was du mir erzählen willst – wenn schon nicht als wahr erwiesen –, so doch wenigstens gut?«

»Nein, das nicht, im Gegenteil ...«

Der Weise unterbrach ihn: »Laß uns auch das dritte Sieb noch anwenden und fragen, ob es notwendig ist, mir das zu erzählen, was dich so erregt.«

»Notwendig nun gerade nicht ...«

»Also«, lächelte der Weise, »wenn das, was du mir erzählen willst, weder wahr noch gut noch notwendig ist, so laß es begraben sein und belaste dich und mich nicht damit!«

Aus: Joachim Feige/Renate Spennhoff (Hrsg.), Wege entdecken. Biblische Texte, Gebete und Betrachtungen, Aussaat Verlag, Neukirchen-Vluyn 4. Auflage 1990.

(4) Das Zauberwort

Schläft ein Lied in allen Dingen,
die da träumen fort und fort,
und die Welt hebt an zu singen,
triffst du nur das Zauberwort.

Joseph von Eichendorff

4. Lieder/Tanz/Musik

(1) Sprachen gibt es viele

2. Schauen wir den Stummen zu,
   sehen, was sie zeigen;
   sie verstehen sich im Nu,
   selbst dann, wenn sie schweigen.

3. Hören wir ein schönes Lied,
   das die Vögel singen;
   und wir summen es gleich mit,
   daß die Ohren klingen.

4. Wollen wir ein kleines Stück
   ohne Worte spielen,
   zeigen Trauer oder Glück,
   alles, was wir fühlen.

T: Eckard Bücken M: Reinhard Horn
Aus: Spiele, Töne, Spaß und Lieder
Rechte: KONTAKTE Musikverlag, Lippstadt.

Tanzbeschreibung:

Alle stehen im Kreis, die Hände durchgefaßt.

Refrain:

Takt 1–2: Rechts seit, links kreuzt vorne, rechts seit, links kreuzt hinten, rechts seit, links kreuzt vorne, rechts seit, links wird an rechts herangestellt.

Takt 3–4: Wie Takt 1 und 2, nur links herum.

Takt 5: Vier Schritte in die Mitte.

Takt 6: Arme nach oben strecken und nach hinten im Bogen nach unten führen.

Takt 7: Im Schlußsprung zurückhüpfen und in die Hände klatschen: Sprung, klatschen, Sprung, klatschen.

Takt 8: Sprung, klatschen, klatschen.
   (Der Mayim-Schritt in Takt 1–4 kann auch durch einfaches Gehen rechts und links herum ersetzt werden.)

1. Str.:

Takt 1–2: Im Kreis rechts herum um sich selbst drehen, dabei mit dem rechten Arm einen Bogen beschreiben.

Takt 3–4: Alle drehen sich nach außen. Die Hände wie eine vergrößerte Ohrmuschel hinter die Ohren legen.

Takt 5–6: Alle schauen nach außen und heben die Arme in Hüfthöhe nach vorne, die Handflächen zeigen nach oben.

Takt 7–8: Alle drehen sich nach innen, reichen sich die Hände und führen dann die Arme nach oben.

2. Str.:

Takt 1–4: Eine Hand über die Augen legen und in die Ferne schauen.

Takt 5–8: Stumme Gebärden machen: begrüßen, helfen, trösten, gestikulieren.

3. Str.:

Takt 1–4: Alle stehen im Kreis, Gesicht zur Kreismitte, und legen die Hände »hörend« hinter die Ohrmuscheln.

Takt 5–8: Alle reichen sich die Hände und wiegen im Rhythmus nach rechts und links.

4. Str.:

Takt 1–2: Acht Schritte rechts herum gehen.

Takt 3–4: Acht Schritte links herum gehen.

Takt 5: In die Hocke gehen, Gesicht verbergen.

Takt 6: Nach oben springen und die Hände dabei in die Höhe strecken.

Takt 7–8: Mit erhobenen Händen um sich selbst drehen.

(2) St. Philipp Neri und das Huhn

1. Sankt Phi - lip - pus be - gann ei - nen Krieg, dann und
Je - des lieb - lo - se Wort, rief er, schwirrt im - mer

wann, ge - gen Klatsch und Ge - schwatz der Leu - te.
fort wie ein Gift - pfeil und sucht Beu - te.

Für ei - ne Frau, die als Plau - der - ta - sche be -

kannt, hat er schlau ein Re - zept er - fun - den:

F

»Lie-be Frau, nun ver-trau mei-nem Rat, tu ge-

C — G⁷ — C

nau, was ich sag', so wirst du ge-sun-den!«

C

Refrain: Der Wind, der weht die Fe-der weit ü-ber Feld und

F — G⁷

Hag', doch wei-ter flie-gen Wor-te, flie-gen Wor-te, Wor-te.

C — F — C — F

Wor-te, weil sie gar so leicht ge-sagt, flie-gen sie von Ort zu

C — G⁷ — C

Or-te und bis hin zum Jüng-sten Tag!

2. »Lauf und kauf, lauf und kauf, lauf und kauf dir ein Huhn
   auf dem Wochenmarkt da drüben.
   Rupf und zupf, rupf und zupf, rupf und zupf es und dann
   laß die Federn vom Wind zerstieben.«
   Eine Woche verrann und das Klatschmaul begann
   wieder schmutzige Wäsche zu waschen.
   Doch St. Philipp befahl: »Nun versuch doch einmal
   alle Federn wieder zu erhaschen.«

3. »Bitte, wie?« fragt sie. »Diese Müh' lohnt sich nie,
   denn der Wind blies sie durch alle Gassen.«
   »Um so mehr«, sagte er, »ist es schwer,
   hinterher böse Worte wieder einzufassen.«
   Machte solch eine Kur jede Schwätzernatur,
   die des achten Gebotes spottet,

Gäb' es großes Geschrei und bald kaum mehr ein Ei,
denn das Haushuhn wäre ausgerottet.

T und M: Père Cocagnac
Rechte: Edition Schwann, Musikverlag, Frankfurt am Main

Spielanleitung:

Dieses Lied als Sketch bzw. Moritat singen und spielen. Beim Sketch
wird es von handelnden Personen vorgespielt, als Moritat werden
einzelne Szenen comichaft groß gezeichnet und beim Singen gezeigt.

(3) Ich habe einen Namen

2. Ich heiße Dorothee, und ich bin getauft.
   Ja, du heißt Dorothee, und du bist getauft.

3. Wir haben einen Namen, und wir sind getauft.
   Wir haben einen Namen, und wir sind getauft.

T: Rolf Krenzer M: Peter Janssens
Aus: Kommt alle und seid froh, 1982
Rechte: Peter Janssens Musik Verlag, Telgte.

Die Strophen werden von einzelnen gesungen, die ihren eigenen Namen darin einfügen. Die erste und die letzte Strophe und den Kehrvers singen alle gemeinsam. Wer das Solo singt, kann auch in die Mitte eines Kreises treten.

(4) Sag ja zu mir, wenn alles nein sagt

Gotteslob, Nr. 165

(5) Gott hat das erste Wort

Evangelisches Gesangbuch, Nr. 199

(6) Verklanglichung: Gen 11,9 und Apg 2,1–3

Vorstellung:	**Verklanglichung:**
● Turmbau zu Babel	
Alle arbeiten harmonisch miteinander.	*regelmäßige Rhythmen auf Holz- und Metallinstrumenten, mit den Holzinstrumenten die Baugeräusche imitieren, Dreiklänge auf den Stabspielen im gleichen Rhythmus (z. B. C–E–G).*
Gott verwirrt die Sprache.	*Die Rhythmen werden ungleichmäßig, Rasseln kommen ungeregelt dazu. Die Dreiklänge werden durch Disharmonien ersetzt (nebeneinanderliegende Töne gleichzeitig ...).*

- Pfingstlied oder Lied:
  Herr, erbarme dich

- Pfingstereignis

Gott führt die Menschen aus allen Enden der Erde wieder zusammen.	*Die unregelmäßigen Rhythmen werden leiser gespielt.*
Petrus predigt.	*Ein Stabspiel spielt eine harmonische Melodie.*
Alle verstehen sich.	*Die harmonischen Klänge kommen allmählich wieder zum Vorschein (wie zu Beginn, jetzt werden nur die Baugeräusche weggelassen).*

5. Gestalten/Malen/Basteln

(1) Ideenbörse: Mund

Auf einem großen Bogen Papier ist ein Mund abgebildet. Um den Mund herum werden spontan Dinge aufgeschrieben zum Thema: »Was wir alles mit dem Mund tun können« (z. B. reden, singen, rufen, sprechen, flüstern, pfeifen, blasen, Flöte spielen, essen, trinken). Hinterher kann man versuchen, alle diese Dinge miteinander auszuprobieren.
Es ist auch sinnvoll, den Gedanken anzuschließen, was wir alles nicht könnten, wenn wir keinen Mund hätten.

(2) Zeichnen

Material:
Papier, Zeichenstifte ...

Methode:
Man schaut sich den Mund unterschiedlicher Menschen an (in Natur oder Fotografie) und versucht, die Münder zu zeichnen. Bei

lebenden »Modellen« kann man auch darum bitten, die Mundstellungen zu verändern.

(3) Fotografieren

Material:
Fotoapparat, evtl. eine Möglichkeit zu entwickeln und zu vergrößern

Methode:
Mit einem Fotoapparat versucht man Gesichter zu fotografieren und macht nachher von den verschiedenen Mundpartien Vergrößerungen.

(4) Formen

Material:
Ton, Knete, kleines Messer

Methode:
Aus Ton, Knetmasse einen Mund formen.

(5) Comic-Gesichter zeichnen

Material:
Papier, Bleistift

Methode:
Mit wenigen Strichen Gesichter zeichnen und durch die Mundform (gerade, nach unten gebogen, nach oben gebogen ...) unterschiedliche Stimmungen anzeigen.

(6) Namencollage

Material:
Papier, Stifte

Methode:
Die Namen der Gruppenteilnehmer/innen werden auf ein bestimmtes Symbol oder Gruppenzeichen geschrieben. Man ordnet sie so an, daß ein schönes Gesamtbild entsteht.

(7) Gruppenkerze

Material:
Stumpenkerze, Bastelwachs in verschiedenen Farben, Haushaltskerze und Streichhölzer

Methode:
Auf einer Kerze kann man die Namen befestigen: Man schneidet aus Zierwachs die Namen in einzelnen Buchstaben aus und heftet sie dann auf die Gruppenkerze, indem man sie vorher an der Haushaltskerze erwärmt. Man kann auch kleine Streifen aus dem Zierwachs schneiden, rollen und daraus dann die Buchstaben formen.

(8) Namencalligraphie

Material:
Papier, Bleistifte/Buntstifte

Methode:
Man probiert unterschiedliche Schriften und Buchstaben aus und schreibt dann den eigenen Namen in unterschiedlichen Schrifttypen.

(9) Gruppenmonogramm

Material:
großer Bogen Papier, Stifte

Methode:
Eine/r aus der Gruppe schreibt den Anfangsbuchstaben seines/ihres Namens mitten auf das Blatt. Nacheinander schreiben alle anderen ihren Buchstaben möglichst eng in diesen Buchstaben hinein.

(10) Gegensatzcollage

Material:
je ein großer Bogen weißes und schwarzes Papier, Zeitungen, Scheren, Klebstoff, Stifte, buntes Tonpapier

Methode:
»Große Reden« und Schlagworte werden aus Zeitungen ausgeschnitten und in trostloser Form auf den schwarzen Bogen Papier geklebt. Miteinander suchen die Teilnehmer/innen »kleine Worte« (Danke, bitte usw.). Diese werden aus bunten Tonpapierbuchstaben ausgeschnitten und in lebendiger Form auf den weißen Bogen Papier geklebt oder gemalt.

(11) Basteln zur Geschichte: Höre, Sokrates

Siehe Abschnitt 3 Nr. 3.

Material:
Pappkartons, Scheren, Papier, Klebstoff, Stifte

Methode:
Drei Kartons werden am Boden mit den Scheren wie ein Sieb durchlöchert. Auf die Vorderseite werden die Namen der drei Siebe geschrieben: Wahrheit, Güte, Notwendigkeit (oder vorher auf weißes Papier schreiben und dann aufkleben). Während die Geschichte gelesen wird, werden die drei Siebe sichtbar aufgehängt. Anschließend kann eine Gewissenserforschung erfolgen.

(12) Gestaltung zum Text: Das Zauberwort

Siehe Abschnitt 3 Nr. 4.

Material:
großer Papierbogen, Tonpapier, Stifte

Methode:
Der Text wird in einen Kreis in die Mitte des Papierbogens geschrieben (man kann ihn auch vorher auf ein kreisförmiges buntes Tonpapier kleben). Miteinander wird überlegt, wie »Zauberworte« heißen können, die die Welt zum Klingen bringen, wie z. B. Staunen, Freude, Bitte, Liebe, Danke. Diese Worte werden dann um den Text in der Mitte herum geschrieben, so daß ein schönes Gesamtbild entsteht.

6. Spiel und Aktion

(1) Stille Post

Alle sitzen im Kreis. Eine/r denkt sich ein längeres Wort oder einen Satz aus und flüstert ihn seinem Nachbarn/seiner Nachbarin ins Ohr. Diese/r sagt den Satz weiter usw. Der/Die letzte im Kreis sagt laut, was er/sie verstanden hat.

(2) Pantominalspiel

Die Teilnehmer/innen bilden zwei bis vier Gruppen.
Auf einem Blatt werden untereinander ca. 20 bis 30 Doppelwörter aufgeschrieben, z.B. Hosenträger, Kirchturmhahn, Rollschuhbahn.
Der/Die erste aus jeder Gruppe kommt zum/zur Spielleiter/in und läßt sich ein Wort ins Ohr flüstern. (Das Blatt hat noch je 1 Spalte für jede Gruppe, in die der/die Spielleiter/in eintragen kann, welche Gruppe welches Wort schon bearbeitet hat.)
Dann geht er/sie zur Gruppe zurück und versucht das Wort pantomimisch darzustellen. Geräusche oder Sprechen sind verboten. Die Gruppe muß raten, um welches Wort es sich handelt. Rät jemand richtig, darf er/sie das nächste Wort bei dem/der Spielleiter/in abholen.
Die Gruppe, die zuerst alle Worte erraten hat, hat gewonnen.

(3) Die stumme Gesellschaft

Alle versuchen, eine Zeitlang oder auch einen ganzen Tag miteinander zu verbringen, ohne zu sprechen. Die Verständigung geschieht mit Gesten und Zeichen, auch die Geschichten und Erlebnisse des Tages werden pantomimisch erzählt.

(4) Geschichten erzählen

Geschichten erzählen war früher die einzige Möglichkeit der Unterhaltung und der Ablenkung. Der Beruf des Geschichtenerzählers war in vielen Kulturen hoch angesehen. Deshalb kann es reizvoll sein, allen in der Gruppe den Auftrag zu geben, eine Geschichte frei zu erzählen.

(5) Singen

Eine gute Möglichkeit, die Stimme zu erproben, ist der gemeinsame Gesang.

(6) Gedichte vortragen

Eine besondere Herausforderung ist es, Gedichte (auch eigene) vorzutragen.

(7) Spiel mit Tüchern: zu Gen 11,1–9 und Apg 2,1–13

Alle Teilnehmer/innen tragen bunte Tücher: auf dem Rücken verschiedenfarbige dunkle Tücher, auf der Vorderseite eine leuchtende Farbe (rot oder gelb).

Die Geschichte vom Turmbau wird vorgelesen. Alle spielen pantomimisch die gemeinsame Arbeit und stehen dabei immer mit der Vorderseite zum Publikum (evtl. Pantomime auch im Kreis spielen, wobei alle mit der Vorderseite nach außen stehen). Wenn die Stelle gelesen wird, an der Gott die Sprache der Menschen verwirrt, drehen sich alle mit dem Rücken zum Publikum und gehen in verschiedene Richtungen auseinander. Dann bleiben alle still stehen.

Jetzt wird nach einer kleinen Pause, in der ein Pfingstlied oder ein »Herr, erbarme dich« gesungen werden kann, der Text des Pfingstereignisses vorgelesen. Dabei kommen alle wieder zum Kreis zusammen, und wenn alle sich verstehen können, drehen sie dem Publikum wieder die helle Seite zu.

(8) Sprachenspiele

- Verschiedene Sprachen
  Es werden mehrere Gruppen gebildet, die versuchen, ein kleines Ereignis in einer Sprache zu erzählen, die nicht allen vertraut ist. Man kann auch eine eigene Geheimsprache erfinden. Bei Gruppen unterschiedlicher Nationalität bietet es sich an, daß die unterschiedlichen Sprachen zur Geltung kommen.
  Man kann die kleinen Ereignisse auch aufschreiben lassen und gemeinsam übersetzen.

- Vaterunser
  Das Vaterunser ist das gemeinsame Gebet aller Christen. Alle versuchen, dieses Gebet in möglichst vielen Sprachen zu erhalten und es dann auch in den unterschiedlichen Sprachen zu sprechen. Man kann auch versuchen, wichtige Worte in vielen Sprachen zu sprechen, wie z.B. Frieden, Gott, Gemeinschaft.

(10) Bibelgespräche

- Prophetenberufungen (Ex 4,10–16, Jes 6,1–8; Jer 1,4–10; Ez 2,8–3,11)
  Die Prophetenberufungen miteinander lesen und vergleichen:
  Was ist ihnen gemeinsam?
  Worin unterscheiden sie sich?
  Kann man etwas über die konkreten Aufgaben der Propheten erfahren?
  Welchen Stellenwert kommt dem »Reden« in diesen Berufungen zu?

  Über folgende Fragen nachdenken:
  Wozu bin ich berufen?
  Was kann ich am besten?
  Wie lebe ich meine Berufung? Nehme ich sie an oder verweigere ich mich ihr?

- Im Anfang war das Wort
  Der Text Joh 1 wird an alle verteilt und gelesen.
  Jede/r macht Zeichen an den Rand:
  Ein !, wenn er/sie eine Stelle besonders gut und bedeutungsvoll findet.
  Ein ?, wenn eine Stelle nicht verstanden wird.
  Ein –, wenn eine Stelle abgelehnt wird.
  Ein +, wenn eine Stelle grundsätzlich bejaht wird.
  Über die Ergebnisse findet ein Austausch statt. Gemeinsam wird überlegt, welche Bedeutung dem »Wort« hier zugemessen wird.

(10) Bibelspiel

Material:
Bibel (AT), Tageslichtprojektor, Folien und Folienstifte, ein großer Bogen Papier, bunte Stifte

Im Buch der Sprüche und im Buch Kohelet gibt es viele Aussagen über das Reden im guten und im schlechten. Diese Bücher sollen in Einzelarbeit (mit verteilten Rollen, jede/r ein Kapitel) durchgearbeitet und die Sprüche über das Reden herausgeschrieben werden. Auf einem Tageslichtprojektor werden diese Weisheiten zusammengeschrieben und diskutiert. Aus den Sprüchen kann man dann ein Plakat gestalten, das einen Mund darstellt: einen großen Mund auf einem großen Bogen Papier aufzeichnen und ihn ausfüllen mit Spruchweisheiten (bunte Stifte).

Im »Buch der Sprüche« eignen sich besonders die Kapitel 10; 11; 12; 13; 15; 26; 27, im Buch Kohelet Kapitel 5; 9,13–18; 10,12–15; 10,20. Aus dem Neuen Testament kann man Mt 15,10; Lk 1,20–22.64; Jak 3,1–12 in das Spiel mit einbeziehen.

(11) Schattenspiel: Von der besten und der schlechtesten Sache der Welt

Siehe Abschnitt 3 Nr. 2.

Material:
Holzrahmen, mit weißem Tuch bespannt, kräftige Lichtquelle, Pappe

Die handelnden Personen der Geschichte (Obatalah und Orula) werden von Menschen gespielt. Der Thronsaal, die Marktstände, die Menschen auf dem Markt, die Rindszunge und die Kochtöpfe werden aus großer Pappe gefertigt. Die Kulissen werden hinter der Leinwand so aufgestellt, daß sie bei Bedarf vor die Lichtquelle, dicht an die Leinwand, geschoben werden können. Jetzt wird die Geschichte vorgelesen und hinter der Leinwand nachgespielt. Auch die handelnden Personen müssen dicht an die Leinwand treten, damit sie im Licht gut zu erkennen sind.

(12) Namenrufspiele

- Alle stehen im Kreis und halten die Augen geschlossen. Flüsternd werden die Namen der Anwesenden genannt. Wer seinen Namen hört, öffnet die Augen.

- Alle stehen im Raum verteilt. Bis auf den/die Rufer/in halten alle die Augen geschlossen. Diese/r ruft den Namen einer anwesenden Person ganz leise, immer wieder. Der/Die Angerufene versucht, die Person zu finden, die ruft und geht auf sie zu. Wenn jede/r eine/n Partner/in gefunden hat, ist das Spiel zu Ende.

Herz

1. Einführung

Biologisch gesehen ist das Herz das Zentrum der Lebenskraft des Menschen. Wird es schwach, dann werden nicht mehr alle Gliedmaßen durchblutet, und diese Gliedmaßen werden funktionsuntüchtig. Schlägt es unrhythmisch, werden wir krank. Hört es auf zu schlagen, sterben wir.

Die Überprüfung des Blutdrucks gehört zu den ersten Diagnosemaßnahmen im Krankheitsfall. Unser Herz reagiert auf alle Einflüsse von außen. In Zeiten der Ruhe schlägt es langsam, in Zeiten der Aufregung und Freude kann es rasen. Das Herz ist der Motor des Körpers. Das spürten die Menschen schon sehr früh. In vielen Naturreligionen war es Brauch, das Herz eines starken Tieres zu essen, um so an seiner Kraft Anteil zu haben.

Neben seiner biologischen Funktion wurde das Herz als »Sitz der Gefühle« angesehen, eben weil es auf Gefühlsregungen reagiert. Deshalb wird das Herz oft als die »innere Mitte«, als der »innere Mensch« bezeichnet. Wenn in Sprichworten vom Herzen die Rede ist, ist immer der ganze Mensch mit Leib und Seele gemeint. Von ganzem Herzen etwas tun, mit ganzem Herzen dabei sein meint immer, daß jemand ganz in einer Aufgabe aufgeht. Ein Herz aus Stein dagegen hat ein Mensch, der in seinem ganzen Wesen eben »hartherzig« ist.

Im Lauf der Zeit wurde das Herz zu einem religiösen Grundsymbol. Der Überzeugung, daß das Herz den ganzen Menschen meint, verdanken z. B. die »Herzopfer« der Inkas im alten Mexiko ihren Ursprung, die ihren Göttern so ein »vollkommenes Opfer« darbringen wollten.

Auch der biblische Sprachgebrauch zeigt an, daß das Herz den ganzen Menschen meint, in seinem Gut- und Bösesein, mit seiner Fähigkeit, zu lieben und zu hassen. Die Kirchenväter entfalteten die Symbolik des Herzens als eines Raumes für Gut und Böse, als Ort der Gottesgeburt und als dauernde Wohnstatt Gottes, aber ebenso als Heimat des Menschen. Augustinus entwickelte eine ganze »Theologie des Herzens«.

Und weil das Herz den ganzen Menschen meint, ist es auch der »Sitz der Liebe«. Das Herz als Symbol der Liebe und Verbundenheit zweier Menschen ist schon sehr alt. Viele Brautstühle wurden mit einem reich verzierten Herzen ausgeschmückt. Und auch die Liebeslyrik kommt ohne das Wort »Herz« kaum aus. Die Schriften der Völker erzählen immer wieder, daß im Herzen etwas Wohnung nehmen kann. So wird das Herz auch zu einem Symbol der Geborgenheit. Das Herz eines Menschen kann einem anderen Heimat schenken.

Vom eigenen Herzen schlossen die Menschen auf das Herz Gottes. Deutlich wird die Liebe Gottes zu den Menschen in der katholischen Tradition vom »Herzen Jesu«, die auch in zahlreichen Abbildungen dokumentiert ist.

Nicht selten wird dieses Symbol aber auch überzogen und verkitscht dargestellt; es wird zum Markenartikel, etwa als »Lebkuchenherz«, oder Postkartenmotiv.

Zum Thema »innere Mitte« siehe auch die Vorschläge zum Symbol Kreis/Mitte in Elsbeth Bihler, Symbole des Lebens – Symbole des Glaubens III: Stein – Kreis/Mitte, S. 251–268.

2. Wahrnehmungsübungen

L = Leiter/in; TN = Teilnehmer/in(nen). Jede freie Zeile im Sprechtext bedeutet eine längere Sprechpause.

(1) Unser Herz schlägt

Alle sitzen im Kreis. Die Mitte ist als Herz gestaltet.

L spricht:
Wir schließen die Augen.
Wir versuchen ganz still zu werden.
Wir hören nicht mehr, was um uns herum geschieht.
Wir horchen nur in uns hinein.

Wenn wir gut achtgeben,
spüren wir vielleicht, wie unser Herz schlägt.
Wir wollen eine Weile diesem Herzschlag nachhorchen.

Wenn wir ihn spüren,
dann spüren wir unser Leben.
Wir spüren, wie gut es ist zu leben.

(2) Wir leben

Alle sitzen im Kreis.

L spricht:
Wir schließen die Augen, um ganz ruhig zu werden.
Mit den Händen fassen wir leicht an unsere Schläfen.
Vielleicht fühlen wir dort unseren Pulsschlag.

Jetzt legen wir unsere Fingerspitzen an den Hals,
seitlich unter die Ecken des Kinnknochens.
Wieder spüren wir unseren Puls.

Jetzt legen wir die Fingerspitzen von innen
an die obere Kante des Handgelenks.
Wieder spüren wir unseren Puls.

Unser Herz schlägt.
Wir leben.

Wir versuchen, unseren Pulsschlag anzuhalten.
Es gelingt uns nicht.

Unser Leben gehört uns nicht,
es ist uns anvertraut.
Es ist uns geschenkt.

(3) Meditation: Psalm 101

Diesen Psalm so meditieren, wie zu Psalm 139 beschrieben (siehe »Mit allen Sinnen leben«, Abschnitt 2 Nr. 1).

3. Biblische Bezüge

Das Gebot der Gottes-(und Nächsten)liebe (Dtn 6,4–6; Mt 22,37)
Du kennst die Herzen ... (1 Kön 8,38–39)
Euer Herz beunruhige sich nicht (Joh 14,1.27)
Wo dein Schatz ist (Mt 6,19–21)
Was im Herzen ist (Lk 6,45)
Stolze Augen und hochmütige Herzen ... (Psalm 101)
Urgemeinde (Apg 4,32)
Herz aus Stein (Ez 36,26–28; 11,19–21)
Selig, die reinen Herzens sind (Mt 5,8)
Mein Herz ist bereit (Psalm 57,8–12; 108,1–5)
Was aus dem Herzen kommt (Mt 15,18-19)
Die Liebe Gottes ist ausgegossen in eure Herzen (Röm 5,5)
In euren Herzen herrsche der Friede Christi (Kol 3,15–16)
Das Hohelied der Liebe (1 Kor 13,1–13)

4. Geschichten/Texte

(1) Nikolaus und der Kaufmann mit dem steinernen Herzen

Ein Kaufmann war sehr reich geworden, konnte aber nie genug bekommen und wollte immer noch mehr verdienen. Als er eines Tages auf Reisen war, erschien ihm der Verführer. »Möchtest du reicher als alle werden?« fragte er ihn. »Nichts lieber als das!« sagte der Kaufmann, »was muß ich dafür tun?« »Du mußt mir dafür dein Herz geben«, sagte der Verführer.
Ohne Zögern tauschte der Kaufmann sein Herz gegen einen Stein. In nur einem Augenblick geschah das. Dann verschwand der Verführer.
In den folgenden Jahren wurde der Kaufmann reicher als alle anderen Menschen, aber auch immer verlassener und einsamer. Als er eines Tages wieder dorthin kam, wo ihm der Verführer sein Herz genommen hatte, begegnete ihm der Bischof Nikolaus von Myra. »Warum bist du so traurig?« fragte er den Kaufmann. Da erzählte

der reiche Mann seine Geschichte. Der Heilige tröstete ihn und sprach: »Du kannst wieder glücklich werden, wenn du mit deinem Geld den Armen hilfst. Geh in die Häuser der Krankheit und des Hungers, und lerne die Not der Menschen sehen.«

Der Kaufmann tat, wie der Bischof Nikolaus ihm geraten hatte. Mit jedem guten Wort und jeder helfenden Tat schmolz der Stein in seiner Brust, und das Herz kam wieder.

Als er starb, war aus dem armen Reichen ein reicher Armer geworden.

Legende

(2) Gegen ein Maschinenherz

Als Dsi Gung durch die Gegend nördlich des Han-Flusses kam, sah er einen alten Mann, der in seinem Gemüsegarten beschäftigt war. Er hatte Gräben gezogen zur Bewässerung. Er stieg selbst in den Brunnen hinunter und brachte in seinen Armen ein Gefäß voll Wasser herauf, das er ausgoß. Er mühte sich aufs äußerste ab und brachte doch wenig zustande.

Dsi Gung sprach: »Da gibt es eine Einrichtung, mit der man an einem Tag hundert Gräben bewässern kann. Mit wenig Mühe wird viel erreicht. Möchtet ihr die nicht anwenden?« Der Gärtner richtete sich auf, sah ihn an und sprach: »Und das wäre?«

Dsi Gung sprach: »Man nimmt einen hölzernen Hebelarm, der hinten beschwert und vorne leicht ist. Auf diese Weise kann man das Wasser schöpfen, daß es nur so sprudelt. Man nennt das einen Ziehbrunnen.«

Da stieg dem Alten der Ärger ins Gesicht, und er sagte lachend: »Ich habe meinen Lehrer sagen hören: Wenn einer Maschinen benutzt, so betreibt er alle seine Geschäfte maschinenmäßig; wer seine Geschäfte maschinenmäßig betreibt, der bekommt ein Maschinenherz. Wenn einer aber ein Maschinenherz in der Brust hat, dem geht die reine Einfalt verloren. Bei wem die reine Einfalt hin ist, der wird ungewiß in den Regungen seines Geistes. Ungewißheit in den Regungen des Geistes ist etwas, das sich mit dem wahren Sinn nicht verträgt. Nicht, daß ich solche Dinge nicht kenne, ich schäme mich, sie anzuwenden.«

Tschuang-tse (380 bis 310 v. Chr.)

127

(3) Giacomo, der Kristall

Giacomo, so heißt ein Junge, der mit seinen Eltern in einem fernen Land lebte. Giacomo ist kein Junge wie jeder andere. Er ist ein besonderes Kind, denn jeder kann ganz deutlich erkennen, was Giacomo denkt. Er ist so ganz offen und ehrlich. Alle können ihm trauen und sich auf ihn verlassen, wenn er etwas sagt. Deshalb fühlen die Menschen sich in seiner Nähe wohl und nennen ihn: Giacomo, der Kristall.

Eines Tages kommt in dem Land, in dem Giacomo lebt, ein schlimmer König auf den Thron. Alle, die nicht seiner Meinung sind, läßt er ins Gefängnis werfen. Viele trauen sich nicht mehr, etwas gegen ihn zu sagen, weil sie große Angst vor ihm haben.

Giacomo kann seine Gedanken nicht verbergen. Alle können sehen, daß er den König für einen schlechten Menschen hält. Das macht den Leuten, die so denken wie Giacomo, Mut und Hoffnung. Der König merkt, daß viele Menschen, die die gleichen Gedanken wie Giacomo haben, miteinander sprechen und gemeinsam handeln wollen. Deshalb läßt der König Giacomo ins Gefängnis werfen. Er kommt in den finstersten Kerker, und der König denkt, nun habe er Ruhe.

Doch da beginnt Giacomos Herz zu leuchten. Es leuchtet durch die Gefängnismauern hindurch – bis in den Palast des Königs. Selbst in der Nacht dringt das Licht in das Schlafgemach des Königs, und der König findet keine Ruhe mehr.

Aus: Gianni Rodari, Gutenachtgeschichtem an Telefon, © by K. Thienemanns Verlag, Stuttgart-Wien-Bern.

(4) Man sieht nur mit dem Herzen gut

So machte denn der kleine Prinz den Fuchs mit sich vertraut. Und als die Stunde des Abschieds nahe war:

»Ach!« sagte der Fuchs, »ich werde weinen.«

»Das ist deine Schuld«, sagte der kleine Prinz, »ich wünschte dir nichts Übles, aber du hast gewollt, daß ich dich zähme ...«

»Gewiß«, sagte der Fuchs.

»Aber nun wirst du weinen!« sagte der kleine Prinz.

»Bestimmt«, sagte der Fuchs.

»So hast du also nichts gewonnen!«

»Ich habe«, sagte der Fuchs, »die Farbe des Weizens gewonnen.«

Dann fügte er hinzu:

»Geh die Rosen wieder anschauen. Du wirst begreifen, daß die deine einzig ist in der Welt. Du wirst wiederkommen und mir adieu sagen, und ich werde dir ein Geheimnis schenken.«

Der kleine Prinz ging, die Rosen wiederzusehn.

Und er kam zum Fuchs zurück: »Adieu«, sagte er ...

»Adieu«, sagte der Fuchs. »Hier mein Geheimnis. Es ist ganz einfach: Man sieht nur mit dem Herzen gut. Das Wesentliche ist für die Augen unsichtbar.«

»Das Wesentliche ist für die Augen unsichtbar«, wiederholte der kleine Prinz, um es sich zu merken.

»Die Zeit, die du für deine Rose verloren hast, sie macht deine Rose so wichtig.«

»Die Zeit, die ich für meine Rose verloren habe ...«, sagte der kleine Prinz, um es sich zu merken.

»Die Menschen haben diese Wahrheit vergessen«, sagte der Fuchs. »Aber du darfst sie nicht vergessen. Du bist zeitlebens für das verantwortlich, was du dir vertraut gemacht hast. Du bist für deine Rose verantwortlich ...«

»Ich bin für meine Rose verantwortlich ...«, wiederholte der kleine Prinz, um es sich zu merken.

Antoine de Saint-Exupéry

Aus: Antoine de Saint-Exupéry, Der kleine Prinz, Karl Rauch Verlag, Düsseldorf 1946.

5. Lieder/Tanz/Musik

(1) Schweige und höre

Lied abgedruckt in Elsbeth Bihler, Symbole des Lebens – Symbole des Glaubens II: Wasser – Kreuz, S. 95.

Spielanleitung:

Den Kanon immer wieder summen, dann einstimmig singen, dann mehrstimmig singen, dann wieder summen und schweigen.

(2) Lieder aus dem Gotteslob

- Mein ganzes Herz erhebet dich, Nr. 264
- Aus meines Herzens Grunde, Nr. 669

(3) Lieder aus dem Evangelischen Gesangbuch

- Herr, öffne mir die Herzenstür, Nr. 197
- Herz und Herz vereint zusammen, Nr. 251
- Wach auf, mein Herz, und singe, Nr. 446
- Auf und macht die Herzen weit, Nr. 454

(4) Verklanglichung: Ez 36,26-28 (11,19-21)

Vorstellung:	**Verklanglichung:**
Herz aus Stein	*harte Schläge auf Holzinstrumenten*
Herz aus Fleisch	*wohlklingende Töne mit weichem Schlegel auf Metallophon*

(5) Verklanglichung: Giacomo, der Kristall

Siehe Abschnitt 4 Nr. 3.

Vorstellung:	**Verklanglichung:**
Giacomo	*Melodie auf dem Glockenspiel*
Alle sind glücklich.	*leiser Glockenkranz*
Der böse König	*dumpfe Handtrommelschläge*
Giacomo kommt ins Gefängnis.	*wilde Rasseln*
Giacomos Herz leuchtet immer mehr.	*Die wilden Rasseln werden nach und nach, immer lauter, von Giacomos Melodie überlagert, bis sie schweigen und alle Stabspiele in Giacomos Melodie einstimmen.*

6. Bilder

- HAP Grieshaber, Herzauge (Farbholzschnitt)
  Aus: Hubertus Halbfas, Religionsbuch für das 1. Schuljahr, Patmos Verlag, Düsseldorf.

- Relindis Agethen, Nikolaus und der Kaufmann mit dem steinernen Herzen
  Aus: Hubertus Halbfas, Religionsbuch für das 1. Schuljahr, Patmos Verlag, Düsseldorf.
  (Siehe Abschnitt 4 Nr. 1).

7. Gestalten/Malen/Basteln

(1) Ideenfindung: Herz

Das Wort »Herz« wird auf eine Tapete geschrieben bzw. gemalt. Die Teilnehmer/innen werden aufgefordert, um dieses Wort oder Zeichen herum spontan zu schreiben, was ihnen dazu einfällt. Anschließend werden die unterschiedlichen Aspekte herausgehoben und diskutiert.

(2) »Laß mich in dein Herz hineinschauen!«

Material:
Papier, Buntstifte, Schreibstifte

Methode:
Ein Herz wird groß auf das Papier gezeichnet. Zwei Blätter werden übereinandergelegt und zwei gleiche Herzen ausgeschnitten. Das untere Herz bleibt weiß. Das obere Herz wird rot angemalt und dann in der Mitte längs durchgeschnitten. Die Seitenränder dieses Herzens werden so auf das erste Herz geklebt, daß man das obere Herz aufklappen kann.
In dieses Herz hinein kann man nun seinen eigenen Herzenswunsch schreiben, jemand anderem etwas von Herzen Kommendes, Freundliches sagen, oder man schreibt die Gefühle hinein, die in unseren

Herzen wohnen können. Man kann auch ein »Gefühlsbarometer« hineinkleben *(siehe Nr. 3)*.

(3) Gefühlsbarometer

Material:
Weinkorken, Papier, Stifte, Säge oder scharfes Messer, Klebstoff, Pappkarton

Methode:
Weinkorken werden in 3 mm dicke Scheibchen geschnitten und in der Form eines großen Herzens auf einen Pappkarton geklebt. Die Ränder des Kartons werden anschließend abgeschnitten, so daß nur noch das »Korkherz« zu sehen ist.

Auf ein Blatt Papier wird das Gefühlsbarometer gezeichnet: Gegensätzliche Gefühle werden in eine Reihe nebeneinander geschrieben. In die Mitte kommen Zahlen von 1 bis 8 oder 10. Mit dem Bleistift kann man dann seine Gefühlslage ankreuzen und das Blatt mit Stecknadeln auf das Korkherz heften. Dieses Herz kann man an seine Zimmertür hängen und so den anderen eine Botschaft über die eigene Gefühlslage vermitteln.

	1	2	3	4	5	6	7	8	
Glücklich									unglücklich
froh									traurig
liebevoll									kratzbürstig
usw.									

(4) Herzensmandala

Material:
Papier, Buntstifte

Methode:
In die Mitte eines Blattes Papier wird ein großer Kreis gezeichnet, in die Mitte des Kreises ein Herz. Dieses Herz wird mit bunten Farben, Blumen und Girlanden von innen nach außen hin verziert.

(5) Der Blutkreislauf

Material:
Papier, Stifte, Biologiebuch (Sachbuch)

Methode:
In einem Biologiebuch sieht man sich genau an, wie das Herz im menschlichen Körper verankert ist und die Blutbahnen durch den Körper verlaufen. Dieser Blutkreislauf wird dann abgezeichnet.

(6) Poster gestalten: Das Gebot der Gottes-(und Nächsten)liebe (Dtn 4–6; Mt 22,37)

Material:
weißes Papier, rotes Tonpapier, Schere, Klebstoff, Buntstifte bzw. Wachsmalkreiden

Methode:
Aus dem roten Tonpapier wird ein Herz geschnitten. Auf dieses Herz wird das Gebot der Gottes- und Nächstenliebe geschrieben (auf einem weißen Papier, das dann auf das Herz geklebt wird). Das rote Herz wird in die Mitte eines großen Bogens Papier geklebt und rundherum mit den bunten Farben reich verziert.

(7) Nachmalen: Herzauge

Der Farbholzschnitt »Herzauge« von HAP Grieshaber wird miteinander betrachtet, beschrieben und abzumalen versucht.

(8) Malen: Mein Herz ist bereit (Ps 57,8–12)

Zu diesen Psalmversen mit bunten Wasserfarben ein Bild malen. Vorher in der Stille ein Bild in sich entstehen lassen.

(9) Modellieren: Herz aus Stein

Material:
weicher Stein (Ytong), Schnitzwerkzeug

Methode:
Aus dem Stein ein Herz herausmodellieren.

(10) **Collage: Herz aus Stein/Herz aus Fleisch (Ez 36,26–28)**

Material:
Zeitungen, Klebstoff, Tonpapier

Methode:
Miteinander diskutieren, wo wir in unserer Umgebung bzw. Gesellschaft Spuren eines »Herzens aus Stein« und Spuren eines »Herzens aus Fleisch« entdecken.

Aus den Ergebnissen dieses Gesprächs wird eine Gegensatzcollage erstellt. Auf der einen Seite werden mit Bildern und Zeitungsartikeln die »hartherzigen« Ereignisse dargestellt, auf der anderen Seite die, die durch gute Herzen entstehen.

8. Spiel und Aktion

(1) Pantomime: Sprichwörter

Auf einem Tageslichtprojektor oder einer Tapete an der Wand werden Sprichwörter zum Thema »Herz« gesammelt. In verschiedenen Gruppen werden einzelne dieser Sprichwörter pantomimisch dargestellt oder Zeichnungen dazu gemacht.

Folgende Sprichwörter bzw. Redensarten bieten sich an:
– einem ans Herz gewachsen sein
– jemandem sein Herz schenken
– etwas nicht über das Herz bringen
– sich etwas zu Herzen nehmen
– jemanden im Herzen tragen
– sich ein Herz fassen
– seinem Herzen einen Stoß geben
– das Herz in die Hand nehmen
– das Herz auf der Zunge tragen
– das Herz am rechten Fleck haben
– das Herz rutscht in die Hose
– jemandem sein Herz ausschütten
– jemanden ins Herz schließen
– ein Herz und eine Seele sein

– jemandem das Herz stehlen
– mit ganzem Herzen bei der Sache sein.

(2) Sängerwettstreit

Alle durchforsten Liederbücher mit alten deutschen Volksliedern.
Lieder, in denen vom »Herzen« die Rede ist, werden herausgesucht
und zu singen versucht. Wenn man die Lieder in verschiedenen klei-
nen Gruppen heraussuchen läßt, kann man zum Schluß einen »Sän-
gerwettstreit« veranstalten, bei dem alle Gruppen unterschiedliche
»Herzlieder« vortragen. Man kann natürlich auch Lieder nehmen,
die nicht in den genannten Liederbüchern stehen.
Beispiele:
– Du, du liegst mir im Herzen
– Herz, Schmerz und dies und das
– Geh' aus mein Herz und suche Freud'
– Aus meines Herzens Grunde

(3) Herzen backen

Aus Spekulatiusteig und Förmchen kleine »Herzen« backen und
verschenken.
Aus Lebkuchenteig große Herzen backen und mit Zuckerguß sinn-
volle Sprüche darauf schreiben.
Eine Torte in Herzform gestalten.
Will man die Herzen nicht essen, dann kann man sie auch in unterschiedlichsten Größen aus Ton, Salzteig o. ä. gestalten, verzieren,
aufhängen oder als Anhänger an einer Kette anbringen.

(4) Blutdruck messen

Wenn man es ermöglichen kann, kann man sich gegenseitig mit
einem Meßgerät den Blutdruck messen.

(5) Spiel zur Geschichte: Nikolaus und der Kaufmann mit dem steinernen Herzen

Siehe Abschnitt 4 Nr. 1.

Die Geschichte kann während des Erzählens pantomimisch dargestellt werden. Die Verkleidung geschieht durch bunte Tücher. Deut-

lich muß werden, daß der reiche Kaufmann immer einsamer wird, während sein Reichtum anwächst. Die Szenen, wo er beginnt, anderen zu helfen, können aus der eigenen Vorstellung heraus vertieft und ausgeschmückt werden.

(6) Anschauung und Gespräch: Gegen ein Maschinenherz

Siehe Abschnitt 4 Nr. 2.

Wir schauen uns viele Maschinen an, die heute unser Leben erleichtern: Spülmaschinen, Waschmaschinen, Autos, Computer ... Wir versuchen, eine Zeitlang ohne sie auszukommen und dafür etwas anderes wiederzuentdecken, z.B. die Ruhe, das Gespräch miteinander. Anschließend über die Erfahrungen sprechen.

Oder: Das Gespräch mit alten Menschen suchen und mit ihnen über die Zeit sprechen, als es noch nicht so viele Maschinen gab. Was war da anders? Fotos von damals anschauen.

(7) Papptheater zur Geschichte: Giacomo, der Kristall

Siehe Abschnitt 4 Nr. 3.

Material:
Pappkarton, Schaschlikspieße, Pappe, Papier, Stifte, Scheren, Klebstoff

Methode:
Der Pappkarton wird als »Guckkastentheater« hergerichtet: die Öffnung nach vorn gestellt und die Seiten als Theaterrand weggeklappt, die obere Klappe an einer Schnur befestigt und hochgestellt. Die Kartonseite, die jetzt oben ist, wird bis auf 1 cm Rand herausgeschnitten. Die Bühnenbilder werden in der Größe der Rückwand gemalt und im hinteren Teil eingehängt (Landschaft, Gefängnis, Schlafgemach ...). Die handelnden Personen werden aus Pappe gefertigt, bemalt und an den Schaschlikspießen befestigt. Die Beleuchtung wird durch eine Bürolampe bzw. eine Taschenlampe erzeugt, die von oben auf die Bühne leuchtet. Jetzt kann die Geschichte gelesen und gespielt werden.

(8) Umsetzung der Geschichte: Man sieht nur mit dem Herzen gut

Siehe Abschnitt 4 Nr. 4.

Die beiden zentralen Sätze: »Man sieht nur mit dem Herzen gut, das Wesentliche ist für die Augen unsichtbar«, und: »Du bist zeitlebens für das verantwortlich, was du dir vertraut gemacht hast« werden groß auf einen Papierstreifen geschrieben und an die Wand geheftet.

Alle sitzen auf dem Boden. Bei leiser Musik flüstert jede/r unhörbar immer wieder diese Sätze vor sich hin. Wenn man sie ganz verinnerlicht hat, schweigen alle und denken über Dinge nach, für die wir verantwortlich sind. Wir überlegen, an welchen Stellen wir selbst vielleicht wieder neu lernen müssen, »mit dem Herzen« zu sehen.

(9) Gespräche

- Selig, die ein reines Herz haben (Mt 5,8)
  Miteinander überlegen, was es bedeutet, »ein reines Herz« zu haben.

- Urgemeinde (Apg 4,32ff.)
  Den Text Apg 4,32ff. miteinander lesen und überlegen:
  Was ist in unserer Gemeinde/Gemeinschaft ähnlich, worin unterscheiden wir uns, wohin sollte die Richtung gehen?

- Das Hohelied der Liebe (1 Kor 13,1–13)
  Miteinander den Text lesen und darüber sprechen, daß die Liebe in unseren Herzen wohnt.
  Die Attribute, die der Liebe zugeordnet werden, herausschreiben und darüber nachdenken, wie weit wir mit der Liebe gehen, die uns bewegt.
  Kennen wir das Gefühl, »erfüllt von Liebe« zu sein?

Familie

1. Einführung

Menschen sind angewiesen auf ein soziales Umfeld. Es ist für die Entwicklung eines Menschen entscheidend, in welche Familie er hineingeboren wird, wie die Eltern miteinander umgehen, wie viele Geschwister es gibt, an welcher Stelle in der Altersfolge der Geschwister man aufwächst.

Familie entsteht durch Beziehung zweier Menschen zueinander. Auch Tiere leben in sozialen Beziehungen und Zweckgemeinschaften, die oft sehr weit entwickelt und bei manchen Tierarten sogar lebenslange Zweierbeziehungen sind. Doch die Fähigkeit zur Liebe, wie sie dem Menschen gegeben ist, unterscheidet ihn von allen Tierarten. Durch seinen Verstand ist der Mensch fähig, sein Sozialverhalten über den natürlichen Instinkt hinaus zu steuern. Er ist fähig zu großer Liebe und Treue, aber ebenso zur Untreue und zum Haß. Das, was den Menschen in dieser Hinsicht ausmacht, ist die Möglichkeit zur Entscheidung für- oder gegeneinander.

Die ideale Familie ist ein Ort der Geborgenheit. Die Großfamilie ist bei vielen Naturvölkern noch – und war auch in unserem Kulturkreis bis in dieses Jahrhundert hinein – die Grundlage menschlichen Zusammenlebens. Familiäre Bande sind bei den Naturvölkern heilig. Aus ihnen entstanden Untergruppierungen, Sippen und Stämme. In ihnen gelten bestimmte Ordnungen. Diebstahl und Mord unter Familienangehörigen wurden strengstens geahndet und kamen nur äußerst selten vor. Fürsorge für die Kranken und Alten war selbstverständlich, so wie sie auch im vierten Gebot im Alten Testament benannt ist: »Ehre deinen Vater und deine Mutter, damit du lange lebst in dem Land, das der Herr, dein Gott, dir gibt.« (Ex 20,12).

In früheren Jahrhunderten war es von entscheidender Bedeutung, ob ein Mensch aus adliger oder bürgerlicher Familie stammte; in abgewandelter Form ist das vielleicht auch heute noch der Fall. Auch im Alten Testament hören wir von den Stämmen des Volkes Israel, die aus verschiedenen Familien gebildet wurden.

Stammesgeschichte als Familiengeschichte (Genealogie) zu erzählen, davon lebt die Geschichte Israels im Alten Testament. Jede Familie, jeder Stamm hatte eine bestimmte Aufgabe innerhalb des Volkes.

Da die familiären Zusammenhänge von entscheidender Bedeutung sind, wurden die einzelnen Positionen in der Familie schon früh als Bild und Symbol gebraucht. Jesus stellt zum Beispiel ein Kind in die Mitte: »Wenn ihr nicht werdet wie die Kinder, könnt ihr nicht in das Himmelreich eingehen.« Er selbst nennt Gott seinen Vater. In vielen Kulturen und Religionen gibt es Muttergottheiten.

»Wie Bruder und Schwester sein« galt oft als Beispiel für friedliches Miteinander, und als Negativbeispiel wird immer wieder das Motiv des »Bruderzwistes« aufgeführt (z. B. Kain und Abel).

Im folgenden wird zunächst das Thema »Ehe und Familie« und dann die einzelnen Rollen als Mutter, Vater und Kind(er) innerhalb der Familie erarbeitet.

2. Biblische Bezüge

Frauen und Männer in der Ehe (1 Petr 3,1–7)
Über die christliche Familienordnung (Eph 5,21–6,9)
Wenn eine Familie in sich gespalten ist (Mk 3,25)
Die wahren Verwandten Jesu (Mk 3,31–35)
Kain und Abel (Gen 4,1–16)

3. Geschichten/Texte

(1) Von der Ehe

Und wieder ergriff Almitra das Wort und sprach: »Und wie ist es um die Ehe, Meister?«
Und er antwortete also:
Vereint seid ihr geboren, und vereint sollt ihr bleiben immerdar.

Ihr bleibt vereint, wenn die weißen Flügel des Todes eure Tage scheiden.

Wahrlich, ihr bleibt vereint selbst im Schweigen von Gottes Gedenken.

Doch lasset Raum zwischen eurem Beinandersein,
Und lasset Wind und Himmel tanzen zwischen euch.
Liebet einander, doch macht die Liebe nicht zur Fessel:
Schaffet eher darauf ein webendes Meer zwischen den Ufern eurer Seelen.

Füllet einander den Kelch, doch trinket nicht aus *einem* Kelche.

Gebet einander von eurem Brote, doch esset nicht vom gleichen Laibe.

Singet und tanzet zusammen und seid fröhlich, doch lasset jeden von euch allein sein.

Gleich wie die Saiten einer Laute allein sind, erbeben sie auch von derselben Musik.

Gebet einander eure Herzen, doch nicht in des andern Verwahr.

Denn nur die Hand des Lebens vermag eure Herzen zu fassen.

Und stehet beieinander, doch nicht zu nahe beieinander:
Denn die Säulen des Tempels stehen einzeln,
Und Eichbaum und Zypresse wachsen nicht im gegenseit'gen Schatten.

Khalil Gibran

Aus: Khalil Gibran, Der Prophet, Walter-Verlag, Düsseldorf 30. Auflage 1995.

(2) Lieben Sie Ihre Frau?

Es gab Krach in der Familie. Ein heftiger Wortwechsel zwischen Vater und Mutter. Die Kinder stumm dabei. Heimlich stiehlt sich die Zwölfjährige davon, läuft zu einer Telefonzelle und wählt die Nummer der Eltern.

Zu Hause hört der Vater überrascht, wie sich eine Mädchenstimme meldet: »Guten Tag, ich bin Reporterin und mache eine Umfrage für eine Illustrierte: Lieben Sie Ihre Frau?« Der Vater – völlig verdutzt – zögert lange: »Ja, hm, natürlich!« Dann ruft er: »Helga, komm doch mal.« Die Mutter erkennt auch erst nach einer Schrecksekunde die Stimme ihrer Tochter: »Verzeihen Sie, ich mache eine Umfrage: Lieben Sie Ihren Mann?« »Ja«, sagt sie völlig verwirrt.

»Danke!« ruft die kleine Stimme am andern Ende der Leitung ...
»Jetzt brauche ich erst einmal einen Kaffee«, seufzt der Vater.

Ludolf Ulrich

Rechte beim Autor.

(3) Nur weil jemand auf der Bettkante saß

Zwei alte Bettgestelle standen auf dem Boden, setzten Staub an und
kamen eines Nachts ins Gespräch.

»Ich verstehe einfach nicht, warum man mich durch Matratzen
ersetzt hat. Ich erinnere mich so gut an die Jahre und Zeiten, wo die
Bettkante noch eine Bedeutung hatte. Lag der Junge krank, dann
saßen Mutter oder Vater auf dem Rand, nahmen seine Hand oder
streichelten ihm übers Haar. Es war eine gute Zeit, und oft war es
wie ein Zauber, wenn der Hustenreiz verflog, nur weil jemand auf
der Bettkante saß.«

»Ich habe ganz ähnliche Erfahrungen«, schaltete sich das andere
Gestell ein. »Nur zu gern erinnere ich mich an die langen Winter-
abende, wenn die Oma auf der Bettkante saß und dem Mädchen ein
Märchen zur guten Nacht vorlas. Dann schlug der Sturm ans Fenster und der Hagel prasselte auf das Blech, aber drinnen war Obhut
und Schutz, nur weil jemand auf der Bettkante saß.«

So redeten sich beide in Eifer und schwammen förmlich in der
guten alten Zeit.

»Als der Soldat damals nach Hause kam und so kaputt war, da saß
täglich der Arzt auf der Bettkante, verschrieb Pillen und Pulver,
aber hauptsächlich hörte er zu und ließ sich die Geschichten aus
dem Lager erzählen. Weißt du, der Soldat wurde gesund. Ich glaube,
nur weil jemand auf der Bettkante saß.«

»Ich stand lange Zeit nicht allein im Zimmer«, erklärte das andere
Bett, »wir waren zu zweit, und oft genug habe ich erlebt, wie die
beiden Kinder auf den Bettkanten saßen, den erlebten Tag bespra-
chen und den kommenden planten. Herrlich war das, und plötzlich
war der ganze Raum voll von Träumen und Ideen, nur weil jemand
auf der Bettkante saß.«

»Und ich habe miterlebt, als der Großvater starb. Er sprach noch
über die Vergangenheit, über den Kaiser und die Steckrüben, während der Tod schon auf der Bettkante saß. Doch gewann ich den

Eindruck, daß dies dazugehörte, ganz selbstverständlich und mit tiefem Glauben, ja, weil jemand auf der Bettkante saß.«
»Als mich die Möbelträger auf den Boden trugen«, ergänzte das erste Gestell das Gespräch, »da saßen sie beide noch auf meiner Kante, tranken einen Schluck Bier, und der eine meinte: ›Schade um das schöne Stück!‹ Weißt du, das hat mich getröstet, nur weil jemand noch einmal auf der Bettkante saß.«
Sagt's leise weiter. Setzt euch auf Bettkanten, solange es sie gibt.

Peter Spangenberg

Aus: Peter Spangenberg, Na gut ... sagte der Bär, Fabelhafte Weisheiten, © Agentur des Rauhen Hauses, Hamburg 1996.

(4) Der Großvater und der Enkel

Ein Vater war sehr alt und zittrig geworden, so daß er beim Essen Suppe auf das Tischtuch schüttete. Manchmal floß ihm auch etwas aus dem Mund. Sein Sohn und dessen Frau ekelten sich davor. Schließlich setzten sie ihn hinter den Ofen in die Ecke. Dort saß er nun betrübt und allein und sah zum Tisch. Einmal entfiel seinen zittrigen Händen auch noch das Schüsselchen, aus dem er aß, und zerbrach. Die junge Frau schimpfte ihn aus. Sie kaufte ihm eine hölzerne Schüssel; daraus mußte er nun essen.
Eines Tages trug der Enkel von vier Jahren kleine Brettchen zusammen. »Was machst du da?« fragte ihn der Vater. »Ich mache einen kleinen Topf«, antwortete das Kind, »daraus sollen Vater und Mutter essen, wenn sie alt sind.«
Da sahen sich Vater und Mutter an. Sie holten sofort den alten Großvater an den Tisch. Und sie sagten auch nichts mehr, wenn er ein wenig verschüttete.

Nach einem Märchen der Brüder Grimm

(5) Die sieben Raben

Ein Mann hatte sieben Söhne und immer noch kein Töchterchen, so sehr er sich's auch wünschte; endlich gab ihm seine Frau wieder gute Hoffnung zu einem Kinde, und wie's zur Welt kam, war's auch ein Mädchen. Die Freude war groß, aber das Kind war schmächtig und klein und sollte wegen seiner Schwachheit die Nottaufe haben. Der Vater schickte einen der Knaben eilends zur Quelle, Taufwasser zu holen, die andern sechs liefen mit, und weil jeder der erste beim Schöpfen sein wollte, so fiel ihnen der Krug in den Brunnen. Da standen sie und wußten nicht, was sie tun sollten, und keiner getraute sich heim. Als sie nicht zurückkamen, war der Vater ungeduldig und sprach: »Gewiß, haben sie's wieder über einem Spiel vergessen, die gottlosen Jungen.« Es ward ihm angst, das Mädchen müßte ungetauft verscheiden, und im Ärger rief er: »Ich wollte, daß die Jungen alle zu Raben würden!« Kaum war das Wort ausgeredet, so hörte er ein Geschwirr über seinem Haupt in der Luft, blickte in die Höhe und sah sieben kohlschwarze Raben auf und davon fliegen.

Die Eltern konnten die Verwünschung nicht mehr zurücknehmen, und so traurig sie über den Verlust ihrer sieben Söhne waren, trösteten sie sich doch einigermaßen durch ihr liebes Töchterchen, das bald zu Kräften kam und mit jedem Tag schöner ward. Es wußte lange Zeit nicht einmal, daß es Geschwister gehabt hatte, denn die Eltern hüteten sich, ihrer zu erwähnen, bis es eines Tages von ungefähr die Leute von sich sprechen hörte, das Mädchen wäre wohl schön, aber doch eigentlich schuld an dem Unglück seiner sieben Brüder. Da ward es ganz betrübt, ging zu Vater und Mutter und fragte, ob es denn Brüder gehabt hätte und wo sie hingeraten wären? Nun durften die Eltern das Geheimnis nicht länger verschweigen, sagten jedoch, es sei so des Himmels Verhängnis und seine Geburt nur der unschuldige Anlaß gewesen. Allein das Mädchen machte sich täglich ein Gewissen daraus und glaubte, es müßte seine Geschwister wieder erlösen. Es hatte nicht Ruhe und Rast, bis es sich heimlich aufmachte und in die weite Welt ging, seine Brüder irgendwo aufzuspüren und zu befreien, es mochte kosten, was es wollte. Es nahm nichts mit sich als ein Ringlein von seinen Eltern zum Andenken, einen Laib Brot für den Hunger, ein Krüglein Wasser für den Durst und ein Stühlchen für die Müdigkeit.

Nun ging es immer zu, weit, weit, bis an der Welt Ende. Da kam es zur Sonne, aber die war zu heiß und fürchterlich und fraß die kleinen Kinder. Eilig lief es weg und lief hin zu dem Mond, aber der war gar zu kalt und auch grausig und bös, und als er das Kind merkte, sprach er: »Ich rieche Menschenfleisch.« Da machte es sich geschwind fort und kam zu den Sternen, die waren ihm freundlich und gut, und jeder saß auf seinem besonderen Stühlchen. Der Morgenstern aber stand auf, gab ihm ein Hinkelbeinchen und sprach:

»Wenn du das Beinchen nicht hast, kannst du den Glasberg nicht aufschließen, und in dem Glasberg, da sind deine Brüder.«

Das Mädchen nahm das Beinchen, wickelte es wohl in ein Tüchlein und ging wieder fort, so lange, bis es an den Glasberg kam. Das Tor war verschlossen, und es wollte das Beinchen hervorholen; aber wie es das Tüchlein aufmachte, so war es leer, und es hatte das Geschenk der guten Sterne verloren. Was sollte es nun anfangen? Seine Brüder wollte es erretten und hatte keinen Schlüssel zum Glasberg.

Das gute Schwesterchen nahm ein Messer, schnitt sich ein kleines Fingerchen ab, steckte es in das Tor und schloß glücklich auf. Als es hineingegangen war, kam ihm ein Zwerglein entgegen, das sprach: »Mein Kind, was suchst du?« »Ich suche meine Brüder, die sieben Raben«, antwortete es. Der Zwerg sprach: »Die Herren Raben sind nicht zu Haus, aber willst du hier so lang warten, bis sie kommen, so tritt ein.« Darauf trug das Zwerglein die Speise der Raben herein auf sieben Tellerchen und in sieben Becherchen, und von jedem Tellerchen aß das Schwesterchen ein Bröckchen, und aus jedem Becherchen trank es ein Schlückchen; in das letzte Becherchen aber ließ es das Ringlein fallen, das es mitgenommen hatte.

Auf einmal hörte es in der Luft ein Geschwirr und ein Geweh, da sprach das Zwerglein: »Jetzt kommen die Herren Raben heimgeflogen.« Da kamen sie, wollten essen und trinken und suchten ihre Tellerchen und Becherchen. Da sprach einer nach dem andern: »Wer hat von meinem Tellerchen gegessen? Wer hat aus meinem Becherchen getrunken? Das ist eines Menschen Mund gewesen.« Und wie der siebente auf den Grund des Bechers kam, rollte ihm das Ringlein entgegen. Da sah er es an und erkannte, daß es ein Ring von Vater und Mutter war, und sprach: »Gott gebe, unser Schwesterlein wäre da, so wären wir erlöst.« Wie das Mädchen, das hinter der Türe stand und lauschte, den Wunsch hörte, so trat es hervor, und da bekamen alle die Raben ihre menschliche Gestalt wieder. Und sie herzten und küßten einander und zogen fröhlich heim.

Brüder Grimm

4. Lieder/Tanz/Musik

(1) Kuschel-Song für Dorothea

1. Wenn Freun-de sich schla-gen und sich nicht ver-tra-gen und brül-len und to-ben und laut-hals schrein, dann will ich es wa-gen und strei-cheln, statt schla-gen, und zu ver-zeihn, und zu ver-zeihn.

Refrain: Denn la-chen und wit-zeln und krau-len und kit-zeln ist schön, so schön. Haa-re ver-wu-scheln und schmu-sen und ku-scheln ist

1. wun-der-, wun-der-schön.
2. wun-der-, wun-der-schön.

2. Wenn Brüder und Schwestern
   sich zanken und lästern,
   dann sage ich ärgerlich
   dazu: Nein!
   Vertragt euch! Seid friedlich!

Dann wird es gemütlich
zu Hause sein!

3. Wenn Eltern sich streiten,
das kann ich nicht leiden!
Dann wäre ich lieber
ganz anderswo.
Doch wenn sie sich herzen
und schmusen und scherzen,
bin ich auch froh.

4. Was kann es im Leben
noch Schöneres geben:
Von Vater und Mutter
ins Bett gebracht!
Ein Lied und ein Küßchen.
Wir schmusen noch bißchen
und gute Nacht!

T: Rolf Krenzer M: Ludger Edelkötter
Aus: Hast du etwas Zeit für mich? / Wir sind Kinder dieser Erde
Rechte: Impulse Musikverlag Ludger Edelkötter, Drensteinfurt.

Spielanleitung: (für Eltern und Kinder)

Im ersten Teil der Strophen stehen die Kinder vor den Eltern und
spielen pantomimisch, wie sie streiten und zanken. Im zweiten Teil
setzen sie sich auf den Schoß der Eltern. Im Refrain wird gekitzelt
und gewuschelt usw. In der letzten Strophe wiegen die Eltern ihre
Kinder im Arm.

(2) Das Enten-Familien-Spiellied

Angst, sie wer'n schon wie - der nü - ber

kum - ma, kum - ma, kum - ma. Sind die

Ent - lein ü - ber'n Wei - her rü - ber

g'schwum - ma, g'schwum - ma, g'schwum - ma, kei - ne

Angst, sie wer'n schon wie - der nü - ber kum - ma, kum - ma, kum - ma.

Herkunft unbekannt.

Spielanleitung:

Alle sitzen im Kreis. Der/Die Spielleiter/in führt das Lied ein, indem er/sie den Teilnehmer(inne)n erzählend den Teich vor Augen führt und deren Vorstellungskraft ermutigt, jetzt selbst als kleine Enten über den Weiher zu schwimmen. Alle machen mit den Händen die Schwimmbewegungen der Entenflossen nach, während das Lied gesungen wird. Nun führt der/die Spielleiter/in aus, daß es nicht nur einfach Enten sind, die da schwimmen, sondern eine ganze Entenfamilie. Jedes Mitglied dieser Familie wird nun durch die Art der Schwimmbewegungen und die Tonfarbe beim Singen imitiert:

Zuerst kommt der gestrenge Vater (Haltung annehmen, zackige Schwimmbewegungen).

Im Gefolge seine ergebene Gattin (hohe Stimmlage, Augenaufschlag).

Oma und Opa (mit zittrigen Händen und Stimmen).

Onkel (wurde in seiner Jugend vom Schwan ins Bein gebissen und »hinkt« seitdem).

Tante (vornehme Dame, beim Paddeln wird der kleine Finger abgespreizt, hohe Stimmlage).

Der große Sohn (im Flegelalter, mit weit ausholenden Bewegungen paddeln, laut singen).

Und die ganz Kleinen (langsam anfangen und dann ganz schnell paddeln und singen).

Die Entenfamilie kann beliebig vergrößert werden.

(3) Verklanglichung: Nur weil jemand auf der Bettkante saß

Siehe Abschnitt 3 Nr. 3.

Vorstellung:	Verklanglichung:
Die erste Bettkante	*eine Terz auf dem Xylophon in tiefer Lage, mit Filzschlegeln von unten nach oben (C–E)*
Die zweite Bettkante	*eine Terz auf dem Xylophon in tiefer Lage, mit Filzschlegeln von oben nach unten (E–C)*
Der kranke Junge	*langsame Schläge mit den Klanghölzern*
Vater oder Mutter streicheln übers Haar.	*leise Töne auf dem Glockenspiel*
Das Mädchen im Bett	*leise rasselnder Glockenkranz*
Oma liest vor.	*leise Töne auf dem Metallophon*
Sturm	*Rumbarasseln, Heulen mit der Stimme*
Soldat	*Schläge mit dem Filzschlegel auf die Handtrommeln in Marschtempo*
Arzt	*leise Töne auf dem Holzblock*

| Kinder | *fröhliche, hüpfende Töne auf dem Glockenspiel* |
| Die Möbelträger | *gleichmäßige Schläge auf der Handtrommel; am Ende: ein leiser Bekkenschlag* |

5. Bilder

- Rosemarie Müller, Du sollst nicht töten (Batik)
  Aus: Rosemarie Müller/Reinhold Müller: Ich aber sage euch. Biblische Geschichten mit Batiken zu den 10 Geboten, Agentur des Rauhen Hauses, Hamburg/Verlag Butzon & Bercker, Kevelaer 1990.
- Sieger Köder: Der Stammbaum Jesu
  Schwabenverlag, Ostfildern.

6. Gestalten/Malen/Basteln

(1) Familienstammbaum

Material:
alte und neue Familienfotos, ein großer Bogen Papier, Stifte, Klebstoff

Methode:
Miteinander werden alte Familienfotos angesehen und aussortiert. Man kann auch Ahnenforschung betreiben über Pfarrämter, Meldestellen usw. Die Namen der Personen, von denen keine Fotos existieren, werden auf Namenskärtchen geschrieben. Auf dem Bogen Papier werden die Fotos und Namenskärtchen nach den Generationen und Familienzweigen sortiert und aufgeklebt. Die Umrisse werden als Baum gezeichnet und die Familienzweige als Äste und Zweige miteinander verbunden.

(2) Stammbaum darstellen

Material:
Nesselstoff als Untergrund, bunter, einfarbiger Stoff in Braun und Grün, bunter Stoff, Bibel, Papier, Stifte, Klebstoff, Nadel und Faden

Methode:
Miteinander im Alten Testament blättern, eine Übersicht der »Geschichte Israels« ansehen und versuchen, die Familiengeschichte Israels herauszufinden. Die einzelnen Namen werden aufgeschrieben und als Stammbaum angeordnet.
Dieser Stammbaum wird dann als Stoffcollage gestaltet: Der Baum mit den entsprechenden Zweigen wird entworfen und auf braunen Stoff übertragen. Die einzelnen Personen werden als große Blätter aus grünem Stoff ausgeschnitten. Wenn man möchte, kann man kleine Figuren aus Filzresten in die Blätter hineingestalten. Die Namen der Personen werden mit buntem Stickgarn unter die Blätter gestickt.

(3) Familienbilder

Material:
Farbstifte, Papier, evtl. auch Fotoapparat bzw. Fotos, Kassettenrecorder, Musik

Methode:
Jede/r erhält ein Blatt Papier und malt die Menschen seiner/ihrer Familie oder klebt die Fotos der Familienmitglieder in Abständen auf ein Blatt. Die Namen werden daruntergeschrieben.
Jede/r denkt über die einzelnen Personen intensiv nach. Man kann verabreden, daß währenddessen ein Musikstück gespielt wird. Dann schreibt jede/r eine Kurzbeschreibung der Person unter das entsprechende Bild. Anschließend wird versucht, im Kreis der Familie über die verschiedenen Eindrücke zu sprechen.

(4) Bildbetrachtungen

- Sieger Köder, Der Stammbaum Jesu
  Das Bild ansehen. Den Stammbaum Jesu aus der Bibel vorlesen (Mt 1,1–17). Einander erzählen, was man auf dem Bild sieht.

151

- Rosemarie Müller, Du sollst nicht töten
  Das Bild miteinander betrachten und sagen, was auffällt.
  Den biblischen Text von Kain und Abel (Gen 4,1–16) dazu lesen.
  Das Bild mit Wachsmalkreiden nachmalen.
  Über das Bild, die Geschichte und eigenes Erleben von Geschwisterkonflikten miteinander reden.

7. Stilleübung

L = Leiter/in; TN = Teilnehmer/in(nen). Jede freie Zeile im Sprechtext bedeutet eine längere Sprechpause.

(1) Meine Familie

Alle TN sitzen im Kreis. In der Mitte liegt das DIN-A4-Foto einer Familie.

L spricht:
In der Mitte sehen wir das Foto einer Familie:
Mutter, Vater, Kinder.
Wir schauen uns eine Weile das Bild an.
Wie geht es dieser Familie?
Sind die Menschen in ihr glücklich?
Oder sind sie unglücklich?

Wir schließen die Augen.
Wir sehen vor unserem inneren Auge unsere eigene Familie.
Wir stellen uns jeden einzelnen vor.
Leise Musik einspielen und (nach jeder Person) Zeit lassen zum Nachdenken.
Die Mutter –
Den Vater –
Die Geschwister –
Die Großeltern –
Andere Verwandte, die in unserem Leben eine Rolle spielen –

Wir sehen uns selbst in unserer Familie.

Wir öffnen die Augen.
Wenn uns etwas Wichtiges aufgefallen ist, können wir uns jetzt Notizen machen.

8. Spiel und Aktion

(1) Mein Partner – meine Partnerin

Jede/r erhält einen Zettel und einen Stift. Bei leiser Musik denken alle darüber nach, was sie an ihrem Partner/ihrer Partnerin besonders mögen bzw. nicht mögen.

(2) Fotowahl Partnerschaft

In der Mitte liegen viele Fotos in DIN-A4-Format. Bei leiser Musik suchen sich die Teilnehmer/innen ein oder mehrere Fotos aus unter dem Aspekt: Wie erlebe ich zur Zeit meine Ehe/meine Partnerschaft? Anschließend unterhalten sich die Paare über ihre ausgewählten Fotos.

(3) Unser gemeinsamer Lebensweg

Jedes Paar erhält einen großen Bogen Papier und Stifte. Auf das Papier wird ein Weg gezeichnet. Jede/r überlegt zunächst still für sich, welche Situationen im Leben für die Partnerschaft von entscheidender Bedeutung waren, z. B. Orte, an denen man sich kennenlernte, das Entdecken der Liebe, der Weg bis zur Hochzeit, die Kinder, Krankheit und Tod von Angehörigen. Dann vergleichen beide ihre Stationen miteinander, ergänzen sie und schreiben sie chronologisch in den Weg hinein.

(4) Stehende Bilder: Nur weil jemand auf der Bettkante saß

Siehe Abschnitt 3 Nr. 3.

Die Geschichte von den Bettkanten läßt sich gut in »stehenden Bildern« darstellen. Die Kulisse sind zwei Bretter, die vorn an eine Matratze gelehnt stehen. Die Personen, die genannt werden, liegen auf der Matratze oder sitzen auf der Matratze und der »Bettkante«. Bei stehenden Bildern ist die Frage der Kostümierung von entscheidender Bedeutung. Sie darf ruhig etwas überzeichnet sein und muß vorher gut überlegt werden. Die alte »Klamottenkiste« eignet sich gut zum Suchen und Finden.

(5) Schattenspiel: Die sieben Raben

Siehe Abschnitt 3 Nr. 5.

Dieses Märchen eignet sich gut dafür, es als Schattenspiel am Tageslichtprojektor darzustellen. Aus Zeitungspapier oder anderem Papier werden die Figuren und Kulissen gerissen oder geschnitten. Während des Erzählverlaufs werden die Figuren auf den Tageslichtprojektor gelegt und evtl. an dünnen Stäben befestigt und bewegt.

(6) Gespräche

- Miteinander »Von der Ehe« *(siehe Abschnitt 3 Nr. 1)* sowie die Bibelstelle 1 Petr 3,1–12 lesen.
  Sich austauschen:
  Welche Bilder und Verständnisse von Partnerschaft werden hier beschrieben?
  Inwieweit decken sie sich mit unseren Vorstellungen von Partnerschaft und Ehe?
  Inwieweit weichen sie von unseren Vorstellungen ab?
  Wie würden wir heute eine Anweisung für das christliche Leben in einer Partnerschaft schreiben?

- Die Geschichte »Der Großvater und sein Enkel« *(siehe Abschnitt 3 Nr. 6)* kann einen Einstieg bilden zu einem Gespräch über den Umgang als Erwachsener mit den eigenen Eltern:
  Welches Verhältnis habe ich zu meinen Eltern?
  Was schätze ich an ihnen?
  Wie leben unsere Eltern (Großeltern)?
  Welche Verantwortung haben wir unseren alten und vielleicht kranken Eltern gegenüber?
  Was ist schwierig im Umgang mit ihnen?
  Woraus können wir lernen?
  Wie stellen wir uns unser Leben vor, wenn wir alt sind?

Kind

1. Einführung

Ein Kind – neues Leben – ist entstanden aus der Liebe zwischen Mann und Frau. Es ist etwas, das von ihnen beiden kommt und sie verbindet. Ein neugeborenes Kind kommt in die Welt der Erwachsenen wie ein kleines Wunder. Hilflos und winzig, löst es in den Erwachsenen Beschützerinstinkte aus. Einem Kind gibt man Liebe und Geborgenheit.

Ein Kind ist der Umwelt und den Menschen, die es umsorgen, ausgeliefert. Es ist klein und eigentlich unbedeutend. Und doch – wird ein kleines Baby in eine Gruppe mitgebracht, dann lenkt es alle Blicke und Aufmerksamkeit auf sich. Kinder faszinieren die Erwachsenenwelt. Wachsen sie heran, bestechen sie durch ihre Offenheit und schöpferische Entdeckungsfreude. Sie treten in das Leben in all ihrer Ursprünglichkeit und Offenheit, unverdorben und ganz. Aber gerade weil sie so ursprünglich und offen sind, sind sie auch leicht zu beeinflussen und dadurch gefährdet. Sie sind lenkbar und formbar, sie bedürfen der Erziehung. Leider verschwindet mit dieser Erziehung häufig auch die Offenheit und Ursprünglichkeit ...

Jesus sagt: »Wenn ihr nicht werdet wie die Kinder, könnt ihr nicht in das Reich Gottes gelangen« (Mt 18,1–5). Häufig ist im Neuen Testament von der »Gotteskindschaft« der Menschen die Rede, nicht zuletzt auch deshalb, weil Jesus selbst Gott seinen geliebten Vater nennt, dessen Kind er ist. Gott wie ein Kind gegenübertreten, das meint wohl, ihm in aller Offenheit und allem Vertrauen, das ein Kind seinen Eltern entgegenbringt, begegnen. Wen wundert es da, daß in unserer durchrationalisierten, technisierten Welt der Glaube an einen Vater-Gott nur eine geringe Chance hat?

Wenn ein Kind zugleich größte Schwäche und schöpferische Ursprünglichkeit symbolisiert, erstaunt es, daß in vielen Religionen Gott selbst als Kind dargestellt wird. Erzählungen vom Gott-Kind gibt es in fast allen alten Religionen (z.B. in Griechenland von Dionysos und dem Knaben Zeus, in Indien von Krishna).

Nach christlichem Verständnis wird Gott Mensch und als Kind geboren. In Jesus Christus kommt Gott zu den Menschen, liefert sich ihnen aus – hilflos wie ein Kind –, weil er die Menschenfreundlichkeit Gottes zu den Menschen bringen möchte. Aber auch damals schon wurde diese Botschaft nicht verstanden.

2. Biblische Bezüge

Töricht ist mein Volk (Jer 4,22)
Sie gleichen Kindern ... (Mt 11,16–19; Lk 7,32–35)
Wir sind Kinder Gottes (Röm 8,16–17)
Wir heißen Kinder Gottes (1 Joh 3,1–2)
Kinder sind eine Gabe des Herrn (Psalm 127)
Aus dem Mund der Kinder (Psalm 8)
Wenn ihr nicht werdet wie die Kinder (Mt 18,1–6; Mk 9,33–37; Lk 9,46–48)
Segnung der Kinder (Mt 9,13–15; Mk 10,13; Lk 18,15–17)
Seht die Jungfrau (Jes 7,10–15; Mt 1,23; Lk 1,31)
Ein Kind ist uns geboren (Jes 9,1–6)
Verheißung der Geburt Jesu (Lk 1,26–38)
Geburt Jesu (Lk 2,1–20; Mt 1,18–25)

3. Geschichten/Texte

(1) Du bist noch ein Kind

Viele Leute sagen zu mir:
Das darfst du nicht,
das verstehst du noch nicht,
du bist noch ein Kind.
Du mußt erst noch wachsen
und viel lernen.

Ich kenne auch Erwachsene,
die Kinder unfreundlich behandeln,
ihnen alles verbieten,
sie anschreien und kommandieren.

Lieber Gott,
sind wir Kinder
noch keine richtigen Menschen?

Detlev Block

Aus: Detlev Block, Gut, daß du da bist, Christliches Verlagshaus, Stuttgart 7. Auflage 1995.

(2) Die widerspenstige Auster

Ein Vater fand am Meer mitten im Strandgut eine schöne Auster, wie er sie noch nie gesehen hatte: Groß wie eine Kinderfaust glänzte sie in dunkelblauer Färbung wie kostbares Porzellan. Vergeblich versuchte er, sie mit seinen Händen zu öffnen.

Er nahm sie seinen Kindern mit nach Hause, die sie bewunderten, aber sich dann ebenfalls daranmachten, die Auster zu öffnen. Sie legten sie stundenlang in Süßwasser, dann versuchte es der kleine Sohn mit einem Hammer. Es gab ein dumpfes Geräusch, wie wenn er auf Hartgummi geschlagen hätte, aber die Auster blieb unversehrt. Schließlich versuchte es der Vater mit aller Gewalt: Er legte seine ganze Kraft in den Schlag. Aber der Hammer sprang von der Auster zurück, löste sich aus der Hand des Mannes und bohrte sich in den Verputz der Wand. Schweigend standen sie jetzt vor der Auster.

Da legte die kleine Tochter die Auster behutsam in ihre Handfläche, ging mit ihrem Stimmchen ganz nahe und sagte: »Bitte, liebe Auster, so öffne dich doch!« Und langsam, etwas vibrierend, klappten die Schalen auseinander, und sie sahen, eingebettet in grauschleimiges Austernfleisch, eine wunderschöne, bläulich schimmernde Perle.

Stark verkürzt nach Diethart van Heese

Rechte beim Autor.

(3) Kinder

stützpunkte für
fluchtschiffe
unsere

die hafeneinfahrt
bewacht mit
glasketten und
schaukelpferden

wir zahlen zoll
mit sterntalern
und tauschen
unsere weißen westen
gegen rote nasen
und papierkronen

keines fragt nach
unserer herkunft

nur der name
dein name
dein zaubermantel

Wilhelm Bruners

(4) Auf der Bettkante zu singen

Mein Kind, bevor der Tag zu Ende geht
und alle seine Kräfte dieser Nacht vertraut –
mein Kind, bevor der Tag zu Ende geht,
möcht ich dir sagen, daß ich auch einst klein war
und damals staunen lernte und viel fragen.
Ich wollte wissen, wie die Welt entstand,
aus welchen Feuerbällen sie erwuchs.
Und wissen wollt ich viel vom Leben,
und auch vom Tod, das weiß ich noch genau.
Ich fragte damals, wie die Fische reden
und ob die Blumen wirklich weinen können.
Ich staunte über Vaters große Hände

und fand sie oft bedrohlich, nein, nicht oft.
Ich staunte über Mutters leises Lächeln,
denn sie sah einfach alles, durch und durch.
Ich fragte auch, ob Sterne mal verlöschen.
Ich staunte jährlich über neuen Schnee.
Ich hatte Angst und liebte kleine Kerzen,
und meine Tiere waren meine ganze Welt.
In meinen Büchern fand ich meine Märchen
und habe oft gesungen, was der Tag mir gab.
Und lachen liebte ich besonders, immer
und übrigens – ich betete sehr oft und gern.
Mein Kind, bevor der Tag zu Ende geht
und alle seine Kräfte dieser Nacht vertraut,
bevor du schläfst und dich auf morgen freust,
muß ich dir schnell noch sagen, was zu sagen ist.

Denn heute will ich wissen, ob die Welt besteht
und welchen Feuerbällen sie entgehen kann.
Ich will auch heute viel vom Leben wissen.
Vom Tod weiß ich inzwischen reichlich viel.
Ich frage heute, wie die Menschen reden.
Und ob sie wirklich manchmal weinen können?
Ich finde vieles so bedrohlich, ja sehr oft.
Ich staune dann, weil du jetzt leise lächelst.
Vielleicht sehn Kinder alles durch und durch.
Doch frage ich, ob unsre Erde einst verlischt?
Ich habe Angst und liebe stets noch kleine Kerzen.
Nur ein paar Menschen sind noch meine ganze Welt.
In meinen Büchern lese ich jetzt nicht mehr Märchen.
Ich singe selten, was der Tag mir gab.
Ich möchte wieder lachen lernen, immer
und übrigens – das Beten hab ich nicht verlernt.
Mein Kind, bevor der Tag zu Ende geht
und alle seine Kräfte dieser Nacht vertraut ...
was ist? du schläfst ja schon! Auch gut.
Dann will ich wachen über deinen Träumen.

Peter Spangenberg

Aus: Peter Spangenberg, Dem Himmel auf der Spur. Märchen – Fabeln – Einfälle, Friedrich Bahn Verlag, Neukirchen-Vluyn 1991.

(5) Auf den Blick kommt es an

»Sieh mal die Möwen!« schrie das Kind begeistert auf Deck.
»Lästige Fresser!« meinte der Vater.
»Wie schön sie fliegen!« sagte das Kind.
»Die scheißen uns gleich auf den Kopf!« sagte der Vater.
»Sie sind wie Silberflocken, die in der Sonne schwimmen!« meinte das Kind.
»Abschießen sollte man die Biester!« sagte der Vater.

Peter Spangenberg

Rechte beim Autor.

(6) Der kleine Prinz und der Weichensteller

Text abgedruckt in Elsbeth Bihler, Symbole des Lebens – Symbole des Glaubens II: Wasser – Kreuz, S. 212.

(7) Und das nicht nur zur Weihnachtszeit

Wer nach Bethlehem fliegen will
in den Stall – und wer meint
dort ist auf jeden Fall
der Frieden billig zu kriegen
der sollte woanders hinfliegen

Wer nach Bethlehem reisen will
zu dem Sohn – und wer glaubt
dort ist die Endstation
mit Vollpension für die Seelen
der sollte was anderes wählen

Wer nach Bethlehem gehen will
zu dem Kind – und wer weiß
daß dort der Weg beginnt
ein jedes Kind nur zu lieben
der könnte es heute schon üben

Hildegard Wohlgemut

Rechte bei der Autorin.

4. Lieder/Tanz/Musik

(1) Groß oder klein

Ei - ne Er - de oh - ne Kin - der, manch - mal wär' euch das ganz recht!

Nie - mand, der mit Fra - gen nervt, das wär' doch gar nicht schlecht.

Nie - mand, der her - um - hüpft und das So - fa ru - i - niert,

kein Ge - schrei und kei - ner, der den Klei - der - schrank be - schmiert. Doch

oh - ne uns pas - siert's ge - wiß, da gibt es kein Ver - tun, dann

sterbt ihr ir - gend - wann mal aus, dann guckt ihr a - ber dumm. Groß o - der

klein, das weiß doch je - der, der Un - ter -

schied, das sind nur ein paar Zen - ti - me - ter.

Kin - der brau - chen Gro - ße, ist doch klar, doch
um - ge - kehrt ist das ge - nau - so wahr.
Gro - ße brau - chen Kin - der e - ben - falls, denn oh - ne
Kin - der wär' die Er - de wie 'ne Sup - pe oh - ne Salz.

T und M: Georg Feils
Rechte: AKTIVE MUSIK Verlagsgesellschaft mbH, Dortmund.

Tanzbeschreibung:

Die Teilnehmer/innen stehen im Kreis, die Hände durchgefaßt.

Takt 1–4:   Sechzehn Schritte rechts herum im Kreis gehen.
Takt 5–8:   Sechzehn Schritte links herum hüpfen.
Takt 9+10:   Hände loslassen und rechts herum im Kreis um sich
              selbst drehen, dabei die Arme heben.
Takt 11+12:   Links herum im Kreis drehen.
Takt 13–16:   Alle zeigen »groß« und »klein«, indem sie sich recken
              und bücken.
Takt 17–20:   Sechzehn Schritte rechts herum hüpfen.
Takt 21–24:   Sechzehn Schritte links herum hüpfen.

(2) Jesus und die Kinder

1. Als der Herr die Stadt be-sucht, blei-ben vie-le stehn,
drän-gen sich um ihn her-um, wol-len Je-sus sehn.
Leu-te mit und oh-ne Geld hö-ren Je-sus zu,
wol-len im-mer mehr von ihm, ge-ben kei-ne Ruh.

2. Kinder kommen auch herbei,
   Kinder, groß und klein,
   wollen auch gern zu ihm gehn,
   wollen bei ihm sein.
   »Schert euch weg! Ihr seid zu klein!«
   Bös ist manches Wort.
   Und die Großen jagen so
   alle Kinder fort.

3. Aber Jesus ruft sogleich:
   »Kinder, groß und klein,
   kommt, ich warte doch auf euch!
   Ihr sollt bei mir sein!«
   Zu den Großen sagt er dann:
   »Überlegt das nun,
   und nehmt mich so bei euch auf,
   wie's die Kinder tun!«

T: Rolf Krenzer M: Detlev Jöcker
Aus: Heut ist ein Tag an dem ich singen kann
Rechte: Menschenkinder Verlag, Münster.

163

Spielanleitung:

Ein großes Holzkreuz wird in der Mitte als Zeichen für Jesus aufgestellt. In der ersten Strophe machen einige Erwachsene einen Kreis um das Kreuz, andere gehen vorbei und bleiben dann neugierig stehen. In der zweiten Strophe versuchen Kinder, auch zum Kreuz vorzudringen, werden aber von den Erwachsenen pantomimisch abgewiesen. In der dritten Strophe öffnet sich der Kreis der Erwachsenen, und die Kinder bilden einen Kreis um das Kreuz.

(3) Und ist doch nur ein Kind

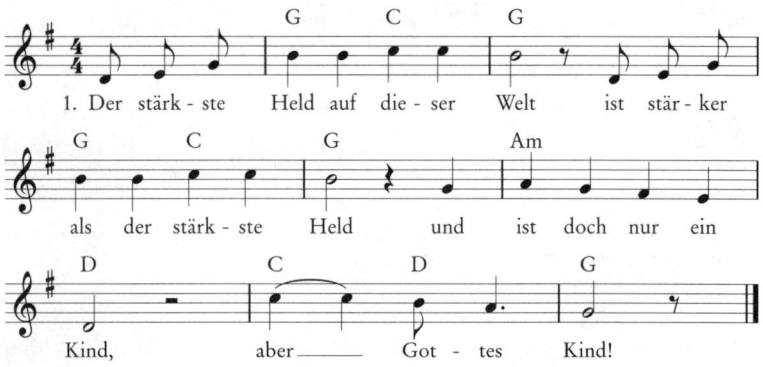

1. Der stärk-ste Held auf die-ser Welt ist stär-ker als der stärk-ste Held und ist doch nur ein Kind, aber Got-tes Kind!

2. Ist dieser Held auch schwach und klein,
   läßt er sich mit den Stärksten ein,
   und glaubt mir, er gewinnt;
   denn er ist Gottes Kind.

3. In einer Krippe liegt das Kind,
   dem Sturm und Meer gehorsam sind,
   das selbst den Tod bezwingt;
   denn es ist Gottes Kind.

4. So ziehn wir zu ihm durch die Nacht,
   weil es dem Krieg ein Ende macht
   und uns den Frieden bringt;
   denn es ist Gottes Kind.

T: Rolf Krenzer M: Martin Göth
Aus: Geht ein Leuchten durch die Zeit (MC/CD und Werkbuch)
Rechte: Lahn-Verlag, Limburg.

Gestaltungsvorschlag:

Dieses und andere Weihnachtskrippenlieder singen und die Textaussagen miteinander vergleichen (z. B. auch die traditionellen wie »Zu Betlehem geboren« oder »Stille Nacht«).

(4) Verklanglichung: Die widerspenstige Auster

Siehe Abschnitt 3 Nr. 2.

Vorstellung:	**Verklanglichung:**
Meer	*Glissandi auf- und abwärts auf den Stabspielen*
Der Vater	*Holzblocktrommel*
Die Auster	*leise Töne mit Fingercymbeln und Becken*
Der Sohn	*Klanghölzer*
Süßwasser	*Mit den Fingerkuppen über das Trommelfell der Handtrommel streichen.*
Hammerschläge	*Mit Filzschlegel auf Handtrommel schlagen.*
Die kleine Tochter	*leise Triangeltöne*
Die Auster öffnet sich.	*sanfter Beckenschlag*

5. Gestalten/Malen/Basteln

(1) Ideenfindung: Kind

In die Mitte wird ein großer Bogen Papier gelegt, darauf steht das Wort »Kind«. Alle Teilnehmer/innen werden dazu aufgefordert, ihre spontanen Einfälle zum Thema »Kind« auf das Papier zu schreiben.

(2) Die Welt mit Kinderaugen betrachtet

Material:
Papier, Zeichenstifte

Methode:
Die Teilnehmer/innen werden dazu aufgefordert, sich selbst als Erwachsene auf eine Seite des Blattes zu zeichnen. Jetzt werden einzelne Dinge des Alltags benannt: Tisch, Stuhl, Schrank, Baum ... Diese Dinge werden neben den Menschen gezeichnet (auch auf mehrere Blätter). Jetzt bekommen die Teilnehmer/innen den Auftrag, sich selbst als Kind von zwei Jahren zu zeichnen. Dann werden die gleichen Gegenstände benannt und in entsprechender Größe neben den Menschen gezeichnet.
Anschließend wird über die Erfahrungen gesprochen.

(3) Bilder malen

Die Teilnehmer/innen versuchen, aus den Weihnachtstexten Jes 7,10–15; 9,1–6; Lk 1,26–38; 2,1–20; Mt 1,18–25 eine zentrale Botschaft herauszufinden und diese im Bild darzustellen.

(4) Collage: Kinder

Siehe Abschnitt 3 Nr. 3.

Material:
Farben, Pinsel, Papier (Einzelblätter und großer Bogen), Klebstoff

Methode:
Miteinander den Text lesen. Die Bilder, die der Text enthält, werden benannt und aufgeschrieben. Miteinander wird der Inhalt des Textes in Beziehung zum Titel gesetzt.
Alle versuchen, mit Farben einzelne Bilder des Textes zu malen. Dann werden die Bilder ausgeschnitten und zu einer Gesamtcollage zusammengesetzt.

(5) Gestaltung mit Tüchern: Auf der Bettkante zu singen

Siehe Abschnitt 3 Nr. 4.

Material:
bunte Tücher

Methode:
Der Text wird gelesen. Allem, was der Erzähler von seiner Kindheit berichtet, wird ein Tuch in einer bestimmten Farbe zugeordnet und dieses in die Mitte gelegt. Im zweiten Teil, aus der Perspektive der Erwachsenen, werden ebenfalls Farben gesucht und über die Farben der Kindheit gelegt.

(6) Plakat zum Lied: Jesus und die Kinder

Siehe Abschnitt 4 Nr. 2.

Material:
großer Bogen Papier, Buntstifte, Fotos von Kindern

Methode:
Auf einem großen Plakat werden mit wenigen Strichen eine große Figur und zwei, drei kleine Figuren gezeichnet und bunt angemalt. Die große Figur, die Jesus darstellt, hält die Hand segnend über die Köpfe der Kinder. Zu diesem Bild werden die Fotos von Kindern aus der Gruppe und der Gemeinde geklebt.

6. Stilleübungen

L = Leiter/in; TN = Teilnehmer/in(nen). Jede freie Zeile im Sprechtext bedeutet eine längere Sprechpause.

(1) Als ich ein Kind war

Die TN sitzen im Kreis. In der Mitte liegen zwei Bilder: eins von einem Kind, eins von einem erwachsenen Menschen.

L spricht:
Im ersten Korintherbrief (1 Kor 13,11) steht geschrieben:
»Als ich ein Kind war,
redete ich wie ein Kind,
dachte wie ein Kind und
urteilte wie ein Kind.

Als ich ein Mann wurde, legte ich ab,
was Kind an mir war.«

Wir wollen einen Moment die Augen schließen und uns erinnern an
die Zeit, als wir noch Kind waren.

Hier wird leise Musik eingespielt, die bei der Erinnerung nicht stört.
Dabei spricht L weiter:
Wir sehen die Wohnung, das Haus unserer Eltern.

Wir sehen die Menschen, die mit uns darin lebten.

Vielleicht gab es eine Lieblingsecke, in die wir uns gerne zurück-
zogen.

Vielleicht gab es Momente unserer Kindheit, die wir als bedrückend
erfahren haben.

Vielleicht erinnern wir uns auch an beglückende Momente.

Können wir uns an die Zeiten erinnern, in denen wir vom Kind
zum Erwachsenen wurden?

Gab es da Schlüsselerlebnisse?

Wer möchte, kann sich seine wichtigsten Gedanken aufschreiben.

(2) Der kleine Prinz und der Weichensteller

Siehe Abschnitt 3 Nr. 6.

Auf einem großen Bogen Papier werden Gleise gezeichnet, die in
unterschiedliche Richtungen führen. Der Text wird gelesen. Alle
denken darüber nach, in welche Richtung sie in ihrem Leben fahren.
Sie schreiben in die Gleise, wohin ihr Weg führt. Wenn sie meinen,
in einer Sackgasse zu sein, zeichnen sie ein Sackgassen-Verkehrs-
schild in die Gleise. Wer möchte, kann sich zum Bild äußern oder
seine Gedanken zum Anstoß nehmen, neu über Richtung und Ziel
seines eigenen Lebens nachzudenken.

7. Spiel und Aktion

(1) Fotowahl Kinder

Alle sitzen im Kreis. In der Mitte liegen die unterschiedlichsten Fotos von Kindern verschiedenen Alters. Bei leiser Musik gehen die Teilnehmer/innen im Raum umher und schauen sich still die Bilder an. Nach einer gewissen Zeit sucht sich jede/r ein Kinderbild aus. Wenn alle ein Bild gefunden haben, wird die Musik abgestellt, die Teilnehmer/innen stellen ihre Bilder gegenseitig vor und sagen, warum sie gerade dieses Bild ausgesucht haben und was für sie vom Kind-Sein darauf zum Ausdruck kommt.

(2) »Törichte Kinder«

Einen Ausflug zu einem Kinderspielplatz machen. Einen Nachmittag lang die Kinder beobachten, die dort miteinander spielen.
Abends die beiden Schriftstellen Jer 4,22 (»Töricht ist mein Volk, sie sind unverständige Kinder«) und Mt 11,16–19 (»Mit wem soll ich diese Generation vergleichen? Sie gleichen Kindern ...«) lesen.
Darüber sprechen, ob und wie sich die Beobachtungen mit den Aussagen der Bibel decken. Darüber nachdenken, ob wir unsere Gesellschaft auch so sehen würden.

(3) Sketch: Auf den Blick kommt es an

Siehe Abschnitt 3 Nr. 5.

An die Wand wird ein Dia von einer Möwe oder mehreren Möwen projiziert. Vor diesem Bild lesen »Vater« und »Sohn« den Text in verteilten Rollen. Anschließend kann eine Besinnung über viele Dinge erfolgen, vielleicht mit anderen Dias von Gegenständen, die unterschiedlich betrachtet werden können.

(4) Pantomime: Die widerspenstige Auster

Siehe Abschnitt 3 Nr. 2.

Die Geschichte läßt sich sehr schön als Pantomime darstellen. Die Bewegungen der handelnden Personen dürfen dabei langsam und übertrieben sein, der Hammer übergroß, und auch die Auster aus Pappe mit der blauen Perle darin sollte gut sichtbar sein. Die einzigen Worte, die laut gesprochen werden, sind die Worte des kleinen Mädchens. Die Kulissen werden mit bunten Tüchern angedeutet.

(5) Anregungen zum Umgang mit den biblischen Weihnachtstexten

- Die einzelnen Textstellen (Jes 7,10–15; 9,1–6; Lk 1,26–38; 2,1–20; Mt 1,18–25) kopieren, nebeneinanderlegen und miteinander vergleichen. Dinge, die gleich sind, in allen Texten mit der gleichen Farbe unterstreichen. Dinge, die nur in einem Text vorkommen, werden mit einer anderen Farbe unterstrichen.
  Jede/r hat eine dieser Weihnachtsgeschichten im Kopf. Miteinander überlegen: Was ist in meiner Erinnerung anders als tatsächlich hier im Text? Was entspricht meiner Vorstellung?

- Bilder ansehen
  Die Weihnachtstexte sind in unzähliger Weise bildlich umgesetzt worden. Miteinander einige unterschiedliche Darstellungen heraussuchen und auf ihre Aussageabsicht hin vergleichen.

Mutter und Vater

1. Einführung

Vater und Mutter – das sind die frühesten Erinnerungen von Kindern, von Menschen überhaupt. Mutter und Vater prägen in entscheidender Weise das Leben eines Menschen – durch die Art, wie sie leben und sich geben, wie sie erziehen oder auch dadurch, ob sie für das Kind da sind oder nicht.

Weil das so ist, spielt die Vater- bzw. Muterrolle in den meisten menschlichen Gemeinschaften eine entscheidende Rolle. In vielen Völkern und Gesellschaften war und ist sie genau festgelegt. Die Rollen sind verteilt. Den Ursprung dafür können wir schon in grauen Vorzeiten erkennen.

Der Mutter, der Frau, oblag die Sorge um den Haushalt, die Kindererziehung, das Bestellen der Felder. So sind dem Mütterlichen Attribute zugeordnet wie Geborgenheit, Sorgen für andere usw. Der indogermanische Wortstamm für Mutter weist auf den biologischen Bereich des Empfangens und Gebärens (lat. »mater« kann sowohl Mutter als auch Wurzelstock, Baumstumpf heißen). So wurde die Muttersymbolik zum Archetypus, zum Zeichen der Fruchtbarkeit: die Höhle des Mutterschoßes, die Geborgenheit gibt, die Brüste, die Nahrung und damit Leben schenken. Mutter werden, das bedeutete neues Leben, Mutter sein war die Quelle, die am Leben hält und Geborgenheit schenkt.

Die Frau, die Mutter, bearbeitete die Erde, die genau wie sie Leben und Nahrung schenkt und neues Leben hervorbringt. Wen wundert es da, daß gerade in frühen Kulturen die Erde als die »große Mutter« verehrt wurde. Die mit der Erde und mit der Frau verbundene Fruchtbarkeit, die als abstrakter Begriff nicht dargestellt werden konnte, wurde im Symbol geschaut und in der Gestalt der Mutter Erde oder – in einem weiten Sinn – der »großen Mutter« verehrt. Zahlreiche Kleinplastiken von Venusfiguren aus dem fünften bis zweiten Jahrtausend vor Christus künden davon. Die lebenspendenden Bereiche des Gebärens und Ernährens sind bei diesen Darstellungen besonders betont. Die »große Mutter« gibt nicht nur Leben, sondern nimmt den Menschen im Tod auch wieder zu sich.

»Die Erde ist unsere Mutter«, singen die Indianer Nordamerikas in ihren alten Liedern. Um die Zeitenwende wurde Isis, die Gemahlin des Totengottes Osiris, im ganzen Mittelmeerraum als »süße, heilende Mutter« verehrt. Im biblisch-christlichen Bereich setzt sich dieser Mutterkult fort in Gestalten wie der »Urmutter« Eva und der »Gottesmutter« Maria, die als Mutter Jesu in der Frömmigkeitspraxis der Christen zur Mutter der ganzen Christenheit wurde.

Dem Mann, dem Vater, kam der aktive Teil des Lebens zu: Jagen und Krieg führen, die Familie ernähren und für deren Sicherheit sorgen. Bei einem Großteil der Völker, Kulturen und Religionen wird das Männliche, Väterliche mit dem Aktiven und Schöpferischen verbunden, mit der rechten Seite und dem aufwärts Strebenden. Der indogermanische Vaterbegriff ist überwiegend rechtlich und sozial gefärbt. Der Vater (lat. »pater«) ist Herr, Herrscher, Oberhaupt; als Erzeuger heißt er »parens« oder »genitor«. Der Mann war Ernährer, Zauberer, Künstler.

Durch sein Vater- oder Mutter-sein wird der Mensch selbst zu einem Symbol Gottes. Ob Gottheiten väterliche oder mütterliche Züge annahmen, hing stark von der patriarchalischen oder matriarchalischen Sozialstruktur der unterschiedlichen Völker ab. Durch Jesus selbst, der Gott »Abba«, seinen lieben Vater nennt, wird für das Christentum das Bild von Gott, dem Vater bestimmend (z. B. im Vaterunser oder im Glaubensbekenntnis). Daß Gott sowohl väterliche als auch mütterliche Züge annimmt, wird erst in neuerer Zeit wieder betont, obwohl schon das Alte Testament Gott väterliche und mütterliche Attribute zuschreibt.

2. Biblische Bezüge

Salomonisches Urteil (1 Kön 3,16–28)
... wie ein kleines Kind bei der Mutter (Psalm 131)
Zion, die Mutter (Jes 66,7–14)
Die ganze Schöpfung liegt in Geburtswehen (Röm 8,18–27)

Seine Mutter aber bewahrte alles in ihrem Herzen (Lk 2,48–51)
Ehre Vater und Mutter (Ex 20,12; Dtn 5,16; Eph 6,2–3)
Der Segen des Vaters (Gen 49,28–33)
Vater unser (Mt 6,5–15; Lk 11,2–4; Mk 11,25ff.)
Der barmherzige Vater (Lk 15,11–32)
Wie ein Vater (Psalm 103,13–18)
Gespräch über den Weg zum Vater (Joh 14,1–14)

3. Geschichten/Texte

(1) Die kürzeste Geschichte der Welt

Einmal dürfen die Jungen Geschichten erzählen. Vater und Mutter hören zu. Dudu liegt im Stubenwagen und schläft. Erst erzählt Peter. Peter weiß immer eine Geschichte vom Osterhasen.
Dann erzählt Michel. Michel erzählt immer die Geschichte vom Sturm auf dem Meer. Als der Herr Jesus im Boot lag und schlief. Michel erzählt die Geschichte falsch. Aber zuletzt hört der Sturm auf, und alle sind wieder gesund. Und das ist doch richtig.
Als Michel fertig ist, sagt der Vater: »Jetzt ist Frieder dran.« Frieder hat noch nie eine Geschichte erzählt. Er kann doch noch gar nicht erzählen, weil er noch nicht richtig sprechen kann. Aber Frieder nickt eifrig mit dem Kopf. Das heißt: »Ja, ich erzähle.«
Dann schweigt er. Michel will Frieder auslachen. Peter denkt, das ist eine stille Geschichte. Aber Frieder läßt sich nicht rausbringen. Vater und Mutter warten.
Da schaut Frieder die Mutter an, und dann erzählt er die kürzeste und die schönste Geschichte, die er erlebt hat. Sie besteht nur aus einem Wort, aber es ist doch eine ganz lange Geschichte. Frieder erzählt: »Mama!«
Da werden alle ganz still. Frieder hat die schönste Geschichte erzählt, die er kennt.

Heinz Vonhoff

(2) Das Gesicht der Mutter vergessen

In der ersten Klasse einer Schwarzwälder Volksschule fing eines Morgens bald nach Unterrichtsbeginn ein kleiner Junge an zu weinen. Die Nachbarin verständigte den eifrig dozierenden Lehrer, und der fragte auch gleich den Kleinen, warum er denn weine. Der wollte zunächst nicht heraus mit der Sprache, rieb sich mit beiden Händchen die Augen und schluchzte nur. Nach einiger Zeit aber, als der Lehrer gütig und geduldig weiter in ihn drang, doch zu sagen, was ihm weh tue, faßte er Mut, sah zu ihm auf und gab die Antwort: »Ich hab' vergessen, wie meine Mutter ausschaut.«
Da lachten die Kinder, die um ihn herumsaßen, alle laut. Der Lehrer aber verstand das Kind sofort und sagte gütig zu ihm: »Ah, das Gesicht deiner Mutter hast du vergessen! Das ist freilich schlimm. Geh nur gleich heim und schau, wie deine Mutter aussieht.« Das Büblein durfte also wieder nach Hause gehen und seine Mutter anschauen. Zufrieden kam es zurück, griff nach seinem Stift und fuhr fort, Buchstaben zu malen.

Eugen Rucker

Rechte beim Autor.

(3) Mutter

Ich bin oft allein zu Hause beim Aufgabenmachen, weil meine Mutter auswärts arbeitet. Dann bin ich einsam und wollte, sie säße bei mir. Ich bin sehr traurig, wenn meine Mutter nicht da ist, und ich vermisse ihre Zärtlichkeit, denn ich sehe sie so selten während des Tages. Wenn sie kocht und im Haus arbeitet, bin ich froh, weil sie in meiner Nähe ist, aber wenn sie wieder weggeht, möchte ich weinen. Der schönste Tag ist der Sonntag, weil meine Eltern da zu Hause sind.
Ich kann den ganzen Tag mit ihnen sein, und die Liebe meiner Mutter macht mich glücklich.

Laura, 8 Jahre, Italien

Aus: Vorlesebuch Religion 3, © Verlag Ernst Kaufmann, Lahr.

(4) Der gerechte Vater

Ein junger Mann war bei einem älteren Freund zu Gast, dessen Gerechtigkeitssinn gerühmt wurde. Er sah, wie der Ältere mit seinen Kindern umging, und er wunderte sich sehr: »Du sagst, daß du jedes deiner Kinder so liebst wie das andere. Nun sehe ich aber, daß du sie unterschiedlich behandelst. Wo bleibt da die Gerechtigkeit?« »Sie besteht darin«, antwortete der Ältere, »daß ich mich bemühe, jedem Kind gerecht das zuzuteilen, was es braucht. Würde ich sie alle gleich behandeln, wäre ich wohl sehr ungerecht.«

Kurt Bucher

Aus: Kurt Bucher, Wegmarken, Rex Verlag, Luzern 1980.

(5) Mut zur Umkehr

Text abgedruckt in Elsbeth Bihler, Kommt und seht. Handreichung 2: Elterngespräche – Spiele – Kopiervorlagen, S. 42.

(6) Vertrauen

Irgendwo in einem Krankenhaus lag ein kleiner Junge, der operiert werden sollte. Der Vater hatte ihn ins Krankenhaus gebracht und suchte nun dem Kleinen Mut zu machen. »Vater«, sagte der Junge, »ich habe gar keine Angst, wenn du bei mir bleibst.« Da sagte der Vater: »Gut, ich bleibe bei dir.« Der Arzt erlaubte es, und so setzte sich der Vater neben sein Kind, das nun auf dem Operationstisch lag. Als der Junge betäubt werden sollte, sah er nochmals den Vater an und sagte: »Vater, bist du da?« Dann begann die Narkose zu wirken.

»Nun können Sie gehen«, meinte der Arzt, als der Kleine eingeschlummert war, und die Operation beginnen sollte. »Nein«, antwortete der Vater, »ich habe meinem Jungen versprochen, bei ihm zu bleiben, und so möchte ich auch bleiben.« »Gut, dann bleiben Sie!« Die Operation gelang. Als der Junge aus der Narkose erwachte, hielt der Vater immer noch seine Hand. Da lächelte der Junge und sagte ganz leise: »Vater, du bist da?« und schlief wieder ein. Er wußte, sein Vater blieb bei ihm.

Aus: Dietmar Rost/Joseph Machalke, Gottesdienste mit Kindern im Kirchenjahr. Lahn-Verlag, Limburg 1977.

(7) Beistand

Bei einem Eingeborenenstamm Südamerikas hatten die Burschen vor dem Eintritt ins Mannesalter eine Mutprobe zu bestehen. Eine ganze Nacht mußte solch ein Junge im Urwald aushalten. Sein Vater führte ihn in der Abenddämmerung durch den Dschungel an einen einsamen Ort, um ihn dann allein zu lassen. Die Nacht schien immer finsterer zu werden. Kein Mondstrahl drang durch den dichten Urwald. Unheimlich war das Schreien der Tiere, gespenstisch das Knacken im Gebüsch, der Flügelschlag von Nachtvögeln. Wollte das denn gar kein Ende nehmen? Die Angst hielt den Jungen wach; und wollte er gerade einmal einschlafen, dann weckte ihn wieder das Aufheulen irgendeiner Bestie. Langsam dämmerte der neue Tag herauf. Er hatte die Mutprobe bestanden! Da sah er seinen Vater ganz nahe an einem Baum stehen. Er hatte die Nacht über bei seinem Sohn gewacht, um ihm in Gefahr beizuspringen.

Herkunft unbekannt

(8) Wenn mein Vater mit mir geht

Wenn mein Vater mit mir geht,
dann hat alles einen Namen,
Vogel, Falter, Baum und Blume.
Wenn mein Vater mit mir geht,
ist die Erde nicht mehr stumm.

Kommt die Nacht und kommt das Dunkel,
zeigt mein Vater mir die Sterne.
Er weiß, wie die Menschen leben,
weiß, was recht und unrecht ist,
sagt mir, wie ich werden soll.

Josef Guggenmos

Aus: Josef Guggenmos, Was denkt die Maus am Donnerstag?, Georg Bitter Verlag, Recklinghausen 10. Auflage 1985.

(9) Abendgebet

Gott, du bist mein Vater,
du bist meine Mutter.

Jetzt werde ich schlafen
unter deinen Füßen, unter deinen Händen,
du Herr der Berge und der Täler,
du Herr der Bäume und aller Schlinggewächse.

Morgen ist wieder der Tag.
Morgen ist wieder das Sonnenlicht.
Ich weiß nicht, was dann sein wird.
Meine Mutter und mein Vater
wissen es auch nicht.

Nur du, Gott, siehst mich.
Du hütest mich auf jedem Weg,
in jeder Dunkelheit, vor jedem Hindernis,
du mein Herr, du Herr der Berge und Täler.

Du weißt, was ich heute gesagt habe,
ob es gut war oder böse,
ob es zu wenig war oder zu viel.
Du aber vergibst mir alle meine Verfehlungen.

Gebet der Sioux-Indianer

4. Lieder/Tanz/Musik

(1) Wenn ich Vater sage

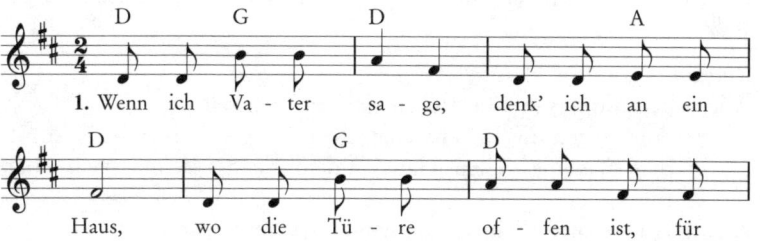

1. Wenn ich Va - ter sa - ge, denk' ich an ein Haus, wo die Tü - re of - fen ist, für

mich tag - ein, tag - aus. *Refrain:* Va - ter

un - ser im Him - mel.

2. Wenn ich Vater sage, denk' ich an ein Licht,
   das mich wärmt, mir leuchtet, daß ich mich nicht fürcht'.

3. Wenn ich Vater sage, denke ich an Brot,
   Brot, das mir gereicht wird, gegen alle Not.

4. Wenn ich Vater sage, denk' ich an die Hand,
   die mich führt und leitet und umschließet ganz.

5. Wenn ich Vater sage, denk' an Liebe ich,
   Liebe, die umarmt und die mich nicht vergißt.

6. Wenn ich Vater sage, denke ich an dich,
   Vater, du im Himmel, ja, dein Kind bin ich.

T: Hanna Neubauer M: Franz Kett
Aus: Religionspädagogische Praxis 3/1982
Rechte: RPA Verlag, Landshut.

Spielanleitung:

Alle stehen im Kreis. Die Strophen werden pantomimisch dargestellt.

Refrain:
Alle heben die Arme und drehen sich um sich selbst.
1. Str.: Alle halten die Handflächen im Kreis gegeneinander und bilden gemeinsam ein Haus, indem sie die Arme nach oben
   führen.
2. Str.: Alle rücken dicht zusammen an das »wärmende Licht«.
3. Str.: Alle drehen sich nach außen und halten die Hände nach
   oben offen (empfangend!) nebeneinander.
4. Str.: Alle fassen sich an der Hand.

5. Str.: Alle legen den Arm um die Schultern des Nachbarn/der Nachbarin.

6. Str.: Die Arme werden nach oben gestreckt und geöffnet.

(2) Dieser Sohn, jener Sohn
Spiellied vom barmherzigen Vater

3. Schick und reich, schick und reich
   zieht er in die Welt.
   Und er kauft sich, was er will,
   denn er hat ja Geld.

4. Und er lädt, und er lädt
   alle Leute ein,
   und es wollen viele gern
   seine Freunde sein.

5. Unterwegs, unterwegs
   gibt er soviel aus.
   Mit den Freunden wohnt er gern
   stets im besten Haus.

6. Ja, so lebt, ja so lebt
   er in Saus und Braus.
   Und mit vollen Händen gibt
   er sein Geld all aus.

7. Ohne Geld, ohne Geld
   steht er da, o Schreck!
   Und die besten Freunde sind
   plötzlich alle weg.

8. Bettelarm, bettelarm
   steht er vor der Tür.
   Wenn es für mich Arbeit gibt,
   bleib' ich gerne hier.

9. Und so kommt, und so kommt
   es zum bittren Schluß,
   daß der arme Mann am End'
   Schweine hüten muß.

10. Endlich kommt er zurück,
    arm, daß Gott erbarm'.
    Da sieht ihn sein Vater und
    nimmt ihn in den Arm.

11. Kommt herbei! Kommt herbei!
    Freut euch! Trinkt und eßt!
    Weil mein Sohn zurückgekehrt,
    feiern wir ein Fest!

12. Soviel Lohn! Soviel Lohn!
    Und er war so schlecht.
    Was ist mit dem andern Sohn?
    Ist das noch gerecht?

13. »Lieber Sohn, lieber Sohn«,
    sagt der Mann voll Not,
    »ach, ich dacht', mein andrer Sohn
    wär' schon lange tot!

14. Weil ich ihn wieder hab',
    komme ich zu dir.
    Ich hab' dich genauso lieb!
    Freu dich doch mit mir!«

15. Kommt zum Fest! Kommt zum Fest!
    Ladet alle ein!
    Wer verzeihn und lieben kann,
    der bleibt nicht allein.

16. Hört's euch an! Seht's euch an,
    daß ihr's immer wißt,
    daß Gott zu uns allen wie
    dieser Vater ist.

T: Rolf Krenzer M: Paul G. Walter
Aus: Jesus lädt die Kinder ein
Rechte: Musikbär Verlag, Schriesheim.

Gestaltungsvorschlag:

Das Lied, das von einer Gruppe gesungen wird, kann in einem szenischen Spiel dargestellt werden.

(3) Gott ist Vater

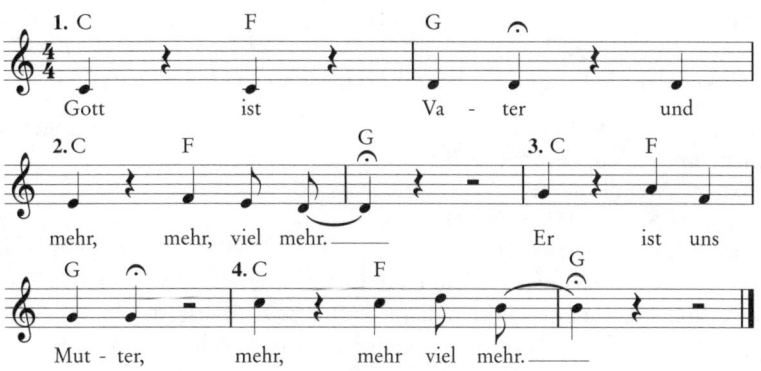

T: nach Johannes Paul I. M: Reinhard Horn
Aus: Kontakte Songbook 2
Rechte: KONTAKTE Musikverlag, Lippstadt.

Tanzanleitung:

Alle stehen im Kreis. Das Lied wird erst gemeinsam gesungen und getanzt, dann in bis zu 4 Gruppen.

Takt 1–2: In vier langsamen Schritten in die Kreismitte gehen.

Takt 3–5: Die Arme nach oben führen.

Takt 5–6: In vier langsamen Schritten wieder nach außen gehen.

Takt 7–8: Die Arme nach oben führen und sich in vier langsamen Schritten um sich selbst drehen.

(4) Verklanglichung der Geschichte: Beistand

Siehe Abschnitt 3 Nr. 7.

Die Geschichte wird vorgelesen. Im Kreis befinden sich verschiedenste Orffinstrumente. Miteinander wird überlegt und ausprobiert, welche Instrumente zu der Stimmung in der Geschichte passen:

Die Nacht und die tiefer werdende Dunkelheit, die Geräusche der Tiere, das Knacken der Zweige und das Flügelschlagen der Nachtvögel.

Das Herzklopfen des Jungen, der Angst hat, die Morgendämmerung.

Der Vater.

Wenn die Instrumente zugeordnet sind, wird die Geschichte noch einmal vorgelesen und dann entsprechend verklanglicht.

(5) Verklanglichung: Der barmherzige Vater (Lk 15,11–32)

Den einzelnen Personen der Geschichte werden verschiedene Stabinstrumente zugeordnet, z.B.:

Vater – Metallophon

jüngerer Sohn – Glockenspiel

älterer Sohn – Xylophon.

Auf jedem Instrument wird eine kleine Melodie erfunden. Bevor man die Geschichte verklanglicht, sollte man überlegen, in welcher Stimmung sich die einzelnen Personen in der jeweiligen Szene befinden. Im Verlauf der Geschichte werden nun die kleinen Melodien auf den entsprechenden Stabspielen einmal froh, einmal traurig und nachdenklich oder auch wütend usw. gespielt.

(6) Vaterunser mit Bewegungen

Alle stehen im Kreis, ohne Handfassung. Zur Einführung der Bewegungen wird jede einzelne Bitte langsam gesprochen und die Bewegung dazu gedeutet, etwa: »Wir beten: Vater unser im Himmel. Wir öffnen die Hände, um zu sagen: Gott, wir machen uns bereit für dich.« Anschließend wird das Vaterunser gemeinsam gebetet oder gesungen und die Bewegungen dazu nachvollzogen.

Text	Bewegung
Vater unser im Himmel,	*Die Hände werden nach oben geöffnet und die Arme seitlich in Orantehaltung gehalten.* (Deutung: Wir öffnen uns für Gott.)
geheiligt werde dein Name,	*Die Arme werden nach oben geführt.* (Deutung: Wir bringen unser Lob zum Ausdruck.)
dein Reich komme,	*Während die Arme über dem Kopf sind, fassen alle einander an den Händen.* (Deutung: Wir bilden mit unseren Händen eine Krone als Zeichen des Königreichs Gottes.)
dein Wille geschehe wie im Himmel so auf Erden.	*Bei »Himmel« zeigt die rechte Hand nach oben und bei »Erde« weist der linke Arm nach unten.* (Deutung: Wir zeigen Himmel und Erde an.)
Unser tägliches Brot gib uns heute,	*Die Hände werden wie eine Schale vor den Körper gehalten.* (Deutung: Wir sind Gefäße, in die etwas hineingelegt werden kann.)

und vergib uns unsere Schuld,	*Wir formen mit unseren einzelnen Händen zwei Schalen und decken die linke Schale mit der rechten zu.* (Deutung: Schuld ist etwas, das wir gerne verbergen möchten oder ungeschehen machen möchten. Deshalb decken wir unsere linke Hand mit der rechten zu.)
wie auch wir vergeben unseren Schuldigern,	*Wir reichen einander die Hände und fassen so zum Kreis durch.* (Deutung: Wir verzeihen einander.)
und führe uns nicht in Versuchung,	*Wir kreuzen unsere Arme an den Handgelenken vor unserem Körper, so, als wären wir gefesselt.* (Deutung: Es gibt viele Versuchungen in unserem Leben, die uns vom Wesentlichen des Lebens abbringen. Versuchungen sind dann wie Fesseln, die uns binden.)
sondern erlöse uns von dem Bösen.	*Wir lösen unsere Fesseln und führen unsere Arme weit nach oben.* (Deutung: Gott befreit uns von unseren Versuchungen. Er möchte, daß wir als freie Menschen leben.)

5. Bilder

- Sr. Ch. Bretz: Vaterunser
  RPA-Verlag, Landshut 1984.

- Dodo Borchardt-Sattler: Vaterunser (Bildreihe)
  Edition Rose Verlag, München 1975.

- Die Geschichte vom barmherzigen Vater bzw. vom verlorenen
  Sohn ist in vielfältiger Weise bildlich dargestellt worden. In vielen
  Unterrichtswerken und Bildwerken zur Bibel sind die Dias oder
  Poster dazu zu finden. Hier nur eine kleine Auswahl:
  - Rembrandt von Rijn: Die Heimkehr des verlorenen Sohnes
  - Ernst Alt: Der wiedergefundene Vater
  - Walter Habdank: Der verlorene Sohn
  - Ernst Barlach: Die Begegnung
  - Sr. Sigmunda May: Der verlorene Sohn
  - Hieronymus Bosch: Der verlorene Sohn
  - Sieger Köder: Dein Bruder war tot und lebt wieder
  - Kees de Kort: Der verlorene Sohn bei den Schweinen
  - Kees de Kort: Heimkehr des verlorenen Sohnes

6. Gestalten/Malen/Basteln

(1) Ideenfindung: Mutter

Nachdem der Text »Mutter« (siehe Abschnitt 3 Nr. 3) verlesen wur-
de, schreiben alle Teilnehmer/innen auf einen Zettel, was ihnen zum
Wort »Mutter« einfällt. Anschließend tauschen sie sich darüber aus.

(2) Bilder malen: Geborgenheit

Material:
Zeichenblocks, Malkreide oder Wasserfarben

Methode:
Alle sitzen im Kreis und haben Material zum Malen vor sich liegen.

185

Nun wird eine ruhige Musik gespielt. Die Teilnehmer/innen werden aufgefordert, die Augen zu schließen und ganz ruhig zu werden. Während der Musik lassen sie ein Bild der Geborgenheit aufsteigen. Wenn die Musik vorbei ist, malt jede/r sein/ihr Bild der Geborgenheit.

(3) Wortcollage: Die kürzeste Geschichte der Welt

Siehe Abschnitt 3 Nr. 1.

Material:
Stifte, großer Bogen Papier, Farbkreiden

Methode:
Gemeinsam wird überlegt, in wie vielen Variationen Menschen das Wort »Mutter« aussprechen, ob Mama, Mutti oder auch Bezeichnungen in anderen Sprachen. Die verschiedenen Versionen werden aufgeschrieben und dann auf einem großen Bogen Papier mit unterschiedlichen Schriften und Farben als Wortcollage gestaltet.

(4) Reißbild zum Lied: Wenn ich Vater sage

Siehe Abschnitt 4 Nr. 1.

Material:
buntes Papier, große Papierbogen, Stifte, Klebstoff

Methode:
Zu jeder Strophe wird auf einem Papierbogen ein Motiv entworfen. Das Buntpapier wird in kleine Schnipsel gerissen und nach den Farben sortiert, die für die einzelnen Motive benötigt werden. Dann werden die Farben entsprechend den Entwürfen aufgeklebt.

(5) Meditationsbild (Hungertuch) gestalten: Vaterunser

Material:
weißes Leinentuch, Abtönfarben oder Stoffmalfarben, Papier, Stifte, Unterlage

Methode:
Alle sitzen im Kreis; jede/r hat einen Skizzenblock und Stifte vor sich. Zunächst wird gemeinsam das Vaterunser gesungen oder gesprochen. Dann wird jede einzelne Vaterunser-Bitte auf einem

Textstreifen in die Mitte gelegt. Während einer Stillezeit denkt jede/r über diese eine Bitte nach und versucht, ein Bild in sich aufkommen zu lassen, das dieser Vaterunser-Bitte Gestalt gibt. Dieses Bild zeichnet jede/r als Skizze. Dann werden alle Skizzen in die Mitte gelegt. In Ruhe stehen alle auf und schauen sich die unterschiedlichen Skizzen genau an. Um zu einer Entscheidung zu kommen, hat jede/r bunte Punkte. Jede/r klebt einen Punkt auf die Skizze, die ihm/ihr am meisten der Bitte des Vaterunsers nahekommt. Die Skizze mit den meisten Punkten wird dann ausgewählt.

Genau so wird mit der zweiten Bitte verfahren usw.

Es empfiehlt sich, die Gestaltung des Meditationsbilds zum Vaterunser als Projekt über mehrere Sitzungen zu verteilen. Wenn zu jeder Vaterunser-Bitte eine Skizze ausgewählt wurde, entscheidet man sich im Gespräch für die Gesamtgestaltung des Bilds. Dann werden die kleinen Skizzen in Originalgröße auf das Bild übertragen und gemeinsam buntgemalt.

(6) Leporello malen: Der barmherzige Vater (Lk 15,11–32)

Material:
Wasserfarben, Tapeten- oder Papierrollen, Pinsel

Methode:
Die einzelnen Szenen der Geschichte werden benannt und aufgeschrieben. Dann wird zu jeder Szene eine Skizze angefertigt und auf die Papierrolle übertragen. Jetzt werden die einzelnen Szenen bunt gemalt.

Die Geschichte wird vorgelesen, und zur entsprechenden Stelle werden die einzelnen Bilder entrollt. Dabei können die einzelnen Szenen auch verklanglicht werden *(siehe Abschnitt 4 Nr. 5)*.

(7) Gestaltung zum Lied: Gott ist Vater

Siehe Abschnitt 4 Nr. 3.

In einer Fotowahl sucht sich jede/r Teilnehmer/in sein/ihr »Bild von Gott« aus. In die Mitte wird je ein Bild von einer Mutter mit Kind und von einem Vater mit Kind gelegt. Ebenfalls stehen viele bunte Tücher zur Gestaltung zur Verfügung.

Das Lied wird miteinander immer wieder gesungen, und dabei schauen alle Teilnehmer/innen in die Mitte. Das Lied wird weiter gesungen, einstimmig und als Kanon, möglichst leise. Die Teilnehmer/innen beginnen, die Mitte mit ihren Bildern und den bunten Tüchern immer weiter auszugestalten. Wenn das Bild fertig gelegt ist, singen alle den Kanon noch einmal gemeinsam.

Zum Abschluß kann dann das »Abendgebet« *(siehe Abschnitt 3 Nr. 9)* gesprochen werden.

7. Stilleübungen

L = Leiter/in; TN = Teilnehmer/in(nen). Jede freie Zeile im Sprechtext bedeutet eine längere Sprechpause.

(1) Das Gesicht der Mutter

Die TN sitzen im Kreis, in der Mitte ein Strauß Blumen. L liest die Geschichte »Das Gesicht der Mutter vergessen« (siehe Abschnitt 3 Nr. 2) vor und spricht dann:

Wir schließen die Augen und werden ganz still.

Wir versuchen, alles hinter uns zu lassen, was uns stört.
Wir machen uns ganz leer.

Nun versuchen wir, uns das Gesicht unserer Mutter vorzustellen.

Wie sehen wir sie?

Jung und schön?
Liebevoll?
Streng?
Gütig?

Vielleicht alt und verbraucht, leidend?

Jeder sieht sein eigenes Bild.

Bei diesem Bild wollen wir eine Zeit verweilen.

Es folgt eine längere Stille, evtl. mit leiser Musik.

(2) ... wie ein kleines Kind bei der Mutter (Ps 131)

Den Psalm bei ruhiger Musik mehrere Male laut und langsam vorlesen und dann versuchen, so still zu werden wie »ein kleines Kind bei der Mutter«.

(3) Vertrauensreise

Alle TN sitzen im Kreis. Die Geschichte »Vertrauen« (siehe Abschnitt 3 Nr. 6) wird vorgelesen.

L spricht:
Vertrauen, Urvertrauen ist wichtig, damit menschliches Leben gelingen kann.
Wir wollen miteinander eine Traumreise machen.
Wir schließen die Augen.

Wir befinden uns auf einem gewundenen Weg durch gebirgiges Gelände.
Wir schreiten den Weg mutig voran.
Auf einmal wird es um uns herum dunkel und unheimlich.
Die Felsen rücken zusammen, es wird Nacht.
Wir befinden uns in einer finsteren Schlucht.
Wir bekommen Angst.

Da spüren wir einen Arm, der sich liebevoll um uns legt.
Er führt uns weiter, durch die dunkle Schlucht hindurch.
Wir schauen lange in das Gesicht der Person, die uns beisteht.

Wieder sind wir auf dem Weg.
Wir sind wieder allein.
Eine tiefe Schlucht versperrt uns den Weg.
Ein Baumstamm ist darüber gelegt.
Wir schauen in die Schlucht, und uns wird schwindelig.
Wir trauen uns nicht hinüber.
Da spüren wir eine Hand, die unsere Hand ergreift.
Wir werden hinübergeführt.
Drüben angekommen, schauen wir lange in das Gesicht der Person, die uns geführt hat.

Wieder machen wir uns auf den Weg.

Er führt uns hierher, in unseren Raum.
Wer angekommen ist, kann die Augen wieder öffnen.

Wir schreiben den Namen der Person, die wir in der Traumreise gesehen haben, die uns geführt hat, der wir Vertrauen entgegengebracht haben, auf ein Blatt Papier.

8. Spiel und Aktion

(1) Sketch: Salomonisches Urteil (1 Kön 3,16–28)

Die Geschichte vom salomonischen Urteil kann als Sketch gespielt werden. Der Palast und die Kleidung können mit bunten Tüchern gestaltet werden.

(2) Wie ist ein Vater?

Zwei Bögen Papier liegen in der Mitte. Darauf steht in großen Buchstaben «Vater», einmal in roter Farbe, auf dem anderen Papierbogen in schwarzer Farbe. Die Teilnehmer/innen werden nun aufgefordert, positive Eigenschaften, die von einem guten Vater erwartet werden, auf das Papier mit dem roten Wort zu schreiben. Auf das Papier mit dem schwarzen Wort schreiben alle auf, wie Väter oft sind, aber nicht sein sollten.
Wenn man diese Aktion mit Familien durchführt, sollten Eltern und Kinder getrennt jeweils 2 Bögen bearbeiten. Anschließend kann man die Blätter der Gruppen zusammenführen und darüber diskutieren.

(3) Mit dem Vaterunser durch die Woche

In Elsbeth Bihler, Kommt und seht. Werkbuch zur Erstkommunion und Beichtvorbereitung für Eltern und Kinder, ist auf S. 55 ein Vorschlag abgedruckt, wie man mit den einzelnen Vaterunser-Bitten eine Woche gestalten kann.

(4) Rollenspiel: Der barmherzige Vater (Lk 15,11–32)

Die Geschichte wird aus der Bibel vorgelesen, bis zu der Stelle, wo sich der jüngere Sohn wieder auf den Weg macht, um zu seinem Vater zurückzukehren. Dann überlegt die Gruppe unterschiedliche Möglichkeiten, wie der Vater wohl reagieren wird, wenn der Sohn zurückkehrt. Diese verschiedenen Versionen werden dann vorgespielt. Anschließend wird das richtige Ende der Geschichte vorgelesen und auch nachgespielt.

(5) Gedankenspiele zu Lk 15,11–32

Die drei Hauptpersonen, der Vater und die beiden Söhne, werden auf Karten mit einem Arbeitsauftrag folgendermaßen beschrieben:

1. Stellen Sie sich vor, Sie sind der Vater in der Geschichte. Sie haben einen gutgehenden Gutshof und zwei vielversprechende Söhne, denen Sie einst Ihren Hof vererben werden. Zugegeben, der jüngere ist nicht ganz so interessiert an der Arbeit auf dem Hof, aber das kann ja noch kommen.
Da kommt eines Tages gerade dieser Jüngere zu Ihnen und will weg von zu Hause.
Schreiben Sie die Gedanken des Vaters auf,
a) als der jüngere Sohn verlangt, gehen zu dürfen,
b) als er weg ist von zu Hause,
c) als er wiederkommt.

2. Stellen Sie sich vor, Sie sind der jüngere Sohn in der Geschichte. Sie möchten endlich mal von zu Hause weg. Schreiben Sie die Gedanken des jüngeren Sohnes auf,
a) bevor er sich entschließt zu gehen,
b) beim Weggehen,
c) in der Fremde,
d) beim Schweinehüten.

3. Stellen Sie sich vor, Sie sind der ältere der beiden Brüder in der Geschichte. Schreiben Sie Ihre Gedanken auf,
a) als sie davon erfahren, daß Ihr jüngerer Bruder den Hof verlassen will,
b) als der jüngere Bruder weg ist,
c) als der jüngere Bruder zurückkehrt.

Die Karten werden entsprechend der Teilnehmer(innen)zahl kopiert und an die Teilnehmer/innen verteilt. Zunächst schreibt jede/r für sich seine Gedanken auf.

Dann kann evtl. in mehreren Rollenspielen die Geschichte nachgespielt werden, wobei die einzelnen Personen ihre Gedanken laut aussprechen.

Es können auch nur drei Personen pantomimisch spielen, während alle, die zu dieser Person Gedanken aufgeschrieben haben, aus dem Kreis heraus ihre Gedanken laut vorlesen.

Danach kann es angebracht sein, ähnliche Familiensituationen, wie sie den Teilnehmer/innen heute begegnen, zu beschreiben bzw. als Rollenspiel darzustellen.

(6) Gespräche

● Der gerechte Vater *(siehe Abschnitt 3 Nr. 4)*
Bei einem Treffen mit Eltern kann diese Geschichte anregen, darüber nachzudenken, wie Eltern mit ihren unterschiedlichen Kindern umgehen. Dazu schreiben die Eltern die Namen ihrer Kinder auf ein Blatt Papier (wenn möglich, jeder Elternteil für sich). Manche Eltern haben auch Fotos ihrer Kinder im Portemonnaie. Diese können auch auf das entsprechende Blatt gelegt werden.
Jeder Elternteil versucht nun, jedes Kind einzeln zu charakterisieren. Ebenso wird überlegt, wie mit dem einzelnen Kind umgegangen wird. Es kann auch sein, daß man sich zu dem einen oder anderen Kind mehr hingezogen fühlt als zu den anderen. Man sollte überlegen, warum das so ist!
Anschließend vergleichen die Eltern ihre Aussagen und Empfindungen den einzelnen Kindern gegenüber.

● Mut zur Umkehr *(siehe Abschnitt 3 Nr. 5)*
Eltern könnten sich fragen:
Wie gehe ich damit um, wenn meine Kinder etwas Unrechtes getan haben?
Wie reagiere ich, was fühle ich?

Kinder könnten sich fragen:
Wie reagieren meine Eltern, wenn ich etwas angestellt habe?
Wünsche ich mir andere Reaktionen?

Jede/r kann sich dazu auch Gedanken aufschreiben. Anschließend sollte man sich über die Antworten austauschen.

- Der Segen des Vaters (Gen 49,28–33)
  Den Bibeltext lesen. Miteinander darüber sprechen, welche Bedeutung es hat, wenn Eltern ihre Kinder segnen.

- Zion, die Mutter (Jes 66,7–14); Die ganze Schöpfung liegt in Geburtswehen (Röm 8,18–27)
  Die Texte miteinander lesen und folgende Fragen besprechen:
  Inwieweit und wofür finden hier mütterliche Attribute Verwendung?
  Welche Stimmungen bringen sie zum Ausdruck?
  Gibt es in unserer Gesellschaft, in unserem Leben vielleicht Situationen, die sich ähnlich beschreiben lassen?

Bauer

1. Einführung

In unserer Gesellschaft bekommen viele Menschen die Arbeit des Bauern nicht mehr mit. Eingekauft wird im Supermarkt; der direkte Bezug zum Ertrag der Erde und der menschlichen Arbeit ist verlorengegangen. Der Beruf des Bauern hat an Ansehen eingebüßt. Es ist ein Erwerbszweig unter vielen, subventioniert und eingeschränkt. Und doch ist es einer der Berufe, ohne den wir Menschen nicht existieren könnten. Es ist einer der ältesten Berufe überhaupt.

In der Zeit, als aus den Jägern und Sammlern Hirten und Bauern wurden, war die Bearbeitung des Bodens und das Bestellen mit Pflanzen, die den Menschen zur Nahrung dienten, die Lebensgrundlage menschlicher Existenz. Die Menschen wurden seßhaft, und damit veränderte sich ihre Lebensweise, ihre Wert- und Weltvorstellungen. Das soziale Gefälle zwischen Mann und Frau wurde geringer. Viele Bauernkulturen hatten ein matriarchalisches Gottesbild, das von der »Urmutter Erde« sprach und in dem die Erde als Spenderin der Fruchtbarkeit und des Lebens mit der Frau, die das Leben gebiert, gleichgesetzt wurde. Deshalb war die Arbeit auf dem Feld auch lange Zeit den Frauen vorbehalten.

Im Alten und Neuen Testament begegnen wir immer wieder dem Menschen, der den Boden bearbeitet. Schon bei Kain und Abel wird der Aufgabenbereich des Menschen schlechthin in den des Ackerbauern und den des Hirten geschieden. Propheten und Könige werden von ihrer Arbeit auf dem Feld weggerufen. Das Bearbeiten des Bodens, das Säen und Wachsen der Saat diente Jesus häufig für seine Gleichnisse. Nach christlicher Tradition bearbeitet der Bauer die Erde, die Gott uns anvertraut hat. In der Eucharistiefeier danken wir Gott für Brot und Wein, die Frucht der Erde und der menschlichen Arbeit. Das Werden und Wachsen des Brotes spielt eine entscheidende Rolle.

Der Bauer ist der, der mit der Erde, dem Leben verbunden ist. Er kennt sich aus mit dem Wetter, mit dem Boden, den er bearbeitet, mit den Maschinen und Tieren. Er kennt sich aus mit den Menschen, denen er seinen Ertrag verkauft. Deshalb wird ihm auch die sprichwörtliche »Bauernschläue« nachgesagt. »Bauernregeln« spielten früher eine große Rolle bei der Wettervorhersage.

(Vgl. zu diesem Abschnitt und zu den folgenden die Ausführungen zum Symbol »Erde«, in: Elsbeth Bihler, Symbole des Lebens – Symbole des Glaubens II. Wasser – Kreuz, S. 109-144.)

2. Biblische Bezüge

Mahnung zur Geduld (Jak 5,7–11)
Gleichnis vom Wachsen der Saat (Mk 4,26–29)
Das Gleichnis vom Bauern (Jes 28,23–29)
Dann spendete er Regen für die Saat (Jes 30,23–24)
Das Gleichnis vom Sämann (Mt 13,1–9; Mk 4,1–9; Lk 8,4–8)
Der Samen und das Wort (Jes 55,10–11)
Tränen und Jubel (Psalm 126)
Das Gleichnis vom Unkraut unter dem Weizen (Mt 13,24–30)
Wer kärglich sät, wird auch kärglich ernten (2 Kor 9,6–11)

3. Geschichten/Texte

(1) Warten können

Ein Mann hatte seinen kleinen Acker gut vorbereitet, gepflügt und gesät. Er wunderte sich nur nach ein paar Wochen, daß die Saat so langsam aufging. Bei seinem Nachbarn sah er schon kräftigen grünen Wuchs! Von Tag zu Tag wurde seine Geduld geringer. Er konnte vor Sorge nicht mehr schlafen. Schließlich hatte er eine wahnwitzige Idee. Er lief zu seinem Feld und begann, die kleinen zarten Halme etwas in die Höhe zu ziehen. Das war natürlich eine mühsame Arbeit; aber schließlich war er fertig. Er traf unterwegs seine Nachbarn und erzählte ihnen, daß er seinem Korn beim Wachsen geholfen habe. Neugierig geworden, liefen sie zu seinem Feld und sahen alles zerstört und verwelkt. – Und noch lange lachte man im Dorf über den Mann, der nicht warten konnte.

Geschichte aus China

(2) Bei den Ähren wie bei den Menschen

Zwei muntere Knaben, die Söhne eines Landmannes, gingen an einem Kornfelde ihres Vaters auf und ab. »Ei, sieh doch«, rief der eine, »welcher Unterschied bei diesen Halmen hier sich zeigt! Sieh nur, wie häßlich diese sich neigen und wie schön und gerade dagegen jene stehen!« »Allerdings!« erwiderte altklug der andere. »Wenn ich wie unser Vater wäre, alle diese hier, die sich so beugen, risse ich aus und würfe sie weg.«

»Eine herrliche Wirtschaft, wenn ich dies täte«, belehrte sie der Vater, der unbemerkt ihnen zugehört hatte. »Wißt, junge Toren, eben die Ähren, die euch so mißfallen, sind die besten. Sie neigen sich, weil sie schwer an Körnern sind. Jene geraden hingegen sind – leeres Stroh. Überhaupt merkt euch das: Auch unter den Menschen geht es oft zu wie auf einem Kornfelde. Der leere Kopf trägt sich immer höher als die übrigen.«

An der Seite seines Vaters erschien der junge Edmund in einer großen Gesellschaft. »Lieber Vater«, fragte er beim Heimgehen, »der Mann zu eurer rechten Hand, der so laut und viel sprach, der alle belehrte, alle übersah – Vater, wer war denn dieser große Mann?«

»Ein eitler leerer Schwätzer und nichts mehr!«

»O weh, was soll ich dann erst von demjenigen denken, der zu meiner Linken saß? Der den Kopf so senkte, nur so wenig sprach und selbst demjenigen, den ihr einen Schwätzer scheltet, einigemal seine Unwissenheit zugestand?«

»Der Himmel, mein Sohn, gebe dir einst die Wissenschaft dieses Mannes, nebst seiner – Bescheidenheit!«

August Gottlieb Meißner (1753–1807)

(3) Glück oder Unglück?

Ein Bauer hatte sehr mageres Land zu beackern, nur einen Sohn, der ihm half, und nur ein Pferd zum Pflügen. Eines Tages lief ihm das Pferd davon. Alle Nachbarn kamen und bedauerten den Bauern ob seines Unglücks. Der Bauer blieb ruhig und sagte: »Woher wißt ihr, daß es Unglück ist?«

In der nächsten Woche kam das Pferd zurück und brachte zehn Wildpferde mit. Die Nachbarn kamen wieder und gratulierten ihm zu seinem Glück. Wieder blieb der Bauer ruhig und sagte: »Woher wißt ihr, daß es Glück ist?«

Eine Woche später ritt sein Sohn auf einem der wilden Pferde und brach sich ein Bein. Nun hatte der Bauer keinen Sohn mehr, der ihm helfen konnte. Die Nachbarn kamen und bedauerten sein Unglück. Wieder blieb er ruhig und sagte: »Woher wißt ihr, daß es Unglück ist?«

In der folgenden Woche brach ein Krieg aus, und Soldaten kamen ins Tal, um junge Männer mitzunehmen, mit Ausnahme des Bauernsohns, der nicht mit mußte, weil er sich ein Bein gebrochen hatte.

Parabel aus China

(4) Sämann

Der Sämann	in lieblosen Händen,
könnte	wie ihn Lästerzungen
mein Freund	verschlingen,
sein.	wie ihn Haß
Wie ich	und Neid
sät er aus,	zertreten.
wirft sein Korn	Mit dem Sämann
in die Welt.	habe ich
Und ich spüre	dennoch
und sehe,	Hoffnung,
wie der	daß etwas
werdende Keim	aufgeht
erstickt	und vielfach
in der Alltagshast,	gedeiht.
wie er ausdorrt	

Paul Reding

Aus: Paul Reding, Nebenan ist Jericho, Verlag Butzon & Bercker, Kevelaer 1976.

4. Lieder/Tanz/Musik

(1) Im Märzen der Bauer

Lied abgedruckt in Elsbeth Bihler, Symbole des Lebens – Symbole des Glaubens II: Wasser – Kreuz, S. 122.

(2) Warum ist der Bauer sauer?

1. Im Märzen der Bauer den Traktor abschmiert.
   Der Bauer ist sauer, wenn er ausgenutzt wird.
   Der Traktor, der ist nützlich,
   und der Traktor, der ist stark,
   doch kostet das Stahlvieh
   fast achtzehntausend Mark.

2. Im Juli ist's heiß, und der Bauer hat Sorgen.
   Er muß sich vom Nachbarn den Mähdrescher borgen.
   Der kostet viel Geld,
   doch der schafft auch was weg.
   Die Säcke mit Weizen
   sind prall Stück für Stück.

3. Im August, da ist Kirmes, und der Bauer ist froh,
   und er ruft beim achten Bier aus vollem Hals: Holldrio!
   Und er schunkelt, knackt 'ne Bratwurst,
   und wie ist das Leben schön.
   So ein Tag, so schön wie heute,
   dürfte nie vorübergehn.

4. Im September will der Bauer sein Korn gut verkaufen.
   Doch er kriegt dafür wenig, und er fängt an zu schnaufen:
   Da schafft man und macht man,
   am End steht man da,
   hat kein Geld für die Maschinen,
   das quält einen fürwahr.

5. Im November guckt der Bauer in den Nebel und ist bang.
Geht jetzt auch in die Fabrik, damit er mithalten kann.
Und er rackert tags am Fließband,
abends fährt er Mist und Schutt.
Und er ist nach soviel Arbeit
nichts als müde und kaputt.

6. Im Dezember, wenn's schneit, hat der Bauer mal Ruh,
dann schaut er seinen Kindern beim Lesenlernen zu.
Doch was sieht er da im Lesebuch?
Das ist doch allerhand!
Sieht, wie bunt, gesund und angenehm
die Landwirtschaft sein kann.

T: Frederick Vahle
Rechte: AKTIVE MUSIK Verlagsgesellschaft mbH, Dortmund.

Dieses Lied kann man zu der gleichen Melodie wie »Im Märzen der Bauer« singen!

(3) Verklanglichung: Warten können

Siehe Abschnitt 3 Nr. 1.

Vorstellung:	**Verklanglichung:**
Der Bauer	*Melodie auf dem Xylophon*
Er bearbeitet seinen Acker mit Ochsen.	*Handtrommelschläge im gleichmäßigen Rhythmus, wie das Stampfen der Ochsen, die den Pflug ziehen.*
Pflug	*Rasseln langsam bewegen für das Schleifen des Pflugs in der Erde.*
Säen	*leise Töne auf dem Glockenspiel*
Der Bauer wird ungeduldig.	*Die Bauernmelodie wird heftiger.*
Er zieht an den Halmen.	*Glissando aufwärts auf dem Glockenspiel*
Die verwelkte Saat	*langsame Töne abwärts auf dem Glockenspiel, zum Schluß ein lauter Schlag auf der Handtrommel*

5. Bilder

Siehe Symbol »Erde« in: Elsbeth Bihler, Symbole des Lebens – Symbole des Glaubens II: Wasser – Kreuz, S. 130.

6. Gestalten/Malen/Basteln

(1) Bauern-Bild

Material:
Papier, Farben, Musik, evtl. Pinsel und Wasser

Methode:
Bei ruhiger Musik träumen alle von einem Leben auf dem Lande:
»Wir stellen uns einen Bauern bei seiner Arbeit vor. Er bewegt sich auf seinem Acker. Das Bild, das wir sehen, malen wir mit bunten Farben.«
Wenn alle Bilder fertig sind, werden sie miteinander verglichen und besprochen. Dabei wird nicht auf die künstlerische Qualität geachtet, sondern darauf, wie der Bauer sich auf dem Feld bewegt: zu Fuß, mit Traktor oder Maschine oder mit Pferd. Vielleicht kann der eine oder die andere begründen, warum er/sie sein/ihr Bild so und nicht anders gemalt hat.

(2) Collage: Landwirtschaft heute

Material:
große Fotokartons, Illustrierte, Scheren, Klebstoff

Methode:
Aus Zeitungen und Illustrierten werden Artikelüberschriften und Bilder von der Landwirtschaft gesammelt und sortiert. Je nach Themen und Ländern werden sie auf den großen Papierbögen angeordnet und geklebt.

(3) Scherenschnitt

Material:
schwarzes Tonpapier, weißes Papier, Scheren, Klebstoff, Stifte

Methode:
Es werden auf Papier zwei Zeichnungen entworfen:
- Die gut wachsende Saat, die dazu Sonne und Regen braucht und aufgeht, wie es im Gleichnis vom Wachsen der Saat (Mk 4,26–29) beschrieben ist.
- Die verwelkten Pflanzen auf dem Feld des Bauern aus der Geschichte »Warten können« *(siehe Abschnitt 3 Nr. 1).* Vielleicht auch den Bauern, der an den Pflanzen zieht.

Die erste Zeichnung wird auf das schwarze Papier übertragen, und mit einer feinen Schere werden die Halme, Sonne und Regen aus dem Papier ausgeschnitten und auf den weißen Bogen geklebt.

Die zweite Zeichnung wird auf weißes Papier übertragen, ausgeschnitten und auf schwarzes Papier geklebt, so daß ein Positiv- und ein Negativ-Bild entsteht. Beide Bilder werden nebeneinandergeklebt.

(4) Karikatur: Glück oder Unglück?

Siehe Abschnitt 3 Nr. 3.

Material:
Papier, Bleistifte

Methode:
Die einzelnen Mißgeschicke des Bauern werden als Karikaturen in verschiedenen Szenen nebeneinander gezeichnet.

7. Stilleübungen

L = Leiter/in; TN = Teilnehmer/in(nen). Jede freie Zeile im Sprechtext bedeutet eine längere Sprechpause.

(1) Wir bearbeiten den Acker unseres Lebens

Alle TN sitzen im Kreis. Die Mitte ist mit braunen Tüchern als Acker gestaltet bzw. ein großes Bild von einem gepflügten Acker und/oder einem Acker, der gerade bearbeitet wird, liegt darin.

L spricht:
Wir schauen in die Mitte.
Wir sehen einen Acker, guten Boden, der bearbeitet ist, damit etwas in ihm wachsen kann.
Menschen bearbeiten diesen Boden.
Er ist uns anvertraut.
Er ist Gottes Geschenk an uns.
Wie dieser Boden sind auch unser Leben,
unser Körper und unser Geist,
unsere Gefühlswelt und unsere Gedanken
ein Geschenk Gottes an uns.

Wir sind dazu berufen, unseren eigenen Acker zu bestellen.
Wir können diesen Boden nicht viel verändern.
Wir müssen ihn so nehmen, wie er ist.
Wie nehmen wir uns wahr?

Wir können den Boden unseres Lebens bearbeiten.
Wir haben gepflügt und gesät.
Wir haben gedüngt und auch geerntet.
Welche Früchte bringt unser Leben?
Welche Frucht hat es bisher gebracht?

Wer hat uns beigestanden bei unserer Arbeit?
Alleine waren wir überfordert.
Wer war uns Sonne, Wind und Regen?

Ruhige Musik einspielen zur Meditation und zum Nachdenken.

(2) Acker und Samen

Alle sitzen im Kreis. Im Kreis verteilt liegen braune, blaue, weiße, graue und gelbe Tücher in mehreren Schattierungen, Erde, Getreidekörner, Ähren, Steine.

L spricht:

In der Mitte sehen wir Elemente, die notwendig sind,
damit der Bauer Frucht aus der Erde ziehen kann.

Wir wollen miteinander nachvollziehen, wie die Erde Frucht bringt.
Wir wollen es sehen als ein Gleichnis für unser Leben.

Gestalten wir zunächst aus den braunen Tüchern den Ackerboden
in der Mitte.
*Die TN legen einen Ackerboden mit Furchen aus den braunen
Tüchern.*

Wir reichen eine Schüssel mit Erde herum.
Wir schauen auf die Erde und überlegen:
Ist dieser Boden wohl gute Erde, die reiche Frucht bringt?
Sind wir gute Erde, die bereit ist, zu empfangen und wachsen zu
lassen?
Die Schüssel mit Erde wird zum Acker gestellt.

Wir reichen die Schale mit Samenkörnern herum.
Jeder nimmt ein paar Körner heraus und läßt sie in der offenen
Hand liegen.
Wir schauen auf die Körner. Wir tasten sie mit unseren Fingerkup-
pen sanft ab.
In diesen Körnern steckt sehr viel Leben.
Auch in uns sind viele gute Dinge angelegt.
Versuchen wir, diese guten Dinge zu entdecken.
Stille

Säen wir unsere Körner, die wir in der Hand halten, auf den Acker.
Die TN legen ihre Körner in die Ackerfurchen in der Mitte.

Wir sehen Steine im Kreis liegen.
Wir reichen sie herum und überlegen dabei:
Wer legt uns Steine in den Weg,
wer hat uns Steine in den Weg gelegt,
so daß unsere Samenkörner nicht wachsen konnten?
Vielleicht hat auch jemand die Steine weggeräumt.
Die Steine werden auch auf den Acker gelegt.

Wir legen die Sonne und den Regen zu unserem Ackerboden.
*Die TN gestalten aus den gelben Tüchern die Sonne, aus den blauen,
weißen und grauen die Regenwolken zum Ackerboden.*

Wer war uns Sonne und Regen, damit unsere Saat aufgehen konnte?

Reife Ähren liegen in der Mitte.
Wir reichen sie herum und legen sie dann als Früchte in unseren Acker.
Wir überlegen:
Welche Frucht hat unser Leben bisher gebracht?
Wie ist die gute Saat in uns aufgegangen?

Stille (evtl. Musik) zum Nachdenken und zum Betrachten des entstandenen Bilds.

8. Spiel und Aktion

(1) Einen Bauern besuchen

Miteinander einen Bauern besuchen. Vorher überlegen, wie wir uns heute das Leben auf einem Bauernhof vorstellen.
Den Bauern fragen nach seiner Arbeit und seiner Abhängigkeit vom Wetter; die Tiere und Maschinen ansehen usw.

(2) Der Gang durch die Felder

Das Wachsen der Saat miteinander beobachten. In Abständen von ein bis zwei Wochen mehrmals auf die Felder gehen, die Saat beobachten und zeichnen, wie das Feld in den verschiedenen Stadien aussieht.

(3) Das Wachsen der Saat

Selbst im Garten auf einer größeren Fläche etwas Getreide einpflanzen und beobachten, wie es wächst. Dieses Getreide miteinander ernten, daraus Mehl machen und ein kleines Brot backen.

(4) Bauernregeln

Miteinander durch Interviews auf der Straße, durch Befragung älterer Menschen und auch durch Befragung von Landwirten ein kleines Heft mit Bauernregeln zusammenstellen.

(5) Pantomime: Bei den Ähren wie bei den Menschen

Siehe Abschnitt 3 Nr. 2.

Es werden zwei Szenen dargestellt.

1. Szene: Die beiden Söhne und der Vater werden mit bunten Tüchern bekleidet. Die »Ähren« auf dem Feld sind Personen, die beige, ockerfarbige und gelbe Tücher umlegt haben. Einige stehen gebeugt, andere richten sich gerade auf. Der Bauer geht mit seinen Söhnen am Feld vorbei. Sie zeigen pantomimisch, welche Ähren sie meinen. Eine gebeugte Ähre stößt der zweite Sohn um.

2. Szene: Viele Menschen sind versammelt. Der Bauer mit seinen Söhnen ist auch dabei. Pantomimisch stellt eine/r im Vordergrund den »eitlen Schwätzer« dar und jemand anders den »bescheidenen Mann«. Diesem bescheidenen Mann gibt dann der Bauer deutlich den Vorzug.

Wichtig: langsame Bewegungen, auf die Gesten besonders achten!

(6) Schattenspiel am Tageslichtprojektor: Glück oder Unglück?

Siehe Abschnitt 3 Nr. 3.

Die Figuren, die in der Geschichte vorkommen, werden aus Zeitungspapier gerissen oder aus anderem Papier im Maßstab so geschnitten, daß das Gesamtbild das DIN-A4-Format nicht überschreitet.

Falls man Probleme bei den Pferden und Personen hat, kann man auch in Zeitungen nach maßstabgerechten Vorbildern suchen und diese ausschneiden. Während die Geschichte vorgelesen wird, werden die Figuren auf den Tageslichtprojektor gelegt und vergrößert an die Wand projiziert.

(7) Gespräch: Der Sämann

Siehe Abschnitt 3 Nr. 4.

Den Text miteinander lesen und dann bei ruhiger Musik weiter darüber nachdenken. Hinterher austauschen, was den einzelnen wichtig geworden ist. Zu diesem Text ist im gleichen Buch auch ein Holzschnitt von Paul Reding abgedruckt, den man miteinander betrachten kann, ebenso kann vorher oder zum Abschluß eine der biblischen Perikopen miteinander gelesen werden.

Hirt

1. Einführung

Hirt als Beruf begegnet uns in unseren Breitengraden nur noch höchst selten, aber wenn überhaupt, dann – wie in der Bibel – als Schafhirt. In anderen Ländern trifft man wesentlich häufiger auf Hirten: in den südlichen Ländern auf Nomaden mit ihren Schaf-, Ziegen- und Kamelherden, in den östlichen Ländern auf Rinder- und Pferdehirten, in Latein- und Nordamerika auf Rinderhirten oder »Cowboys«.

Der Beruf des Hirten ist wie der des Bauern einer der ältesten Berufe überhaupt. In der Zeit, als die Menschen seßhaft wurden und Ackerbau betrieben, wurden auch die Tiere domestiziert, und die Zeit der Hirten und Nomaden begann. Die Tieren bildeten den Besitz und die Lebensgrundlage. Sie mußten gehütet, auf gute Weideplätze und an Tränken geführt werden.

Das Hüten der Tiere beanspruchte den Einsatz aller Kräfte zum Schutz der Herde gegen tierische und menschliche Räuber. Da ist es nicht verwunderlich, daß dem Hirten Attribute wie »Beschützer«, »Nahrungsgeber«, »Der, der am Leben hält und sicher führt« zugesprochen werden.

Am Anfang der großen, religiös geprägten Kulturen stehen jeweils nomadische Lebensformen. Da der Hirt derjenige ist, der den ihm anvertrauten Tieren Schutz und Heil zukommen läßt, werden viele Gottheiten zugleich als Hirt und Heiland erfahren. Auch Könige verstehen sich als Hirt und Heiland ihres Volkes. Ebenso werden Gottheiten so verstanden, z.B. der indische Hirtengott »Krishna mit der Flöte« oder Hermes im alten Griechenland. Diese Gottheiten lehrten die Menschen auch Kulturtechniken und schenkten das Wissen um die heilenden Kräfte der Natur.

Auch der Gott der Bibel ist ein solcher Schutz- und Heil-Gott, ein Hirt, der dem Verlorenen nachgeht, wie es eindringlich der Psalm 23 beschreibt. Er sorgt sich nicht um sein »Gott-Sein«, wie es bei außerbiblischen Gottheiten oft der Fall ist, sondern er sorgt sich um das Heil der Menschen. So wird auch sein Sohn Jesus Christus zum »Guten Hirten« und »Heiland« der Christen.

Aber das Bild des Hirten birgt noch einen anderen, negativen Aspekt. In der Kultur Israels zur Zeit Jesu gehören die Hirten zu den Verachteten, die nicht einmal zum Gebet in den Tempel dürfen. Die Hirten sind die, die immer »draußen« leben, die nach ihren Tieren stinken und keine Bildung haben. In der Weihnachtsgeschichte im Neuen Testament dienen die Hirten auf dem Feld deshalb dazu, deutlich zu machen, daß Gott seinen Heiland gerade den Verachteten und Unmündigen schickt, um ihnen zur Gerechtigkeit zu verhelfen und sie zu erlösen.

2. Biblische Bezüge

Der Herr ist mein Hirte (Psalm 23)
Wie ein Hirt führt er seine Herde (Jes 40,11)
Sie waren wie Schafe, die keinen Hirten haben (Mk 6,34)
Die schlechten Hirten (Ez 34,1–10)
Der gute Hirt (Ez 34,11–22; Joh 10,1–18; Mt 25,32; Lk 15,3–7)
Hirten bei der Geburt (Lk 2,8–20)

3. Geschichten/Texte

(1) Kein Abkommen mit dem Wolf

Der Hirt war lange Zeit krank gewesen. Heute, zum ersten Mal, wie freute er sich, durfte er wieder bei seiner Herde sein.

»Ihr seid weniger geworden«, erschrak er.

»Reden wir nicht davon«, sagte das Leittier, dem die Herde in der Zwischenzeit überlassen war. »Die haben es überstanden, und uns geht es gut.«

»Was überstanden?« Die Frage kam scharf wie ein Schleuderstein.

»Ach, das mit dem Wolf«, sagte das Leittier. »Aber die neue

Lösung, du wirst sehen, strengt nicht so an wie bisher, wenn du uns scheuchtest!«

»Ich habe euch nur gescheucht, wenn der Wolf kam!« verteidigte sich der Hirt. »Nur im Pferch konnte ich euch als ein einzelner schützen.«

»Das wird alles nicht mehr nötig sein«, sagte das Leittier. »Unser Abkommen berücksichtigt die Interessen beider Seiten.«

»Der Herde – und wessen noch?«

»Des Wolfes natürlich. Sprich selber mit ihm – dort kommt er gerade des Weges.«

Die Krankheit hatte den Hirten geschwächt, aber am Ende zog der Wolf doch hinkend ab ohne eines der gekennzeichneten Lämmer.

Der Hirte blutete und mußte sich stützen.

Das Leittier stand trotzig abseits.

»Wie konntet ihr nur!« stöhnte der Hirte. »Freiwillig! Und dann noch die Jüngsten!«

»Ich hätte es mir ja denken können«, maulte das Leittier. »Jetzt ist wieder kein Tag ohne Alarmruf und ›Schnellschnell‹ und ›Ohe‹!«

Einen Augenblick lang wog der Hirte seinen Stab wie einen Speer – dann hatte er sich wieder ganz in der Gewalt.

»Gewiß«, sagte er nach einer Atempause, und er sagte es mehr zur Herde, die ihn umdrängte, als in Richtung des Leittieres.

»Gewiß, kein Tag ohne Alarmruf. Aber gilt denn das andere nichts: kein Tag ohne Sonne und Wasser und hunderterlei Grün und kein Tag ohne den Atem zum Spielen und Ausruhen – eben weil wir einander vertrauten und wußten, daß keiner den anderen preisgibt?«

Berthold Lutz

Rechte beim Autor.

(2) Der Wunsch des Hirten

Es war einmal ein Hirte, der außer einigen Schafen nichts besaß als eine Flöte, die er sich aus dem Ast eines Holunderbaumes geschnitzt hatte. Es verging kein Tag, ohne daß er darauf spielte, manchmal laut, manchmal leise, manchmal traurig; je nachdem, wie es ihm zumute war. Wenn er seine Lieder spielte, erfüllte ihn der Wunsch nach etwas Vollkommenem. Und die Hoffnung, es zu finden, schenkte ihm neue Melodien.

Eines Tages, als er wieder auf seiner Flöte spielte, entdeckte er einen Vogel. Er saß auf dem Holunderbaum und hörte ihm zu. Sein Federkleid leuchtete in allen Farben des Regenbogens. Oh, dachte der Hirte erschrocken, da ist es endlich, das Vollkommene, nach dem ich mich sehne!

Er schlich an den Holunderbaum heran, um den Vogel zu fangen. Doch als er ihn mit den Händen fassen wollte, erhob sich der Vogel in die Luft und flog ins Geäst der Tanne. Der Wunsch des Hirten, den Vogel zu besitzen, war so groß, daß er beschloß, ihm zu folgen. Als der Hirte nun zu der Tanne kam, erhob sich der Vogel in die Luft und flog davon. An seiner Stelle fand der Hirte eine von einer Katze bedrohte Amsel. Kaum hatte der Hirte die Katze vertrieben, entdeckte er den Vogel am Rande eines Weihers. Aber als der Hirte zu dem Weiher kam, erhob sich der Vogel in die Luft und flog davon. An seiner Stelle fand der Hirte einen im Netz gefangenen Fisch, der ihn um Hilfe bat. Kaum hatte der Hirte den Fisch befreit, entdeckte er den Vogel auf der Kuppe eines Hügels. Aber als der Hirte zu dem Hügel kam, erhob sich der Vogel in die Luft und flog davon. An seiner Stelle fand der Hirte eine von der Hitze verdorrte Blume, die ihn um Hilfe bat. Kaum hatte der Hirte die Blume bewässert, entdeckte er den Vogel am Ufer des Meeres. Aber als der Hirte ans Ufer des Meeres kam, erhob sich der Vogel in die Luft und flog übers Wasser der untergehenden Sonne zu.

Ach, dachte der Hirte, der Vogel hat mich zum Narren gehalten. Enttäuscht machte er sich auf den Rückweg nach Hause zu seinen Schafen. Als er nun wieder auf den Hügel kam, da öffnete sich vor seinen Augen eine wunderbare Blume. Am Weiher erwartete ihn ein Fisch, der sich seines Lebens freute. Und auf der Tanne grüßte ihn eine Amsel mit ihrem Lied.

Da wußte der Hirte, daß es einen Sinn hatte, sich bis ans Ende seiner Tage nach Vollkommenheit zu sehnen, auch wenn sie sich nie mit den Händen fassen lassen wird.

Max Bolliger

Rechte beim Autor.

(3) Das Gebet des Hirten

Ein Viehhirt wußte nicht, wie man beten soll. Tag für Tag aber sprach er so: »Herr der Welt, offen und bekannt ist dir: Wenn du Vieh hättest und du gäbst es mir zum Hüten (ich hüte ja für alle um Lohn), so würde ich es für dich umsonst hüten, denn ich liebe dich!«

Eines Tages kam ein Gelehrter vorbei und hörte, wie der Hirte betete. Er sprach zu ihm: »Du Narr, so kannst du doch nicht beten!« Da antwortete der Hirte: »Wie soll ich denn beten?« Und sogleich lehrte der Gelehrte ihn die wichtigsten Gebete: die Segenssprüche, das »Höre Israel« und das Gebet für jeden Tag.

Zufrieden ging der Gelehrte wieder seinen Weg. Nach einiger Zeit aber erschien ihm eine Stimme im Traum, die zu ihm sprach: »Wenn du nicht zu dem Hirten gehst und sagst, er soll sprechen, wie er gewohnt war, ehe du zu ihm kamst, dann soll Böses dich treffen, denn du hast mir einen geraubt von der kommenden Welt.«

Am nächsten Tag machte sich der Gelehrte sofort auf. Er ging zu dem Hirten und fragte ihn: »Was betest du nun?« Der antwortete: »Nichts, denn was du mich gelehrt hast, habe ich vergessen. Und ich fürchtete mich zu sagen: Wenn du Vieh hättest ..., denn das hast du mir ja verboten.« Da erzählte ihm der Gelehrte, was ihm im Traum geschehen war.

Und darum geht es: Hier wollte einer das Gute tun, und es wurde ihm gelohnt wie eine große Tat. Denn: »Der Barmherzige will das Herz.« Darum denke der Mensch gute Gedanken zum Heiligen hin, gesegnet sei Er.

Jüdische Legende

(4) Der Hirte

Ach, wie gerne ließe ich
die neunundneunzig Schafe
und ginge dem einen nach,
das sich verlief in den Dornen.

Doch will mir scheinen:
es haben heute
neunundneunzig sich verloren,
und eins ist nur geblieben.

O lehre mich, du großer Hirt,
so vielen nachzugehen.
Ich hab' ja nur zwei Beine
und ein einzig Herz.

Lothar Zenetti

Aus: Lothar Zenetti, Die wunderbare Zeitvermehrung, J. Pfeiffer Verlag, München 4. Auflage 1994.

(5) Die vier Lichter des Hirten-Simon

Text abgedruckt in Elsbeth Bihler, Symbole des Lebens – Symbole des Glaubens I: Licht – Feuer, S. 19–22.

(6) Das Hirtenlied

Text abgedruckt in Elsbeth Bihler, Symbole des Lebens – Symbole des Glaubens III: Stein – Kreis/Mitte, S. 231f.

4. Lieder/Tanz/Musik

(1) Bin ja nur ein kleiner Hirtenjunge

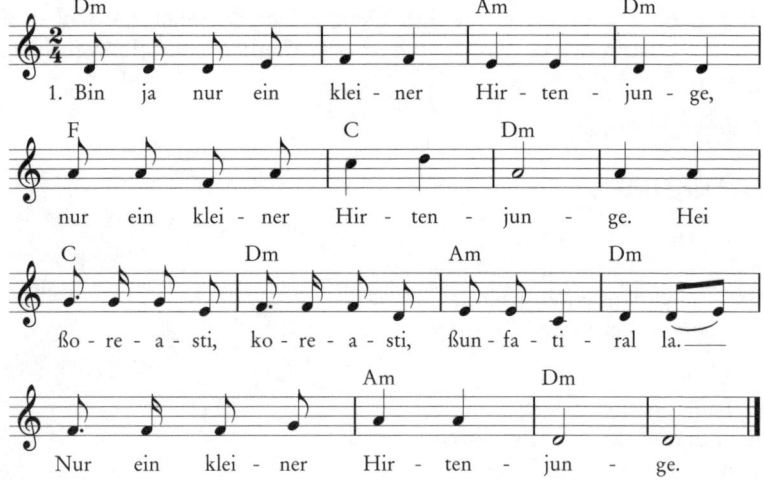

2. Schnitz mir eine kleine Weidenflöte,
   eine kleine Weidenflöte.
   Hei ßoreasti, koreasti, ßunfatiralla.
   Eine kleine Weidenflöte.

3. Spiel mir drauf ein Lied für meine Schafe,
   nur ein Lied für meine Schafe.
   Hei ßoreasti, koreasti, ßunfatiralla.
   Nur ein Lied für meine Schafe.

T: Wolf Kinzel M: aus Finnland
Rechte: Voggenreiter Verlag, Bonn.

(2) Lieder aus dem Gotteslob

- Mein Hirt ist Gott der Herr, diverse Diözesanteile, z.B. Paderborner, Nr. 899; Limburger; Nr. 860
- Kommet ihr Hirten, diverse Diözesanteile, z.B. Limburger, Nr. 810

(3) Lieder aus dem Evangelischen Gesangbuch

- Kommet ihr Hirten, Nr. 48
- Herr Jesu Christe, mein getreuer Hirte, Nr. 217
- Der Herr ist mein getreuer Hirt, Nr. 274

(4) Verklanglichung: Der Wunsch des Hirten

Siehe Abschnitt 3 Nr. 2.

Vorstellung:	Verklanglichung:
Hirt	*Flötenmelodie erfinden*
Wunsch nach Vollkommenem	*leiser Schlag mit Watteschlegel auf Becken*
Der wunderbare Vogel	*Melodie auf dem Glockenspiel*
Der Hirt folgt dem Vogel.	*Schrittgeräusche auf der Handtrommel und Flötenmelodie folgen der Glockenspielmelodie.*
Katze	*Rassel*

213

Amsel	*Klangstäbe*
Fisch im Netz	*Schellen*
verdorrte Blume	*Holzblocktrommel*
Wasser	*Glockenkranz*
untergehende Sonne	*leiser Schlag auf dem Becken*
Amsel, Fisch und Blume begegnen dem Hirten.	*Die Instrumente jeweils wie oben, die Flötenmelodie und der leise Klang des Beckens gleichzeitig.*

Während die Geschichte vorgelesen wird, werden die einzelnen Elemente verklanglicht. Die Flötenmelodie zieht sich durch die ganze Geschichte; die Melodie des Wundervogels bis zu der Stelle, an der er der untergehenden Sonne zufliegt.

(5) Verklanglichung: Psalm 23,1–4

Vorstellung:	**Verklanglichung:**
Hirt	*Eine Melodie auf der Flöte erfinden.*
grüne Auen	*mit leisen Filzschlegeln Töne auf Metallophon*
Wasser	*Glissando auf und ab auf dem Glockenspiel*
finstere Schlucht	*bedrohliche Schläge auf der Handtrommel*

Die Hirtenmelodie erklingt während der ganzen Verklanglichung. Zu Beginn und zum Ende wird sie lauter, zwischendurch tritt sie etwas in den Hintergrund.

(6) Musik

- Antonin Dvorak, Biblische Lieder: Gott ist mein Hirte
- Carl Orff, Die Weihnachtsgeschichte: Hirtenszene

5. Bilder

– Thomas Zacharias: Der gute Hirte
  Kösel Verlag, München.

– Sieger Köder: Der gute Hirte
  Schwabenverlag, Ostfildern.

– Georg Meistermann: Der gute Hirte
  Aus: Alfred J. Galtmann, Suchen – wagen – handeln. Katholische
  Religion Sekundarstufe II. 12/13. Jahrgangsstufe, Lahn-Verlag,
  Limburg 1995.

6. Gestalten/Malen/Basteln

(1) Hirten aus Tonpapier

Material:
Tonpapier in Braun-beige-Tönen und in Schwarz, Papier, Stifte

Methode:
Das Modell eines Hirten mit Hut und Hirtenstab wird auf Papier
gezeichnet. Wenn die Zeichnung fertig ist, wird festgelegt, in welchem Farbton die einzelnen Teile erscheinen sollen. Dann werden
die Einzelteile in der Weise ausgeschnitten, daß Körper und Kopf
doppelt aufeinandergelegt werden können. Arme, Beine, Hut und
Stab werden dazwischen- oder daraufgeklebt. Den fertigen Hirten
kann man als Fensterbild ins Fenster hängen.

(2) Hirten aus Papprollen

Material:
Toilettenpapier- oder Küchenrollen, buntes Tonpapier, Bast, Klebstoff, Scheren

Methode:
Die Papprollen als Körper nehmen, aus Tonpapier Gesichter darauf
kleben, einen Umhang, die Arme, den Hirtenstab daran kleben. Den

Bast als Haare am oberen Rand befestigen und dann einen Hirtenhut aus einem Tonpapier-Kreis (mit Kerbe) schneiden.
(Skizze in Elsbeth Bihler, Kommt und seht. Handreichung für Katechetinnen und Katecheten, Lahn-Verlag, Limburg 1991, S. 44.)

(3) Hirten aus Pfeifenputzern

Material:
Pfeifenputzer, Filz- oder andere Stoffreste, Wattekugeln, Korken, Wasserfarben, Pinsel, Wollreste

Methode:
Zwei Pfeifenputzer werden in der oberen Hälfte miteinander verschlungen; die unteren beiden Enden bilden die Beine. Ein dritter Pfeifenputzer wird quer dazu ans obere Ende gedreht, so daß die beiden Enden gleich lang rechts und links die Arme bilden. Die Kleidung wird entworfen, aus dem Stoff zugeschnitten und dann an das Figürchen angenäht oder geklebt. Die Wattekugel wird als Kopf oben darauf gesteckt, evtl. geklebt, und Augen, Nase, Mund mit Wasserfarbe aufgemalt. Wenn der Kopf trocken ist, werden aus Wollresten die Haare angeklebt; aus Filz wird ein Hirtenhund zurechtgeschnitten und befestigt. Nach Belieben kann der Hirt aus einem weiteren Pfeifenputzer einen Hirtenstab bekommen, aus dem Stoff einen Gürtel, aus Fellresten eine Tasche.
Zum Schluß werden von einem Weinkorken vier Scheiben geschnitten. Sie werden auf die Enden der Arme und Beine als Hände und Füße gesteckt.
(Skizze siehe Hinweis unter »Hirten aus Papprollen«.)

(4) Hirten aus Ton

Material:
Ton, Töpferbesteck, Brennofen, Farbe

Methode:
Aus Ton werden flache Scheiben geformt. Aus diesen werden eine Hirtenfigur und einige Schafe geschnitten. Der Hirte erhält einen Hirtenstab, die Falten seines Mantels, das Gesicht und die Hände, die Wolle und Köpfe der Schafe werden mit dem Töpferbesteck eingeritzt. Von hinten werden Löcher in die Scheiben gedrückt, damit man den Hirten mit seinen Schafen später an die Wand hängen

kann. Nach Belieben werden die Figuren gebrannt und anschließend farbig angemalt.

(5) Hirtenflöte

Material:
Bambusröhrchen, kleiner Bohrer, Messerchen, Korken, Schmirgelpapier

Methode:
Aus einem Bambusrohr (1,5 bis 2 cm im Durchmesser) eine Flöte basteln: das Bambusrohr so zerschneiden, daß ein Zwischenstück ohne Narbe bleibt. Ein Ende wird etwas abgeschrägt. Darauf achten, daß das Rohr ganz hohl ist. Das Rohr befestigen, damit es nicht wegrollen kann, die längere Seite nach oben.
3 cm unterhalb der spitzen Kante wird eine breitere Kerbe geschnitten, darunter werden in gleichmäßigem Abstand 6 runde Löcher gebohrt. Ein Weinkorken wird so zurechtgeschnitten, daß er die abgeschrägte offene Seite ausfüllt, so daß an der langen Seite ein Spalt frei bleibt, durch den die Luft in die Flöte strömen kann. Mit Schmirgelpapier die Kanten glätten.

(6) Bilderbuch zur Geschichte: Der Wunsch des Hirten

Siehe Abschnitt 3 Nr. 2.

Material:
Farben, Papier, Wollfaden

Methode:
Miteinander überlegen, welche Szenen der Geschichte gezeichnet werden sollen. Dazu Skizzen entwerfen und diese dann als schöne Bilderbuchbilder malen. Den Text zu einem Bild schön aufschreiben und dann ein Buch zusammenstellen und es mit einem Wollfaden binden.

(7) Transparentbild: Der Wunsch des Hirten

Material:
schwarzes Tonpapier, Transparentpapier, Stifte, Papier, Scheren, Klebstoff

Methode:
Die Geschichte wird vorgelesen. Bei ruhiger Musik schließen alle
die Augen und stellen sich den wundervollen prächtigen Vogel vor,
der dem Hirten begegnet. Anschließend wird eine Skizze mit Bunt-
stiften auf ein Papier gezeichnet. Diese Skizze wird auf das schwarze
Tonpapier so übertragen, daß genügend Stege zum Befestigen des
bunten Transparentpapiers vorhanden sind. Dann werden die Flä-
chen, die bunt werden sollen, ausgeschnitten und mit dem bunten
Transparentpapier beklebt.

(8) Reißbild: Der Wunsch des Hirten

Material:
selbstklebendes Buntpapier, weißes Papier, Stifte

Methode:
Der Wundervogel kann auch auf Papier gezeichnet und dann mit
buntem Papier, das vorher in kleine Schnipsel gerissen wurde,
beklebt werden. Indem man den Vogel als Plakat groß gestaltet,
kann man auch ein Gemeinschaftsbild herstellen.

(9) Psalm 23 malen

Material:
Papier, Farben, Stifte

Methode:
Miteinander wird der Psalm gelesen und darüber gesprochen, welche
Stellen besonders beeindruckt haben.
Jede/r entwirft für sich eine Skizze der Inhalte, die ihm/ihr wichtig
erscheinen, und malt dann das Bild. Hinterher kann man die Bilder
miteinander vergleichen und darüber sprechen.

(10) Psalm 23 legen

Material:
bunte Tücher

Methode:
In der Mitte liegen viele bunte Tücher. Zunächst wird der Psalm
gelesen und wie oben vertieft. Dann wird er noch einmal Vers für
Vers vorgelesen. Nach jedem Vers entsteht eine Pause, in der es den

Teilnehmer/innen möglich ist, ihre Empfindungen durch die Farben der bunten Tücher in die Mitte zu legen und so gemeinsam ein Bild zum Psalm zu gestalten.

7. Stilleübung

L = Leiter/in; TN = Teilnehmer/in(nen). Jede freie Zeile im Sprechtext bedeutet eine längere Sprechpause.

(1) Hirt und Herde

Die Mitte ist gestaltet mit je einem Bild von einem Hirten mit Schafherde und vom »guten Hirten.« Man kann auch einen Hirten mit Schafen aus einer Weihnachtskrippe auf einem grünen Tuch aufstellen. Die TN sitzen im Kreis und schauen in die Mitte.

L spricht:
In der Mitte sehen wir Bilder, die uns so vielleicht nicht mehr vertraut sind.
Wir sehen einen Hirten mit seiner Herde.
Er ist für die Tiere verantwortlich.
Er sucht ihnen Futterplätze und führt sie dorthin.
Wenn sie Durst haben, sucht er für sie einen Platz zur Tränke.

Wir schließen die Augen und stellen uns einen Hirten mit seiner Herde vor.
Die Schafe bewegen sich ruhig, der Hirte schaut über sie hinweg.

Wir überlegen:
Gibt es in unserem Leben Menschen, für die wir wie ein Hirte zu seinen Tieren sind?
Menschen, für die wir Verantwortung tragen?
Wir versuchen uns diese Menschen vor Augen zu führen.

Gibt es in unserem Leben Menschen,
die für uns wie ein guter Hirt waren und sind?
Die uns Halt und Schutz geben auf unterschiedlichste Art und Weise?
Auch diese Menschen lassen wir vor unserem inneren Auge stehen.

Wir kehren zurück zu unserer Herde mit ihrem Hirten.
Wir öffnen die Augen und schauen auf das Bild vom »guten Hirten«.

Jetzt liest L eine Perikope vom »guten Hirten« aus der Bibel vor (siehe Abschnitt 2).

8. Spiel und Aktion

(1) Einen Schäfer besuchen

Miteinander ausfindig machen, wo es in der näheren Umgebung noch einen Schäfer mit seiner Herde gibt. Mit dem Schäfer sprechen, ihn und seine Hunde bei der Arbeit beobachten. Die Schafe in der Herde beobachten und die Beobachtungen aufschreiben. Wenn es möglich ist, den Schäfer das Jahr hindurch öfter besuchen und ihm evtl. bei der Arbeit helfen.

(2) Hirtenmelodie erfinden

Wir stellen uns vor, wir sind ein Hirt und sind mit unserer Schafherde allein in einer schönen Landschaft. Wir haben nur unsere Flöte dabei. Auf unserer selbstgebastelten Flöte oder auch auf einer anderen Blockflöte spielen wir nur für uns eine Melodie, die beim Blasen entsteht. Die Musik strömt einfach aus uns heraus.

(3) Marionettentheater: Kein Abkommen mit dem Wolf

Siehe Abschnitt 3 Nr. 1.

Material:
Tisch, Vorhangstoff, Papier für die Hintergrundkulissen, Rundhölzer, Zwirn, Pappe, Papprollen, Stoffreste, Nähgarn, Klebstoff, Farben und Pinsel, Holzperlen (0,5 bis 1 cm Durchmesser)

Einen Tisch mit einem Vorhang als Bühne herrichten. Die Hintergrundkulisse bildet eine Schafherde auf einer Weide, die mit Wasserfarben auf Papier gemalt wird. Es werden drei Marionetten gebastelt:

Der Hirte: Eine Wattekugel als Kopf (nach Belieben mit Gesicht, Haaren und Hut ausstatten), Stoff als Körper und Arme, die Hände aus dickeren Holzperlen, durch die die Stoffecken gezogen sind. Am Kopf und an beiden Händen Zwirnsfäden befestigen. In der Mitte eines 15 cm langen Rundholzes wird der Faden befestigt, der vom Kopf ausgeht, sowie zwei etwas längere Fäden am rechten und linken Ende des Rundholzes, damit die Arme durch den Spieler bewegt werden können.

Leitschaf und Wolf: Für den Körper wird jeweils eine Toilettenpapierrolle genommen und für den Kopf ein Stück von einer Toilettenpapierrolle (3 bis 4 cm lang). Rumpf und Kopf werden durch einen 1 cm langen Zwirnsfaden verbunden. Über den Körper wird in weißer bzw. grauer Farbe Stoff gespannt, dessen vier Enden seitlich als Beine herunterhängen. An den Enden werden je vier dickere Holzperlen als Füße befestigt.

In Schaf- bzw. Wolfsform und -farbe wird der Kopf aus Tonpapier geschnitten und angeklebt. Der Schwanz wird ebenfalls aus Tonpapier geschnitten und am hinteren Ende des Rumpfes befestigt. Vom Kopf und vom hinteren Ende des Rumpfes aus wird je ein Zwirnsfaden angebracht, der an den Enden je eines 15 bis 20 cm langen Rundholzes befestigt wird.

Jetzt kann die˙Geschichte entsprechend vorgelesen und vor der Schafherdenkulisse gespielt werden.

(4) Puppenspiel zur Geschichte: Das Gebet des Hirten

Siehe Abschnitt 2 Nr. 3.

Aus bunten Tüchern werden zwei Puppen hergestellt, indem man an einer Ecke des Tuches einen Knoten macht, der den Kopf der Figur bildet. Der Zeigefinger wird in diesen Knoten gesteckt, und so kann der Kopf bewegt werden, während der Rest des Tuches am Unterarm als Körper herunterhängt.

Der/Die Erzähler/in hält in jeder Hand eine Puppe, und wenn eine Person spricht, wird die Handpuppe entsprechend bewegt. Die Mimik wird durch das Gesicht des Erzählers/der Erzählerin ausgedrückt.

(5) Spielszene: Hirten im Dunkel der Nacht

Die Hirten sitzen im Freien um ein Feuer. Sie schweigen. Einer spielt auf einer Flöte. Ein Hirtenjunge kommt hinzu. Er wirft die Hirtentasche mit Brot den andern zu. Dabei ruft er ärgerlich:

Andreas: Da ist das Brot! Aber das nächste Mal kann es ein anderer holen.

Thomas: Warum so ärgerlich, Andreas?

Daniel: Man könnte meinen, die Leute hätten dich verprügelt.

Andreas: Viel schlimmer!

Tobias: Was wird das schon sein? Es ist doch immer wieder dasselbe. Die feinen Leute im Dorf essen gern das Fleisch unserer Lämmer und machen ihre Kleider aus der Wolle unserer Schafe. Und wir müssen die Schafe hüten und Tag und Nacht mit ihnen draußen sein. Aber mit uns will keiner was zu tun haben. Sie gehen uns aus dem Weg, als wären wir Stinktiere.

Andreas: Genau so war's! Also, ich kam gerade in die enge Gasse von Betlehem, da stürzte mir eine Horde Kinder entgegen. Plötzlich stoppten sie, sahen mich erschrocken an, und einer rief ganz laut: »Ein Stinktier!«, und die anderen hielten sich die Nase zu.

Tobias: Das hast du dir gefallen lassen?

Andreas: Noch eh' ich mit meinem Hirtenstab ausholen konnte, um ihnen eine Tracht Prügel zu geben, hatten die sich in den Häusern versteckt. Ein alter Mann streckte den Kopf zur Tür heraus und sagte: »Kinder, das habt ihr gut gemacht. Hütet euch vor solchen Gaunern wie den Hirten. Die sind nicht ehrlich – und am Sabbat laufen sie auf den Feldern herum.« Dann spuckte er aus und schlug die Tür zu.

Tobias: Dem hätte ich eins auf seine freche Klappe gehauen, daß ihm Hören und Sehen vergeht.

Daniel: Sei still, Tobias! Erinnerst du dich nicht mehr, wie sie dich neulich verprügelt haben? Es hat keinen Zweck, sich auf Streit mit den Leuten aus dem Dorf einzulassen. Sie sind stärker und machen uns fertig, weil sie uns nicht mögen.

Tobias: Du hast recht. Keiner mag uns. Niemand hält zu uns. Wir stehen im Dunkeln und sind ganz allein.

Es wird still. Ein Hirte bläst eine schwermütige Melodie.

Thomas: Neulich erzählte einer, daß der Messias bald kommen soll. Ob der uns wohl helfen würde?

Daniel: Wenn der Messias so einer wäre wie König David, der könnte uns schon helfen.

Thomas: Schließlich war König David auch ein Hirte wie wir, ehe er zum König gesalbt wurde.

Andreas: Der Messias soll ja auch aus Betlehem kommen.

Thomas: Ich glaube fest daran, daß Gott uns einen Messias schickt. Wir sollten ihn darum bitten.

Daniel: Du hast recht. Beten wir!

Alle: Wie lange noch, Herr, vergißt du uns ganz? Wie lange noch müssen wir in unseren Herzen Kummer tragen Tag und Nacht? Wann sendest du deinen Verheißenen, der uns rettet?

Paul Bonk

Aus: Paul Bonk, Mit unseren Kindern auf dem Weg zur Krippe, Kösel Verlag, München 1985.

(6) Tücherspiel: Das verlorene Schaf (Lk 15,3–7)

Mit kleineren Kindern läßt sich die Geschichte vom verlorenen Schaf bzw. vom guten Hirten gut mit Tüchern nachspielen. Braune, grüne und schwarze Tücher werden als Landschaft ausgelegt. Der Hirt wird mit Tüchern bekleidet, einige Kinder erhalten weiße Tücher als Schafe umgelegt, andere schwarze als Wölfe. Zuerst wird beschrieben und frei erzählt, wie der Hirte sich um seine hundert Schafe kümmert. Er führt sie an Wasserstellen und auf grüne Weiden. Er vertreibt die Wölfe, die die Schafe reißen wollen. Dann läuft ein Schaf weg und verirrt sich in einer dunklen Schlucht. Der Hirt geht und sucht sein Schaf, bis er es findet. Dann bringt er es zur Herde zurück.

(7) Gespräche/Rollenspiele

- Kein Abkommen mit dem Wolf *(siehe Abschnitt 3 Nr. 1)*
  Miteinander überlegen, wo wir in unserem Leben, in der Familie oder in der Berufs- und Arbeitswelt ähnlichen Situationen ausgesetzt sind. Rollenspiele zu den verschiedenen Situationen spielen.

- Die schlechten Hirten (Ez 34,1–10) und der gute Hirt (34,11–22)
  Die beiden Perikopen miteinander vergleichen und den Unterschied zwischen dem guten und dem schlechten Hirten erarbeiten.
  Wie lassen sich diese Gedanken auf unsere Zeit übertragen?

- Schafe, die keinen Hirten haben (Mk 6,34)
  Miteinander überlegen, wann uns heute Situationen begegnen, in denen Menschen sich verhalten wie Schafe, die keinen Hirten haben. Evtl. solche Situationen als Rollenspiel nachspielen.

Fischer

1. Einführung

Während der Bauer derjenige ist, der die Erde bearbeitet, damit sie Frucht bringt, und der Hirt derjenige, der seine Herde leitet und führt, ist der Fischer der, der sammelt. Er sammelt Früchte, die er nicht selbst gesät hat. Er fischt die Fische der Flüsse, Seen und Meere in der Regel so, wie sie von der Natur gegeben sind.

Für diese Tätigkeit bedarf er einer besonderen Kenntnis der Gezeiten, des Wetters und der Stürme. Er muß wissen, wie das Leben unter Wasser aussieht, damit er erkennen kann, wo die reichen Fischgründe sind. Den großen Fang macht er nicht am Tag, sondern in den Stunden der Dämmerung und in der Nacht. Der Fischer ist vertraut mit dem Element Wasser. Er begibt sich hinaus auf das Meer, in die Gefahr. Der Fischer scheint von den drei genannten Berufen den zu haben, der am gefährlichsten ist, dem Wind und den Wellen ausgesetzt.

Seinen Arbeitsgeräten, dem Boot und dem Fanggerät, muß der Fischer große Aufmerksamkeit widmen. Deshalb ist nicht so sehr der Fischer selbst zum Symbol geworden, sondern die Dinge, die er benutzt. Neben Speeren und Harpunen bildet das Fischnetz das wichtigste Fanggerät. Das Netz ist im Lauf der Zeit zu einem ambivalenten Symbol geworden. Zum einen ist es etwas, worin man sich verfangen kann und das deshalb gefährlich ist, zum anderen etwas, das verbindet, das sammelt und zusammenführt. Der Fischer und sein Netz – das sind Bilder, wie wir sie von Fotos oder von Reisen ans Meer kennen. Der Pflege des Netzes widmet der Fischer einen großen Teil seines Tagwerks.

Im Alten Testament findet der Beruf des Fischers im Gegensatz zum Bauern und Hirten nur wenig Erwähnung. Er erlangt erst durch das Neue Testament für uns Christen eine größere Bedeutung, weil die Menschen, die Jesus zuerst in seine Nachfolge beruft, Fischer vom See Gennesaret sind. Bei ihrer Berufung prägt er den

Begriff »Menschenfischer« für die Personen, die mit ihm Menschen für das Reich Gottes gewinnen.

Zum Thema »Boot/Schiff« siehe auch Elsbeth Bihler, Symbole des Lebens – Symbole des Glaubens II: Wasser – Kreuz, S. 51–80.

2. Biblische Bezüge

Berufung der ersten Jünger (Mt 4,18–22; Mk 1,16–20)
Reicher Fischfang (Lk 5,1–11)
Gleichnis vom Fischnetz (Mt 13,47–50)
Erscheinung des Auferstandenen am See (Joh 21,1–14)

3. Geschichten/Texte

(1) In Bewegung halten

Ein alter Fischer war weit über sein Fischerdorf hinaus für seine erstklassigen Fische bekannt, die von überallher Käufer anlockten. Seine Kollegen, die dabei ins Hintertreffen gerieten, zerbrachen sich den Kopf, was daran wohl schuld sei. Sie konnten auch nach langem Hin- und Herüberlegen keinen Grund erkennen. Sie fischten an den gleichen Orten die gleichen Fische. Und ihre Bassins, in denen sie ihren Fang aufbewahrten, waren mit genau dem gleichen Wasser angefüllt. Dennoch hieß es weiterum, die Fische ihres beneideten Konkurrenten seien viel fleischiger und schmackhafter. Einige Tage, nachdem dieser gestorben war, beschlossen die anderen Fischer, sein Bassin einer genauen Prüfung zu unterziehen. Zu ihrem großen Erstaunen fanden sie es leer vor. Nur noch ein einziger großer Fisch, ein Hecht, schwamm wie wild durch das Wasser. Damit waren sie dem Rätsel auf die Spur gekommen: Der Hecht hatte den anderen Fischen keine Ruhe gelassen, er hatte sie ständig in Bewegung gehalten, durch den Teich hinauf- und hinuntergetrieben – und dadurch ihre Fleischqualität gesteigert. (So behauptete es wenigstens die Geschichte.)

Kurt Bucher

Aus: Kurt Bucher, Wegmarken, Rex-Verlag, Luzern 1980.

(2) Schuhe für den armen Fischer

Am Ufer, auf der Kaimauer, sitzt jeden Abend ein weißbärtiger Fischer und schaut andächtig zu, wie die blutrote Sonnenscheibe im Meer versinkt. Ich setze mich oft neben ihn, und der Alte freut sich, mit jemandem plaudern zu können. Er fährt schon lange nicht mehr mit den anderen zum Fischfang aus. Seine gichtverkrüppelten Hände können nicht einmal mehr die Angelrute halten, noch viel weniger das Netz einziehen. – Ich frage ihn nach seinem Alter, aber er kann mir keine genauen Angaben machen. Er ist gewiß schon neunzig Jahre alt. Es tut ihm gut, auf den sonnenwarmen Steinen zu sitzen. Ab und zu holt er ein Stück Brot aus der Tasche, gutes, kräftiges Brot, und bevor er es zum Munde führt, macht er das Kreuzzeichen darüber. – Ich brauche nur seine Schuhe anzusehen, um zu erkennen, daß er zu den Ärmsten der Armen gehört. Die Schuhe, an vielen Stellen durchlöchert, sind mit Stricken zusammengehalten. In dieser mangelhaften Fußbekleidung bekommt der Alte auf dem holprigen Kopfsteinpflaster der Gassen sicher wunde Füße, und so mache ich ihm den Vorschlag, beim Schuhmacher ein Paar einfache, aber feste Schuhe zu bestellen auf meine Rechnung. Er lacht mich aus: »Ich alter Mann brauche keine neuen Schuhe. Jetzt nicht mehr.« Dann wird er sehr ernst, blickt zum Himmel empor und sagt in leicht verweisendem Ton: »Dort oben geht man barfuß. Weiß das die Signora nicht?« Nun – die Signora wußte es wohl, aber sie hatte es ... vergessen.

Ilse Hoffmann

Aus: Erzählbuch zum Glauben 4, © Verlag Ernst Kaufmann, Lahr.

(3) Der alte Fischer

Fischer waren draußen beim Fang mit ihrem Boot. Da kam ein Sturm auf. Sie fürchteten sich so sehr, daß sie die Ruder wegwarfen und den Himmel anflehten, sie zu retten. Aber das Boot wurde immer weiter weggetrieben vom Ufer. Da sagte ein alter Fischer: »Was haben wir auch die Ruder weggeworfen! Zu Gott beten *und* zum Ufer rudern – nur dies beides zusammen kann da helfen.«

Leo N. Tolstoi

(4) Das Netz des Fischers

In einem Fischerdorf ist es ungeschriebenes Gesetz, daß eine Frau, die beim Ehebruch ertappt wird, von einem hohen Felsen gestürzt werden muß. Wieder einmal verurteilen die Ältesten des Dorfes eine Frau, die mit einem Matrosen die Ehe gebrochen hat. Doch in der Nacht steigt der betrogene Ehemann in die Felswand und spannt ein Netz aus starken Seilen über den Abgrund, das er mit Gras, Stroh und Kissen ausstopft. Am anderen Morgen wird das Urteil vollstreckt, aber die Frau stürzt in das Netz der Liebe ihres Mannes. In ihrer Unentschlossenheit rufen die Dorfbewohner die Markgräfin an, die der Frau ihr eigenes Haarnetz schenkt zum Zeichen dafür, daß die Liebe des Fischers ihre Schuld aufgefangen hat.

nach Werner Bergengruen

(5) Der Mißerfolg

Als Jesus seine Rede beendet hatte, sprach er zu Simon und seinen Gefährten: »Fahrt nun hinaus auf den See, und werft dort eure Netze zum Fang aus!« Simon, der ein Fischer war und also wohl wußte, daß sich die Fische in der prallen Sonne des Tages am Meeresgrund aufhalten und das Fischen darum nur in der Nacht einen Sinn hat, wandte ein: »Entschuldige, Meister, wir waren die ganze Nacht an der Arbeit und haben doch nichts gefangen. Aber auf dein Wort hin will ich die Netze noch einmal auswerfen!« (Obwohl es wenig Sinn hat, wollte er noch sagen, aber er behielt es lieber für sich.)
Sie fuhren also aus, aber sie fingen keinen einzigen Fisch. Leer zogen sie ihre Netze aus dem Wasser. Da sagte Simon zu seinen Gefährten: »Ich habe es gewußt, natürlich. Aber es heißt wohl auch: Selig sind, die nicht sehen und dennoch glauben. Und die das Netz auswerfen zu jeder Zeit, auch wenn sie keinen Erfolg sehen.« Und zu Jesus gewandt: »Hab' ich recht, Meister?« Jesus sprach zu ihm: »Selig bist du, Simon, Sohn des Johannes, denn nicht Fleisch und Blut haben dir das geoffenbart, sondern mein Vater im Himmel hat

es dir eingegeben. Und ich sage dir: Du bist der Petrus, ein Fels, du hast erkannt, daß nicht der Erfolg zählt, sondern der Glaube, auch im Mißerfolg, und die immer neue Bereitschaft, das Netz auszuwerfen. So stärke nun deine Brüder!« Und er sprach zu Simon und seinen Gefährten: »Von jetzt an werdet ihr eure Netze auswerfen, um Menschen zu fischen für Gottes Reich!«

Lothar Zenetti

Aus: Lothar Zenetti, Die wunderbare Zeitvermehrung, J. Pfeiffer Verlag, München 4. Auflage 1994.

4. Lieder/Tanz/Musik

(1) Die Islandfischer

2. Auf, auf, ihr fröhlichen Fischersleut'
   zum Tanze mit Behagen ohne Kummer, ohne Klagen,
   es kommt die Zeit, es kommt die Zeit, wir fahren übers Meer,
   wie sind uns noch die Beine vom Tanze so schwer.

3. Wenn dann der Wind von Osten weht,
   der Steuermann am Steuer steht und lenkt des Schiffleins Ruder,
   dann fahren wir, dann fahren wir nach Bredefjord,
   dort werfen wir, dort werfen wir die Angel über Bord.

T: Gustav Schulten M: Flämisches Volkslied
Rechte: Voggenreiter-Verlag, Bonn.

Spielanleitung:

Alle sitzen im Kreis.

1. Str.: Zwei gehen in der Mitte herum und winken die anderen herbei, mit ihnen zu ziehen, bis alle herumgehen.
2. Str.: Alle bilden einen Kreis und hüpfen rechts herum.
3. Str.: Alle bleiben stehen und haken sich ein. Eine/r spielt in der Mitte den Steuermann, der das Ruder hält. Die anderen wiegen hin und her und werfen am Ende der Strophen pantomimisch ihre Angeln aus.

(2) Friedensnetz

1. Je-der knüpft am eig-nen Netz, ver-sucht raus-zu-ho-len, was zu ho-len ist. Wer denkt da an Frie-den, wer denkt an Sha-lom, wer denkt da an Frie-den,

wer denkt an Sha - lom. *Refrain:* Wir knüp - fen auf - ein - an - der zu, wir knüp - fen an - ein - an - der an, wir knüp - fen mit - ein - an - der, Sha - lom, ein Frie - dens - netz. Wir knüp - fen Frie - dens - netz.

2. Jeder fängt ins eigne Netz – versucht einzufangen,
was zu fangen ist.
Wer denkt da an Frieden, wer denkt an Shalom,
wer denkt da an Frieden, wer denkt an Shalom.
Wir knüpfen aufeinander zu ...

3. Einer hängt im fremden Netz – versucht, noch zu retten,
was zu retten ist.
Er denkt an den Frieden, er denkt an Shalom,
er denkt an den Frieden, er denkt an Shalom.
Wir knüpfen aufeinander zu ...

4. Wir zappeln im alten Netz – versuchen zu tragen,
was zu tragen ist.
Wir suchen den Frieden, wir suchen Shalom,
wir suchen den Frieden, wir suchen Shalom.
Wir knüpfen aufeinander zu ...

5. Wir knüpfen ein neues Netz – verbinden,
was für Frieden ist.
Wir bringen den Frieden, wir bringen Shalom,
wir bringen den Frieden, wir bringen Shalom.
Wir knüpfen aufeinander zu ...

T: Hans-Jürgen Netz M: Peter Janssens
Aus: Ich suche einen Sinn heraus, 1975
Rechte: Peter Janssens Musik Verlag, Telgte.

Tanzbeschreibung:

Die Tänzer/innen stehen im Raum verteilt in einigem Abstand zueinander, ohne sich zu berühren oder anzusehen.

1. Str.:

Takt 1–8: Alle verschränken die Arme und wenden sich voneinander ab.

Takt 9–16: Die Arme werden gelöst und hängen seitlich herab, der Kopf wird gehoben.

Refrain:

Alle gehen aufeinander zu und bilden zunächst eine Kette, die zum Kreis wird. Bei der Wiederholung gehen alle im Kreis herum.

2. Str.:

Takt 1–8: Alle stehen wieder vereinzelt und greifen nach imaginären Dingen, die sie für sich einfangen.

Takt 9–16: Wie Str. 1.

3. Str.:

Bis auf eine Person stehen alle wie in Strophe 1. Eine/r steht im Vordergrund und hebt die Arme, als ob er im Netz hinge.

4. Str.:

Takt 1–8: Alle gehen umher und heben die Arme, als versuchten sie, etwas Schweres zu tragen.

Takt 9–16: Wie Str. 1.

5. Str.:

Alle gehen aufeinander zu, bilden einen Kreis und legen einander die Arme um die Schultern.

Spielanleitung:

Bevor das Lied gesungen wird, erhält jede/r im Raum einen Wollfaden. Während des Singens wird daraus ein großes Netz geknüpft. Dieses Spiel eignet sich für sehr große Gruppen (z.B. Gemeinden während eines Gottesdienstes).

(3) Verklanglichung: Der alte Fischer

Siehe Abschnitt 3 Nr. 3.

Vorstellung:	**Verklanglichung:**
Die Fischer rudern.	*gleichmäßige Schläge auf der Handtrommel*
Der Sturm kommt auf.	*Glissando auf- und abwärts, Rasseln, immer lauter werdend*
Die Fischer fürchten sich.	*Die Trommelschläge auf der Handtrommel werden ungleichmäßig und schneller.*
Die Ruder werden weggeworfen.	*Glissando auf dem Xylophon aufwärts*
Beten	*einzelne Töne auf dem Xylophon*

Während der ganzen Geschichte bleibt der Sturm, er steigert sich von leise bis laut und wird etwas leiser, wenn der alte Fischer spricht.

(4) Verklanglichung: Der wunderbare Fischfang (Lk 5,1–11)

Siehe Elsbeth Bihler, Symbole des Lebens – Symbole des Glaubens II: Wasser – Kreuz, S. 68f.

5. Bilder

– Sieger Köder: Begegnung mit dem Auferstandenen am See
  Schwabenverlag, Ostfildern.

– Sr. Sigmunda May: Berufung der Jünger
  Kongregation der Franziskanerinnen von Sießen e.V.

– Herbert Seidel: Fischzug
  Aus: Josef Bill, Begegnung in Bild und Meditation, Verlag Katholisches Bibelwerk, Stuttgart 1972.

6. Gestalten/Malen/Basteln

(1) Fischerknoten üben

Material:
Schnur

Methode:
Aus einem Buch besorgt man sich Abbildungen und Anleitungen für Fischerknoten und versucht, sie mit einer Schnur nachzumachen. Es sollte auch darüber informiert werden, wofür der jeweilige Knoten gebraucht wird.

(2) Fischer am See

Material:
Papier, Pinsel, Stifte

Methode:
In einer Traumreise sich vorstellen, wie es aussieht, wenn Fischer am See ihre Netze ausbessern. Davon mit bunten Farben ein Bild malen.

(3) Tücherbild: Fischer am See

Material:
bunte Tücher, Schnur, Pappe

Methode:
Die Teilnehmer/innen sitzen im Kreis und werden aufgefordert, aus den Tüchern und der Schnur in der Mitte ein Bild zum Thema zu gestalten. In dieses Bild hinein können als Fischer auch Personen aus dem Kreis als »stehende« bzw. »sitzende Bilder« eingebaut werden. Das Wasser wird aus Tüchern gelegt, das Boot aus Pappe gebaut; aus der Schnur wird das Fischernetz geknüpft.

(4) Bild zum Lied: Die Islandfischer

Siehe Abschnitt 4 Nr. 1.

Material:
bunte Kreiden und Papier

Methode:

Zu jeder Strophe wird ein Bild gemalt: In der ersten Strophe ein Hafen, in dem die Seeleute angeheuert werden, in der zweiten Strophe die Fischer beim Tanz, in der dritten Strophe das Schiff auf dem Meer und die Fischer bei der Arbeit.

Die Bilder können beim Singen und Spielen gezeigt werden.

(5) Muschelbild

Material:

Muscheln, Karton, Sand oder Pappe und Klebstoff, Stifte

Methode:

Bei einer Reise ans Meer viele Muscheln sammeln. Aus diesen Muscheln ein Bild gestalten. Dazu kann man einen kleinen flachen Karton mit Sand füllen und das Muschelbild hineinlegen. Wenn man das Bild nachher aufhängen will, muß man die Muscheln nach einer Skizze auf eine Pappe kleben.

(6) Bild zur Geschichte: Schuhe für den armen Fischer

Siehe Abschnitt 3 Nr. 2.

Material:

Farben, bunte Stifte, Papier

Methode:

Ein Bild von dem alten Fischer am Meer malen, wie er dem Sonnenuntergang zuschaut und zufrieden ist. Das Bild anschauen und darüber nachdenken, was wirklich wichtig für unser Leben ist.

(7) Fischernetz knüpfen

Material:

Schnur, Schere

Methode:

Die Schnur wird in viele gleichlange Teile zerschnitten. Die einzelnen Fäden werden dann als Netz aneinandergeknüpft. Dieses Netz kann man an die Wand hängen und Papierfische oder Bilder von Menschen hineinheften.

(8) Halbrelief: Fischernetz

Material:
blaues Tonpapier, Schnur, Papier, Stifte, Klebstoff, Scheren

Methode:
Die Schnur wird in kleinere Stücke geschnitten. Aus Papier wird ein Schiff gemalt, das auf das Tonpapier geklebt wird. Von diesem Boot aus werden die Schnurstücke wie ein Netz hinter und unter das Schiff geklebt.
Auf Papier werden die unterschiedlichsten Fische gemalt, ausgeschnitten und in das Netz geklebt.

(9) Rußdias zur Geschichte: Das Netz des Fischers

Siehe Abschnitt 3 Nr. 4.

Material:
Diaglasrähmchen, Kerze, Pinzette, Zahnstocher, Diaprojektor

Methode:
Miteinander wird überlegt, welche Szenen der Geschichte man darstellen möchte. An einer Seite des Glasrähmchens wird das Glas vorsichtig aus der Halterung gelöst. Mit einer Pinzette wird es über die brennende Kerze gehalten und mit Ruß geschwärzt. Mit einem Zahnstocher ritzt man nun die gewünschte Szene hinein. Das Glas wird vorsichtig wieder in die Halterung gedrückt, so daß die rußige Fläche von dem zweiten Glas abgedeckt wird. Jetzt können die Bilder durch einen Diaprojektor betrachtet werden.
Beim Vorlesen der Geschichte werden die Dias gezeigt. Ein Gespräch über Vergebung und Verzeihung kann sich anschließen.

7. Stilleübungen

L = Leiter/in; TN = Teilnehmer/in(nen). Jede freie Zeile im Sprechtext bedeutet eine längere Sprechpause.

(1) Fischer am See

Die TN sitzen im Kreis. Die Mitte ist gestaltet mit einem Tuch als Wasser und einem Netz mit Fischen aus Papier.

L spricht:
In der Mitte sehen wir ein Tuch als Wasser.
Es ist bedeckt mit einem Netz voller Fische.

Wir schließen die Augen.

Wir sehen einen großen See.
An seinem Ufer sind Fischer damit beschäftigt,
ihre Netze herzurichten.
Sie haben einen guten Fang gemacht und sind zufrieden.

Sie fahren immer wieder hinaus auf den See.
Sie setzen sich der Unbill des Wetters aus.
Sie sind den Gefahren auf dem Wasser preisgegeben.

Sie werden zum Sinnbild für unser Leben.
Deshalb können wir uns fragen:

Wagen wir uns überhaupt hinaus
in das Meer des Lebens?
Setzen wir uns den Stürmen und den hohen Wellen aus?

Bemühen wir uns, etwas zu fangen und Früchte für unser Leben
mit nach Hause zu bringen?
Aus welchen Fähigkeiten bestehen unsere Netze,
die dem Leben etwas abgewinnen können?
Setzen wir sie ein,
pflegen wir sie,
oder lassen wir sie verkümmern?

Über diese Fragen können alle bei ruhiger Musik weiter nachdenken.

(2) Gefangen im Netz

Die Mitte ist als ein Netz auf blauen Tüchern gestaltet. Die TN sitzen im Kreis.

L spricht:
In der Mitte sehen wir ein Netz.
Es ist dazu da, um etwas einzufangen.

Fische werden damit gefangen
oder Schmetterlinge
oder Vögel
oder andere Wildtiere.

Wir schauen das Netz an.
Wir überlegen:
Gibt es Netze, die uns gefangenhalten?
Was oder wer ist ein Netz für mich?
Sind wir gern darin oder würden wir uns lieber daraus befreien?

Netze können auch dazu da sein, uns aufzufangen,
den Seiltänzer und den Trapezkünstler zum Beispiel.
Gibt es Netze, die uns auffangen, wenn wir uns in schwindel-
erregende Situationen begeben?
Wer kann ein solches Netz für uns sein?

Bei ruhiger Musik können die TN über die Fragen nachdenken.

8. Spiel und Aktion

(1) Fischereihafen

Miteinander einen Fischereihafen besuchen. Beobachten, was die
Menschen dort tun, welche Aufgaben anstehen und welche Berufe
mit dem Fischen verbunden sind. Beobachtungen hinterher aufschreiben und austauschen.

(2) Fischer bei der Arbeit

Einen Fischerhafen besuchen. Dabei Fischern bei der Arbeit
zuschauen, evtl. organisieren, daß man einmal mit zum Fang ausfah-
ren kann. Interviews mit den Fischern über ihren Beruf führen.

(3) Fischer, Fischer, wie tief ist das Wasser?

Eine/r ist der Fischer. Er steht auf der einen Seite. Ihm gegenüber steht in einer Reihe in 10 bis 20 m Entfernung der Rest der Gruppe. Die Gruppe ruft: »Fischer, Fischer, wie tief ist das Wasser?« Der Fischer antwortet, indem er irgendeine Tiefe angibt. Die Gruppe ruft wieder: »Wie kommen wir hinüber?« Der Fischer antwortet, indem er irgendeine Gangart vorschlägt: laufen, gehen, hüpfen, auf einem Bein, auf allen Vieren o.ä. Bei jeder Runde wählt er eine andere Gangart. Danach setzen sich die Gruppe und der Fischer in der geforderten Gangart aufeinanderzu in Bewegung. Der Fischer versucht, bis er auf der anderen Seite angekommen ist, aus der Gruppe einige zu fangen. Die bilden mit ihm dann die Seite der Fischer und fangen in der nächsten Runde mit. Das Spiel endet, wenn nur noch Fischer übrig sind.

(3) Fische angeln

Material:
Pappe, Draht, Rundhölzer, Schnur, kleine Haken, Scheren und Farbe

Aus Pappe werden Fische geschnitten und bunt gemalt. Durch ihren Körper wird eine kleine Drahtschlinge geführt. Jede/r bastelt sich aus den Rundhölzern, der Schnur und den Haken eine kleine Angel. Die Fische werden in einen »Teich« gelegt, z.B. auf ein blaues Tuch im Kreis. Die Fischer stehen darum herum und bekommen eine bestimmte Zeit gesetzt, in der sie Fische angeln dürfen. Wer nach dieser Zeit die meisten Fische geangelt hat, hat gewonnen.

(4) Ich hab' gefischt

Alle sitzen im Kreis um einen Tisch. Die Hände liegen nebeneinander im Kreis auf dem Tisch. Eine/r ist der Fischer und spricht: »Ich hab' gefischt, ich hab' gefischt und keinen einz'gen Fisch er – – – wischt!«
Bei der letzten Silbe versucht er, mit einer Hand eine der anderen Hände abzuschlagen. Die anderen ziehen möglichst schnell ihre Hände weg. Die Hand, die erwischt ist, verschwindet vom Tisch.

(5) Training

Siehe Abschnitt 3 Nr. 1.

Über eine Woche eine bestimmte Stecke im Dauerlauf trainieren; jeweils die Zeit messen, die Kondition überprüfen und sehen, wie man sich individuell verbessert hat.

(Anstelle des Dauerlaufes kann man natürlich über einen bestimmten Zeitraum hinweg alles mögliche üben und trainieren.)

(6) Pantomime: Der alte Fischer

Siehe Abschnitt 3 Nr. 3.

Ein Boot wird mit braunen Tüchern angedeutet. Die Fischer setzen sich hinein und rudern. Andere spielen mit grauen, blauen und weißen Tüchern den Sturm und die hohen Wellen. Die Bootsinsassen fürchten sich, werfen ihre Ruder weg und beginnen zu beten. Der alte Fischer steht auf, schüttelt den Kopf und sagt dann laut und deutlich den Schlußsatz der Geschichte.

(7) Gespräche

• In Bewegung halten *(siehe Abschnitt 3 Nr. 1.)*
  Miteinander darüber sprechen, was es für unser Leben bedeutet, in Bewegung zu sein oder stillzustehen. Beides kann Vor- und Nachteile haben.

• Erfolg/Mißerfolg *(siehe Abschnitt 3 Nr. 5)*
  Nach dem Lesen der Geschichte die persönlichen Gedanken und Eindrücke austauschen und evtl. über »Erfolg« und »Mißerfolg« in der Glaubensweitergabe reden.

König

1. Einführung

Wenn wir das Wort »König« hören, haben wir die unterschiedlichsten Assoziationen. Vielleicht denken wir an die vielen Könige, von denen die Märchen der Völker erzählen, an die Prinzen und Prinzessinnen, die verwunschen und erlöst werden. Macht und Reichtum, viel Glitter und Pracht fällt uns ein. Oder wir denken an die Reste des Adels in den Ländern Europas, deren Herrlichkeit uns etwas verstaubt und angekratzt vorkommt, deren Skandale und Skandälchen in der Boulevardpresse breitgetreten und von vielen Menschen mit Anteilnahme und Neugier verfolgt werden.

Was auch immer uns einfällt, der Gedanke an einen mächtigen König, an die Königin mit ihrem Gefolge, an den Prinzen oder die Prinzessin, der/die uns erlöst aus der Eintönigkeit des Alltags, ist uns allen nicht ganz fremd. Von Königen und Prinzen ist die Welt schon lange voll – in der Realität, aber auch in Märchen der Völker und in den Wunschträumen vieler Menschen. Mittlerweile werden diese Königsträume vielleicht abgelöst durch den Traum, ein großer Star zu sein im Sport, im Film, in der Musik. Aber der Inhalt dieser Wunschträume bleibt gleich: Ansehen, Macht, Reichtum, Glanz und Glorie, der Wunsch, ganz oben zu sein, der oder die erste, der oder die beste, umjubelt von der Menge. Allerdings bleibt es für die meisten ein Traum. Die Geschichte vom Herrschen und Dienen ist uralt. Die meisten möchten gerne herrschen, müssen aber dienen.

Mit der »Erfindung« des Königtums, der Entstehung des höheren und niederen Adels, wurde die Mehrklassengesellschaft bestärkt, die wohl im Menschen angelegt ist. Die Geschichte scheint es zu bestätigen: Menschen, die in einer Gesellschaft zusammenleben, müssen die Macht verteilen und bedürfen einer Leitung, wie auch immer sie aussehen mag. Und viele Jahrhunderte lang waren es eben die Könige, die einem Reich vorstanden.

Bei manchen Völkern, etwa bei den Ägyptern oder den Inkas, war der König gleichzeitig der höchste Gott des Volkes. Im Gegensatz

241

dazu war das Volk Israel zunächst ohne König, denn Gott selbst war der Höchste, so daß es eigentlich keines weltlichen Königs bedurft hätte. Aber, so erzählt es das Alte Testament, das Volk verlangte nach einem menschlichen König. Das Volk Israel, das von den von Gott eingesetzten Richtern geleitet wird, bedrängt Gott, daß er ihm einen König einsetzt, weil eben alle Völker ringsum einen König haben, mit dem sie repräsentieren können. In Gottes Augen ist das ein törichtes Verlangen, aber dennoch gibt er nach. Und es tritt ein, was vorauszusehen war: Nach den ersten Königsgenerationen zerfällt das Reich, und wie in vielen anderen Kulturen auch, brechen Machtstreitigkeiten unter den Erben aus, die das ganze Volk entzweien.

Erst mit Jesus Christus wird das eigentliche Königtum Gottes wiederhergestellt. Mit seinem Auftreten wird aber auch jedes weltliche Königtum auf den Kopf gestellt. Auf die Frage des Pilatus: »Bist du ein König?«, antwortet er: »Ja, ich bin ein König, aber mein Königreich ist nicht von dieser Welt.« Er reitet, allem Gepränge und Flitter zum Trotz, als König auf einem Esel in die Stadt Jerusalem ein. Er ist der König, der dienen und nicht herrschen will. In seinen Reden vom Reich Gottes macht er deutlich, daß alle Königreiche der Welt vergänglich sind, das Königtum Gottes aber auf ewig Bestand hat.

2. Biblische Bezüge

Das Volk Israel verlangt einen König (1 Sam 8,1–22)
Saul wird zum König gesalbt (1 Sam 9,1–10,25)
David wird als König anerkannt (2 Sam 5,1–5)
Gott gewährt Salomo eine Bitte (1 Kön 3,4–15)
Die Königin von Saba (1 Kön 10,1–13)
Das Gastmahl Belschazzars (Dan 5,1–6,1)
Der König der Herrlichkeit (Psalm 24)
Ein Lied zur Hochzeit des Königs (Psalm 45)
Gott, der König aller Völker (Psalm 47)
Der Herr, König und Richter aller Welt (Psalm 96)
Das Königtum Gottes (Psalm 93)

Das Reich der Gerechtigkeit (Jes 32,1–8)
Die Huldigung der Sterndeuter (Mt 2,1–12)
Einzug in Jerusalem (Lk 19,28–40)
Auslieferung an Pilatus (Lk 23,1-5)
Verspottung Jesu (Mt 27,27–31a)
Verhandlung vor Pilatus (Mk 15,1–15; Joh 18,28–38)
Königsgleichnisse:
Das Gleichnis vom anvertrauten Geld (Lk 19,11–27)
Das Gleichnis vom unbarmherzigen Gläubiger (Mt 18,23–35)
Das Gleichnis vom königlichen Hochzeitsmahl (Mt 22,1–14)

3. Geschichten/Texte

(1) Der Froschkönig

In den alten Zeiten, wo das Wünschen noch geholfen hat, lebte ein
König, dessen Töchter waren alle schön; aber die jüngste war so
schön, daß die Sonne selber, die doch so vieles gesehen hat, sich ver-
wunderte, sooft sie ihr ins Gesicht schien. Nahe bei dem Schlosse
des Königs lag ein großer dunkler Wald, und in dem Walde unter
einer alten Linde war ein Brunnen; wenn nun der Tag recht heiß
war, so ging das Königskind hinaus in den Wald und setzte sich an
den Rand des kühlen Brunnens – und wenn sie Langeweile hatte, so
nahm sie eine goldene Kugel, warf sie in die Höhe und fing sie wieder; und das war ihr liebstes Spielwerk.
Nun trug es sich einmal zu, daß die goldene Kugel der Königstochter nicht in ihr Händchen fiel, das sie in die Höhe gehalten hatte,
sondern vorbei auf die Erde schlug und geradezu ins Wasser hinein-
rollte. Die Königstochter folgte ihr mit den Augen nach, aber die
Kugel verschwand, und der Brunnen war tief, so tief, daß man keinen Grund sah. Da fing sie an zu weinen und weinte immer lauter
und konnte sich gar nicht trösten. Und wie sie so klagte, rief ihr
jemand zu: »Was hast du vor, Königstochter, du schreist ja, daß sich
ein Stein erbarmen möchte.« Sie sah sich um, woher die Stimme
käme, da erblickte sie einen Frosch, der seinen dicken, häßlichen

Kopf aus dem Wasser streckte. »Ach, du bist's, alter Wasserpatscher«, sagte sie. »Ich weine über meine goldene Kugel, die mir in den Brunnen hinabgefallen ist.« »Sei still und weine nicht«, antwortete der Frosch, »ich kann wohl Rat schaffen, aber was gibst du mir, wenn ich dein Spielwerk wieder heraufhole?« »Was du haben willst, lieber Frosch«, sagte sie, »meine Kleider, meine Perlen und Edelsteine, auch noch die goldene Krone, die ich trage.« Der Frosch antwortete: »Deine Kleider, deine Perlen und Edelsteine und deine goldene Krone, die mag ich nicht – aber wenn du mich liebhaben willst, und ich soll dein Geselle und Spielkamerad sein, an deinem Tischlein neben dir sitzen, von deinem goldenen Tellerlein essen, aus deinem Becherlein trinken, in deinem Bettlein schlafen. Wenn du mir das versprichst, so will ich hinuntersteigen und dir die goldene Kugel wieder heraufholen.« »Ach ja«, sagte sie, »ich verspreche dir alles, was du willst, wenn du mir nur die Kugel wieder bringst.« Sie dachte aber: Was der einfältige Frosch schwätzt! Der sitzt im Wasser bei seinesgleichen und quakt und kann keines Menschen Geselle sein.

Der Frosch, als er die Zusage erhalten hatte, tauchte seinen Kopf unter, sank hinab, und über ein Weilchen kam er wieder heraufgerudert, hatte die Kugel im Maul und warf sie ins Gras. Die Königstochter war voll Freude, als sie ihr schönes Spielwerk wieder erblickte, hob es auf und sprang damit fort. »Warte, warte«, rief der Frosch, »nimm mich mit, ich kann nicht so laufen wie du!« Aber was half es ihm, daß er ihr sein Quak, Quak so laut nachschrie, als er konnte! Sie hörte nicht darauf, eilte nach Hause und hatte bald den armen Frosch vergessen, der wieder in seinen Brunnen hinabsteigen mußte.

Am andern Tage, als sie mit dem König und allen Hofleuten sich zur Tafel gesetzt hatte und von ihrem goldenen Tellerlein aß, da kam, plitsch-platsch, plitsch-platsch, etwas die Marmortreppe heraufgekrochen, und als es oben angelangt war, klopfte es an die Tür und rief: »Königstochter, jüngste, mach mir auf!« Sie lief und wollte sehen, wer draußen wäre, als sie aber aufmachte, so saß der Frosch davor. Da warf sie die Tür hastig zu, setzte sich wieder an den Tisch, und es war ihr ganz angst. Der König sah wohl, daß ihr das Herz gewaltig klopfte, und sprach: »Mein Kind, was fürchtest du dich, steht etwa ein Riese vor der Tür und will dich holen?« »Ach nein«, antwortete sie, »es ist kein Riese, sondern ein garstiger

Frosch.« »Was will der Frosch von dir?« »Ach, lieber Vater, als ich gestern im Wald bei dem Brunnen saß und spielte, da fiel meine goldene Kugel ins Wasser. Und weil ich so weinte, hat sie der Frosch wieder heraufgeholt, und weil er es durchaus verlangte, so versprach ich ihm, er sollte mein Geselle werden; ich dachte aber nimmermehr, daß er aus seinem Wasser herauskönnte. Nun ist er draußen und will zu mir herein.« Und schon klopfte es zum zweitenmal und rief:

»Königstochter, jüngste,
Mach mir auf,
Weißt du nicht, was gestern
Du zu mir gesagt
Bei dem kühlen Brunnenwasser?
Königstochter, jüngste,
Mach mir auf.«

Da sagte der König: »Was du versprochen hast, das mußt du auch halten; geh nur und mach ihm auf.« Sie ging und öffnete die Türe, da hüpfte der Frosch herein, ihr immer auf dem Fuße nach, bis zu ihrem Stuhl. Da saß er und rief: »Heb mich herauf zu dir.« Sie zauderte, bis es endlich der König befahl.

Als der Frosch erst auf dem Stuhl war, wollte er auf den Tisch, und als er da saß, sprach er: »Nun schieb mir dein goldenes Tellerlein näher, damit wir zusammen essen.« Das tat sie zwar, aber man sah wohl, daß sie's nicht gerne tat. Der Frosch ließ sich's gut schmecken, aber ihr blieb fast jedes Bißlein im Halse.

Endlich sprach er: »Ich habe mich sattgegessen und bin müde; nun trag mich in dein Kämmerlein und mach dein seiden Bettlein zurecht, da wollen wir uns schlafen legen.« Die Königstochter fing an zu weinen und fürchtete sich vor dem kalten Frosch, den sie nicht anzurühren getraute und der nun in ihrem schönen, reinen Bettlein schlafen sollte.

Der König aber ward zornig und sprach: »Wer dir geholfen hat, als du in der Not warst, den sollst du hernach nicht verachten.« Da packte sie ihn mit zwei Fingern, trug ihn hinauf und setzte ihn in eine Ecke. Als sie aber im Bett lag, kam er gekrochen und sprach: »Ich bin müde, ich will schlafen so gut wie du – heb mich herauf, oder ich sag's deinem Vater.« Da ward sie erst bitterböse, holte ihn herauf und warf ihn aus allen Kräften wider die Wand: »Nun wirst du Ruhe haben, du garstiger Frosch.«

Als er aber herabfiel, war er kein Frosch, sondern ein Königssohn mit schönen und freundlichen Augen. Der war nun nach ihres Vaters Willen ihr lieber Geselle und Gemahl. Da erzählte er ihr, er wäre von einer bösen Hexe verwünscht worden, und niemand hätte ihn aus dem Brunnen erlösen können als sie allein, und morgen wollten sie zusammen in sein Reich gehen. Dann schliefen sie ein, und am andern Morgen, als die Sonne sie aufweckte, kam ein Wagen herangefahren, mit acht weißen Pferden bespannt, die hatten weiße Straußfedern auf dem Kopf und gingen in goldenen Ketten, und hinten stand der Diener des jungen Königs, das war der treue Heinrich. Der treue Heinrich hatte sich so betrübt, als sein Herr war in einen Frosch verwandelt worden, daß er drei eiserne Bande hatte um sein Herz legen lassen, damit es ihm nicht vor Weh und Traurigkeit zerspränge. Der Wagen aber sollte den jungen König in sein Reich abholen; der treue Heinrich hob beide hinein, stellte sich wieder hinten auf und war voller Freude über die Erlösung. Und als sie ein Stück Wegs gefahren waren, hörte der Königssohn, daß es hinter ihnen krachte, als wäre etwas zerbrochen. Da drehte er sich um und rief:
»Heinrich, der Wagen bricht.«
»Nein, Herr, der Wagen nicht,
Es ist ein Band von meinem Herzen,
Das da lag in großen Schmerzen,
Als Ihr in dem Brunnen saßt,
Als Ihr eine Fretsche (Frosch) wast.«
Noch einmal und noch einmal krachte es auf dem Weg, und der Königssohn meinte immer, der Wagen bräche, und es waren doch nur die Bande, die vom Herzen des treuen Heinrich absprangen, weil sein Herr erlöst und glücklich war.

Brüder Grimm

(2) Vom König, der Gott sehen wollte

In einem fernen Lande lebte einst ein König, den am Ende seiner Tage Schwermut befiel. »Seht«, sagte er, »nun habe ich in meinem Leben alles, was nur ein Mensch erleben und mit den Sinnen aufnehmen kann, erfahren, gehört und gesehen. Nur eines habe ich nicht gesehen in meinem ganzen Leben: Gott habe ich nicht gesehen. Ihn wünsche ich noch zu sehen.« Deshalb erließ der König an alle Machthaber, Weisen und Priester den Befehl, ihm Gott zu zeigen. Schwerste Strafen wurden ihnen angedroht, wenn es ihnen nicht gelänge. Der König gewährte eine Frist von drei Tagen.

Trauer kam über die Einwohner des königlichen Palastes, und alle warteten auf ihr bevorstehendes Ende. Genau nach drei Tagen um die Mittagszeit ließ der König sie vor sich rufen. Der Mund der Machthaber, der Weisen und der Priester blieb aber stumm. In seinem Zorn war der König schon bereit, das Todesurteil auszusprechen.

Da kam ein Hirte vom Felde, der von des Königs Befehl gehört hatte, und sagte: »Erlaube mir, König, deinen Wunsch zu erfüllen!« »Gut«, sagte der König, »aber bedenke, es geht um deinen Kopf!« Der Hirte führte den König auf einen freien Platz und zeigte ihm die Sonne. »Sieh hin«, sagte er. Der König hob seine Augen und wollte die Sonne sehen. Aber der Glanz blendete ihn, und er senkte den Kopf und schloß die Augen. »Willst du, daß ich erblinde?« sagte er zu dem Hirten. »Aber König, das ist doch nur *ein* Ding der Schöpfung, ein schwacher Abglanz der Größe Gottes, ein kleines Fünkchen seines flammenden Feuers. Wie willst du mit deinen schwachen, tränenden Augen Gott sehen? Suche ihn mit anderen Augen.«

Der Einfall gefiel dem König. Er sagte zu dem Hirten: »Ich erkenne deinen Geist und sehe die Größe deiner Seele. Antworte mir nun: Was war vor Gott?« Nach einigem Nachdenken sagte der Hirt: »Sei nicht zornig wegen meiner Bitte, aber zähle! ...« Der König begann: »Eins, zwei –« »Nein, nein«, unterbrach ihn der Hirt, »nicht so, fange mit dem an, was vor eins kommt!« »Wie kann ich denn? Vor eins gibt es doch nichts.« »Sehr weise gesprochen, Herr. Auch vor Gott gibt es nichts.« Diese Antwort gefiel dem König noch besser als die vorhergehende.

»Ich werde dich reich beschenken; vorher aber antworte noch auf die dritte Frage. Was macht Gott? ...« Der Hirt sah, daß des Königs Herz weich geworden war. »Gut«, sagte er, »auch darauf will ich dir antworten. Nur um eines bitte ich dich: Laß uns die Kleider für eine kurze Zeit tauschen.« Und der König legte die Zeichen seiner Königswürde ab, kleidete damit den Hirten, und selbst zog er dessen unscheinbaren Rock an und hängte sich die Hirtentasche um. Und der Hirt setzte sich auf den Thron, nahm das Zepter und zeigte damit auf den an den Stufen seines Thrones mit seiner Hirtentasche stehenden König. »Siehst du, das macht Gott ... Den einen erhebt er auf den Thron, und den anderen läßt er heruntersteigen.« Und der Hirt zog wieder seine eigenen Kleider an.

Der König stand in Gedanken versunken. Das letzte Wort des Hirten brannte auf seiner Seele. Aber plötzlich ermannte er sich, und unter sichtbaren Zeichen der Freude sagte er: »Jetzt sehe ich Gott.«

Leo N. Tolstoi

(3) Milde und Strenge zugleich

Es hatte ein König viele Weingläser. Er sprach zu sich selber: Wenn ich Heißes in die Gläser gieße, zerspringen sie. Gieße ich aber sehr Kaltes hinein, so bekommen sie viele Risse.

Was tat der König? Er vermengte Kaltes mit Heißem und gab es in die Gläser, und sie blieben ganz.

So auch der Herr am Anfang der Zeit. Er sprach: Baue ich die Welt allein auf Barmherzigkeit auf, nimmt die Sünde überhand. Lasse ich aber die Härte des Gesetzes allein walten, wie wird da die Welt bestehen?

Ich will sie nun auf Milde und Strenge zugleich begründen, und, ach, daß sie dann bestehe...

Jüdische Legende

(4) Das Hemd des Zufriedenen

Ein König hatte einen Sohn, der stets unzufrieden auf dem Balkon saß und sich langweilte. Er wußte selbst nicht, was ihm fehlte. Die Weisen rieten: »Majestät, sucht einen ganz zufriedenen Menschen und vertauscht sein Hemd mit dem Eures Sohnes!« Alle Beamten wurden ausgesandt, einen solchen zu entdecken – vergebens! Da stößt der König bei der Jagd auf einen fröhlich singenden Arbeiter im Weinberg. Er gesteht: »Ich bin restlos zufrieden, möchte weder mit Papst noch König tauschen.« Der König bittet: »Mein Sohn ist sterbenskrank. Er braucht als Medizin das Hemd eines Zufriedenen. Ich werde dir jeden Preis zahlen.« »Majestät, da kann ich nicht dienen – ich habe kein Hemd!«

Italienisches Märchen

(5) Die Waage des Königs

Ein junger Mann wollte unbedingt von zu Hause fort, um die Welt kennenzulernen. »Geh nur«, sagte die Mutter, »Geld habe ich nicht, aber ein Stück Brot will ich dir mitgeben. Solange du es mit anderen teilst, wird es nicht ausgehen.«
Er ging los, aß von dem Brot, wenn er Hunger hatte, und teilte es mit denen, die er traf. Und richtig: Das Brot ging nicht zu Ende.
Eines Tages kam er in die große Stadt eines mächtigen Königs. Der wollte seine wunderschöne Tochter nur dem zur Frau geben, der noch reicher und mächtiger war als er. Auf dem Marktplatz hatte er eine riesengroße Waage aufgestellt: In einer Waagschale lagen alle seine Schätze. Wer seine Tochter zur Frau haben wollte, sollte seine Schätze in die andere Waagschale legen.
Könige aus aller Welt kamen mit all ihrem Reichtum, aber keiner vermochte die Schale herunterzudrücken. Die Prinzessin fürchtete schon, immer allein leben zu müssen.
Einmal ging sie traurig und enttäuscht am Ufer des Flusses entlang, als sie den jungen Mann traf, der gerade sein Brot aß. Er lud sie zum Essen ein. Sie nahm das Brot an und aß und konnte wieder froh sein. Gestärkt ging sie nach Hause.
Am nächsten Tag kam der junge Mann an der riesigen Waage des Königs vorbei: Wieder waren Könige dabei, die Schalen mit ihren Schätzen niederzudrücken. Vergebens. Er erkannte in der Prinzessin das Mädchen, mit der er sein Brot geteilt hatte. Da trat er vor den König und sagte: »Gib mir deine Tochter! Ich lege meinen ganzen Reichtum, dieses Stück Brot, in die Waagschale.« Da lachten ihn alle aus, der König wurde sogar zornig. Aber die Prinzessin bat ihn, es zuzulassen. Da legte der junge Mann sein Brot in die leere Schale: Die Waage begann sich zu neigen und sank langsam nach unten.
Niemand konnte das verstehen. Der König aber hielt sein Versprechen. Die beiden wurden sehr glücklich, und die Menschen in ihrem Land hatten immer Brot.

Wilhelm Bruners

Aus: Heriburg Laarmann, Mit Märchen und ihren Sinnbildern, Verlag Herder, Freiburg 8. Auflage 1996.

4. Lieder/Tanz/Musik

(1) Das Königreich von nirgendwo

1. Das Königreich von Nirgendwo liegt
tief am Meeresgrund.
Dort wohnt der König Sowieso mit
Niemand, seinem Hund.
Die Königin heißt Keinesfalls, sie
ist erstaunlich klein,
hat einen langen Schwanenhals und
sagt beständig »Nein!«.

2. Und Keiner ist der Hofmarschall.
Er trinkt gern süße Luft.
Sein Haus (gleich neben Niemands Stall)
besteht aus Kieselduft.
Die Köchin Olga Nimmermehr,
die wohnt in Keiners Haus.
Sie putzt und werkelt immer sehr
und kocht tagein, tagaus.

3. Am liebsten kocht sie Grabgeläut,
mit Seufzern fein gemischt.
Das wird im Schloß zu Keinerzeit
meist Niemand aufgetischt.
Oft macht die Katze Niemals hier
zu Keinerzeit Tumult.
Dann sorgt sich Keiner um das Tier,
und Niemand kriegt die Schuld.

4. Man schimpft ihn tüchtig aus und läßt
   ihn prügeln noch und noch.
   Für Nimmermehr gibts Hausarrest,
   und Keiner muß ins Loch.
   Doch meist ist König Sowieso
   sehr friedlich und human.
   Drum liebt im ganzen Nirgendwo
   ihn jeder Untertan.

5. Ich selber ging mal seinerzeit
   zu einer Zeit im Mai
   (man tat so was zu meiner Zeit)
   an Keinerzeit vorbei.
   Das Meer war still. Und Keiner stand
   am Zaun, nach mir zu schaun.
   Schloß Keinerzeit lag linker Hand
   und Niemand rechts am Zaun. –

6. Das Köngreich von Nirgendwo
   liegt irgendwo am Grund.
   Dort wohnt der König Sowieso
   mit Niemand, seinem Hund. *(2x)*

T: James Krüss M: Alfred Divisch
Aus: Der Kinderleierkasten
Rechte: © 1982 by Musikverlag Zimmermann, Frankfurt am Main.

(2) Jesus zieht in Jerusalem ein

Refrain: Je-sus zieht in Je-ru-sa-lem ein, Ho-si-an-na!

1. Al-le Leu-te fan-gen auf der Stra-ße an zu schrein: Ho-si-
an-na, Ho-si-an-na, Ho-si-an-na in der Höh', Ho-si-

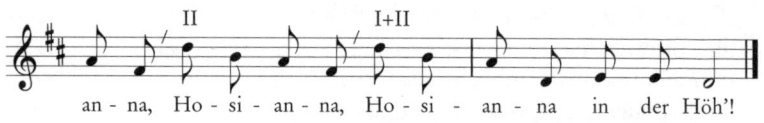

an - na, Ho - si - an - na, Ho - si - an - na in der Höh'!

2. Seht, er kommt geritten, auf dem Esel sitzt der Herr.
   Hosianna ...
3. Kommt und legt ihm Zweige von den Bäumen auf den Weg!
4. Kommt und breitet Kleider auf der Straße vor ihm aus!
5. Alle Leute rufen laut und loben Gott, den Herrn.
6. Kommt und laßt uns bitten – statt das »Kreuzige« zu schrein:
   /: Komm, Herr Jesu, komm, Herr Jesu,
   komm, Herr Jesu, auch zu uns! :/

»Hosianna« auch gruppenweise im Wechsel singen! (I/II)

T und M: Gottfried Neubert
Rechte: Christophorus Verlag, Freiburg.

Spielanleitung:

Das Lied wird miteinander gesungen und dazu gespielt: grüne Zweige schwenken, Tücher auf den Boden legen usw.
Man kann auch aus großer Pappe die Stadt »Jerusalem« mit einem großen Tor bauen, durch das Jesus einzieht.

(3) Psalmmelodie zu Psalm 24

Der Psalm wird mehrmals hintereinander laut vorgelesen (evt. auch im Wechsel gemeinsam lesen).
Die Verse 7–10 werden auswendig gelernt. Dann geht jede/r allein spazieren und beginnt, die Verse 7–10 vor sich hin zu singen.
Wenn jede/r seine/ihre Melodie hat, kehrt er/sie in den Raum zurück und versucht, die Verse vorzusingen.

(4) Schreittanz zum Psalm

Der Psalm wird wie in (3) gelesen, man kann auch versuchen, ihn in ähnlicher Weise zu singen. Es werden Paare gebildet, die langsam aufeinander zuschreiten. (Vorher können sie mit bunten Tüchern als Könige und ihr Gefolge verkleidet werden.) Gemeinsam schreiten alle durch den Raum, wie bei einer Quadrille. Einmal gehen alle Paare hintereinander her, dann geht das erste Paar rechts, das zweite links, das dritte wieder rechts usw. Wenn sie sich wieder begegnen, bilden sie eine Viererkette, die sich an der nächsten Seite wieder auflöst, damit sich die Paare bei der Begegnung wieder einreihen können. Man kann dazu noch viele andere Figuren erfinden.

(5) Verklanglichung: Das Gleichnis vom königlichen Hochzeitsmahl (Mt 22,1–14)

Vorstellung:	Verklanglichung:
Der König bereitet das Hochzeitsfest vor.	*Töne auf dem Metallophon, Becken und Cymbeln*
Die Gäste wollen nicht kommen.	*Rasseln*
Die einzelnen Entschuldigungen	*Diener: Glockenkranz* *Absagen: Handtrommel, Schläge, die immer heftiger werden.*
Einladung an alle auf der Straße	*Klanghölzer*
Fest	*Klanghölzer gemischt mit Cymbeln und Becken*
Kein Festgewand	*Handtrommel*

(6) Lieder aus dem Gotteslob

- Macht hoch die Tür, Nr. 107
- Gelobt seist du, Herr Jesus Christ, Nr. 560
- Singt dem König Freudenpsalmen, diverse Diözesanteile, z.B. Paderborner, Nr. 847, Limburger, Nr. 822

(7) Lieder aus dem Evangelischen Gesangbuch

- Macht hoch die Tür, Nr. 1
- O König aller Ehren, Nr. 71
- Jesus Christus herrscht als König, Nr. 123

(8) Musik

Carl Orff, Weihnachtsgeschichte: Auftritt der Heiligen Drei Könige

5. Gestalten/Malen/Basteln

(1) Ideenfindung: König

Alle sitzen im Kreis. In der Mitte liegt auf einem großen Bogen Papier eine Krone aus Goldfolie. Die Teilnehmer/innen werden aufgefordert, auf das Papier zu schreiben, was ihnen zum Thema König/Königin spontan einfällt.

(2) Kronen basteln

Material:
Goldfolie, Schere, Silberdraht, Zangen, Schnur

Methode:
Auf unterschiedliche Art und Weise können Kronen gebastelt werden. Zum einen kann mit einer Schnur der Kopfumfang gemessen werden. Genauso lang wird ein 15 cm hoher Streifen Goldpapier geschnitten, in den dann auf einer Seite noch die Zacken der Krone geschnitten werden. Dann wird die offene Seite zusammengeklebt.
Eine andere Möglichkeit ist, aus Silberdraht eine kleine Krone zu basteln, an der rechts und links ein Band zum Umbinden befestigt wird. Wenn der Silberdraht sehr dünn ist, kann man ihn vorher flechten und aus dem geflochtenen Draht die Krone formen.

(3) Metallkönig

Material:
dicke Metallfolie, eine Stricknadel oder ein dickerer Nagel, Papier, Stifte, Zeitungen

Methode:
Auf dem Papier wird die Skizze einer Königsstatue gezeichnet, als Gesamtbild oder als Büste.
Die Metallfolie wird auf eine dicke Unterlage aus Zeitungen gelegt. Das skizzierte Bild wird dann mit der Stricknadel in die Metallfolie gedrückt, jeweils mehr oder weniger tief, so daß viele kostbare Falten im Gewand und Edelsteine auf der Krone sind.

(4) Collage: Könige heute (Boulevardpresse)

Material:
Zeitschriften aus der Boulevardpresse mit Bildern und Schlagzeilen von Königen und Königinnen heute, Papierbogen, Scheren, Klebstoff

Methode:
Die Bilder und Schlagzeilen werden ausgeschnitten und in einer selbst gewählten Form auf den großen Bogen Papier gelegt, so daß ein Gesamtbild entsteht. Anschließend wird das Bild miteinander angesehen und mit den Vorstellungen verglichen, die die Gruppe von Königen hat.

(5) Stoffcollage: Die Königin von Saba (1 Kön 10,1–13)

Material:
Nesselstoff, Stoffreste, Nähzeug, Klebstoff, Stifte

Methode:
Der Einzug der Königin von Saba in Jerusalem wird im 1. Buch der Könige ausführlich beschrieben. Die Stelle wird gemeinsam gelesen, und dann zeichnet jede/r eine Skizze dieses prachtvollen Einzugs in Jerusalem. Gemeinsam werden die Skizzen betrachtet und eine Komposition für das Gemeinschaftsbild zusammengetragen. Die einzelnen Elemente werden als Schnittmuster auf Papier hergestellt, dann auf den Stoff gelegt und ausgeschnitten. Dann werden sie auf den großen Nesselstoff gelegt und festgenäht oder, bei dickerem Stoff, geklebt.

(6) Mene mene tekel u-parsin (Das Gastmahl Belschazzars, Dan 5,1–6,1)

Material:
schwarzes Tonpapier, oder weißes Papier, Leuchtstifte

Methode:
Die Geschichte wird vorgelesen. Das Geheimwort »Mene mene tekel u-parsin« wird groß auf eine Tapete geschrieben. Die Deutung des Geheimwortes wird noch einmal benannt.
Diese Geheimschrift kann dann jeder mit Leuchtfarben möglichst kunstvoll auf weißes oder schwarzes Papier abschreiben.

(7) Gegensatzbild: Das Königtum Gottes (Ps 93)

Material:
Papierbogen, Farbe und Pinsel oder bunte Kreiden

Methode:
Miteinander wird darüber gesprochen, wie Gott in diesem Psalm (und evtl. in anderen Psalmen) beschrieben wird.
Der Psalm wird in Unterabschnitte eingeteilt und der Gegensatz zwischen Gott, dem mächtigen König, und dem Brausen der Fluten herausgestellt.
Dieser Gegensatz wird dann in einem Kontrastbild von hell und dunkel, Ruhe und Unruhe zum Ausdruck gebracht.

(8) Collage: Das Reich der Gerechtigkeit (Jes 32,1–8)

Material:
Papier, Farben, buntes Tonpapier

Methode:
Die Bibelstelle wird miteinander gelesen. Dann schließen alle die Augen und versuchen, sich das Beschriebene beim nochmaligen Vorlesen bildlich vor Augen zu führen. Miteinander tauschen alle aus, wie sie sich das Reich Gottes, das Reich der Gerechtigkeit vorstellen. Einzelne Elemente des Texts bzw. der persönlichen Vorstellung werden skizziert, dann bunt gemalt, ausgeschnitten und auf einen großen Bogen Papier gelegt. Aus den vielen Einzelbildern wird ein Gesamtbild gelegt und dann geklebt, das Bild vom Reich der Gerechtigkeit.

(9) Palmbuschen binden

Material:
Buchsbaumzweige, Rundhölzer, Blumendraht, Geschenkband oder Kreppapier

Methode:
Einige grüne Buchsbaumzweige werden mit Blumendraht um ein Rundholz gebunden und dann mit buntem Geschenkband oder Kreppapier geschmückt.
Die grünen Palmbuschen können zum Palmsonntag mit in die Kirche genommen werden.

6. Stilleübungen

L = Leiter/in; TN = Teilnehmer/in(nen). Jede freie Zeile im Sprechtext bedeutet eine längere Sprechpause.

(1) Wenn ich ein König wäre

Die TN sitzen im Kreis. In der Mitte liegt auf einem roten Tuch eine Krone aus Goldpapier.

L spricht:
In der Mitte sehen wir eine goldene Krone.
Sie glänzt und erinnert uns an einen König oder eine Königin.
Wir schließen die Augen und stellen uns eine Königin oder einen König vor.

Eine goldene Krone erzählt vom Reichtum der Könige und Königinnen.
Wenn ich eine Königin, wenn ich ein König wäre
und alle Reichtümer der Erde besäße,
was würde ich damit tun?

Ein König hat Macht. Er regiert über ein Volk.
Wenn ich dieser König wäre,
wenn ich die Macht hätte,
was würde ich ändern in unserer Gesellschaft?

(2) Was wir erbitten

Die TN sitzen im Kreis, in der Mitte steht eine Kerze.

L spricht:
Wir versuchen, ganz still zu werden.
Wir sitzen und legen unsere Arme locker auf die Beine.
Viele Dinge gehen uns durch den Kopf.
Der Tag mit seinen Geschehnissen,
vielleicht die Hektik und Unruhe,
unzählige Bilder,
Aufgaben, die vor uns liegen.
Auch die Zeit, in der wir leben, mit ihren Ereignissen,

die Menschen, mit denen wir leben, und vieles mehr.

All das lassen wir in uns aufkommen, bis wir ruhig und leer geworden sind.

Es gibt vieles, um das wir bitten können.

Eine Geschichte aus dem Alten Testament erzählt von König Salomo, der sich von Gott etwas erbitten darf.

Die Textstelle 1 Kön 3,4–15 wird vorgelesen.

Von Jesus kennen wir das Wort:
»Bittet und es wird euch gegeben werden.«
Vielleicht haben wir tief in uns eine Bitte,
die wir jetzt in der Stille vor Gott bringen möchten.

7. Spiel und Aktion

(1) König für einen Tag

In einer Gruppe oder Familie wird eine/r durch Losverfahren ausgewählt. (Ein alter Brauch schreibt vor, daß in einem Kuchen eine harte Erbse mitgebacken wird, und wer beim Verzehr das Kuchenstück mit der Erbse erhält, ist König für einen Tag.) Diese Person wird in einer kurzen Zeremonie mit einer Krone aus Goldfolie zur Königin oder zum König für einen Tag gekrönt.

Wer König ist, hat die Macht und darf den Tag gestalten. Er/Sie darf sich wünschen, was gegessen wird, was miteinander unternommen wird. Bei Streitigkeiten oder Wettspielen wird der/die König/in auch zum Schiedsrichter. Er/Sie darf sich Minister ernennen und einen Hofnarren usw.

(2) Spielgeschichte mit Bewegungen: Die Geschichte von »König Grrr...«

Eine/r erzählt die Geschichte, und alle anderen im Kreis machen die Bewegungen nach, die der/die Erzähler/in vormacht.

Es war einmal ein riesengroßes Königreich *(die Arme beschreiben einen großen Kreis)* mit einem riesengroßen Schloß mit zwei riesengroßen Türmen *(mit den Armen wird ein großes Viereck angedeutet und an beiden Seiten davon wieder ein Viereck als Turm).*

In dem riesengroßen Königreich wohnte *(das Königreich wird wieder gezeigt)* der König Grrr *(bei »Grrr...« werden die Daumen seitlich an die Schläfen geführt, und die Finger tanzen hin und her)* mit seinen drei Töchtern.

Die älteste hieß Prinzessin »Sssst« *(mit dem Finger von oben nach unten durch die Luft sausen).* Sie war so lang und dünn, daß man schon genau hinschauen mußte, wenn man sie überhaupt sehen wollte.

Die zweite Prinzessin hieß Prinzessin »uuaah« *(bei »uuaah« die Arme ganz weit ausbreiten).* Die war so dick, daß sie für sich ganz allein ein ganzes Sofa brauchte, wenn sie sich hinsetzen wollte.

Die jüngste Prinzessin war schön wie die Morgenröte. Sie heiß Prinzessin »Mmmmh« *(bei »Mmmmh« Daumen, Zeige- und Mittelfinger an den Mund führen und küssen).*

Neben dem riesengroßen Königreich von König Grrr *(die Bewegungen von Königreich und Grrr wiederholen)* war ein zweites Reich. Es war ganz klein *(mit den Zeigefingern einen kleinen Kreis beschreiben).* In diesem kleinen Königreich war ein winzig kleines Schloß mit zwei winzig kleinen Türmen *(das winzige Schloß mit den beiden Türmen auch mit den Zeigefingern andeuten).* In diesem Schloß wohnte der Prinz »Kl...« *(mit der Zunge schnalzen).*

Eines Tages ritt Prinz »Kl...« auf seinem Pferd zur Jagd *(im Dreierrhythmus auf die Beine patschen, dann plötzlich stoppen).* Dabei gelangte er in das riesengroße Königreich. Plötzlich hielt er sein Pferd an einer Hecke an.

Was sieht er denn da? Er schaut genau hin: Er sieht ein Mädchen, so schön wie die Morgenröte. Es ist Prinzessin »Mmmmh«. Sogleich ist er verliebt in sie *(Prinzessin nachmachen, verliebt gucken).*

Schnell läuft er zu ihr hin, kniet sich vor sie *(hinknien)* und sagt: »Schönste Prinzessin Mmmmh, ich möchte, daß du meine Frau wirst!«

»Da mußt du erst meinen Vater fragen, den schrecklichen König Grrr«, flötet sie zurück *(mit den Augen klimpern)* und läuft voraus zum Schloß *(Laufgeräusche mit den Händen auf den Oberschenkeln machen).*

Schnell springt der Prinz auf sein Pferd und reitet zum Schloß. Beim Schloßtor des riesengroßen Schlosses steigt er ab und schreitet

langsam die Treppen zum Tor hinauf. Herzklopfen befällt ihn, als er den Türklopfer bedient *(Reitgeräusche und die Schritte, das Türquietschen nachmachen, auch die Mimik).*
Nach einer Weile hört er ein langsames Schlurfen. Mit einem leisen Quietschen geht das Tor auf, und ein Diener streckt seine Nase heraus. »Was wollt ihr?« fragt er mürrisch *(bei den handelnden Personen werden die eingeführten Geräusche und Bewegungen immer dann gemacht, wenn sie auftreten).* »Ich möchte zu König Grrr«, stottert der Prinz.
»Kommt herein«, antwortet der Diener und führt ihn einen langen Gang hinunter bis vor eine große, goldene Tür. Der Diener öffnet die Tür und bedeutet dem Prinzen weiterzugehen. Auf dem roten Samtteppich schreitet er voran. Weit hinten kann er den Thron des Königs sehen. Er nimmt all seinen Mut zusammen und geht darauf zu. Vor dem König bleibt er stehen, macht eine Verbeugung und sagt: »Hochverehrter König Grrr, ich begehre Eure jüngste Tochter Mmmmh zur Frau und bitte um ihre Hand.«
Finster schaut ihn der König Grrr an. Und sagt: »Mein lieber Freund, was fällt dir ein? Meine jüngste Tochter kann nicht heiraten, ehe nicht ihre beiden älteren Schwestern verheiratet sind. Such dir eine von ihnen aus!« Dabei zeigt er nach links und nach rechts.
Der Prinz schaut nach links und sieht nichts? *(Im weiteren Verlauf die Handlung pantomimisch nachvollziehen.)* Oder doch, da ist ja noch ein ganz dünner Stuhl und darauf sitzt Prinzessin »Sssst«, lang und dürr. Nein, die will er nicht. Also schaut er nach rechts. Da sieht er einen Stuhlknauf und dann einen weiten, weiten Rock, und irgendwo in der Ferne sieht er den zweiten Stuhlknauf. Hier also sitzt Prinzessin »Uuaah«. Nein, die will er auch nicht.
Traurig läßt er den Kopf hängen, wirft noch einen sehnsuchtsvollen Blick auf die schöne Prinzessin »Mmmmh«, die zu des Königs Füßen sitzt, und geht wieder aus dem Thronsaal, hinaus aus dem Schloß. Das Tor fällt mit einem leisen Quietschen zu. Müde schwingt er sich auf sein Pferd und reitet weg, bis an den ersten Waldrand.
Plötzlich hebt er den Kopf. Er hat eine Idee. Er steigt von seinem Pferd und legt sich ins Gras. Dort liegt er, bis die Nacht sich über das Land neigt.
Leise steht er auf und schwingt sich auf sein Pferd. Er galoppiert auf das Schloß zu, dann läßt er sein Pferd Schritt gehen. Vor der

Treppe hält er an und steigt ganz, ganz leise ab. Er schleicht die Treppe hinauf und öffnet behutsam mit einem Zauberschlüssel das Schloß des Tores. Vorsicht! Gleich quietscht die Tür! Nein, es ist noch einmal gut gegangen.

Er schreitet den langen Gang entlang, vorbei an der Tür zum Thronsaal. Dahinter liegen die Schlafgemächer. Hinter der ersten Tür hört er ein lautes Schnarchen. Das kann nur das Schlafzimmer von König Grrr sein.

Nanu, war da eine Tür? So schmal, dahinter kann nur Prinzessin »Sssst« ruhen. Und hinter diesem breiten Stalltor? Na, das kann wohl nur Prinzessin »Uuaah« sein. Also, die nächste Tür, schön und reich verziert.

Der Prinz horcht an der Tür und hört ein lautes Schnarchen. »Nanu?« denkt er, »das wird doch nicht ...« Er öffnet die Tür und schleicht sich ins Zimmer. Das Schnarchen wird lauter. Er schaut unter die Bettdecke. Da liegt nur der alte Diener. Aber wo ist Prinzessin »Mmmmh«? Fast schon verläßt den Prinzen die Hoffnung, er könnte sie noch finden. Da sieht er noch eine alte Holztür hinten am Gang. Er öffnet die Tür. Es ist die Kammer des Dieners. Aber wer liegt da im Bett? Prinzessin »Mmmmh«! Behutsam schleicht der Prinz sich näher und küßt die Prinzessin sanft auf die Stirn. Sie schlägt ihre wunderschönen Augen auf und flüstert: »Mein Prinz!« Der Prinz sagt: »Was machst du hier in diesem Bett?« »Weißt du«, flüstert sie, »der alte Diener hatte sich verkühlt, und hier in der Kammer zieht es so, da habe ich mit ihm das Bett heimlich getauscht!«

Prinz »Kl...« nimmt seine angebetete Prinzessin auf die Arme und sagt: »Jetzt kommst du mit mir in mein Reich!« Er schleicht mit ihr den Gang zurück, durch das Schloßtor und hebt sie behutsam auf sein Pferd. Dann springt er hinter ihr auf und reitet so schnell er kann zurück zu seinem winzig kleinen Schloß. Dort leben die beiden seitdem glücklich miteinander.

Und wenn sie nicht gestorben sind, dann leben sie noch heute.

(3) Karikatur : Das Königreich von nirgendwo

Siehe Abschnitt 4 Nr. 1.

Dieses Lied läßt sich gut als Karikatur zeichnen bzw. malen und dann als Moritat singen. Die einzelnen Personen und Tiere werden gezeichnet und darunter mit Namen vorgestellt. Dann werden die einzelnen Szenen entworfen und gezeichnet oder auf Tapetenrolle gemalt, so daß sie beim Singen des Liedes nacheinander gezeigt werden können.

(4) Papptheater: Der Froschkönig

Siehe Abschnitt 3 Nr. 1.

Material:
großer Pappkarton mit vier Deckelteilen zum Verschließen, Papierrolle, Pappe, Schaschlikspieße aus Holz, Farben, Schnur, Klebstoff

Der Karton wird mit der Öffnung nach vorn auf einen Tisch gestellt. Der untere Deckelteil wird nach vorn aufgeklappt, die drei anderen Deckelteile zur Seite bzw. nach oben geknickt und mit Schnur so befestigt, daß sie nicht mehr zuklappen können. Das Papptheater wird mit Farben oder buntem Papier verziert. Von oben wird die obere Seitenwand bis auf 1 cm Rand herausgeschnitten und an den hinteren Rand rechts und links eine Kerbe geschnitten, um die Kulissen hineinzuhängen. Die einzelnen Szenenbilder werden besprochen und in der Größe der hinteren Seitenwand des Kartons entworfen. Dann werden sie mit bunten Farben gemalt und später abwechselnd hinten in das Theater gehängt. Den Brunnen, das Bett und den Tisch usw. kann man auch aus Pappe plastisch gestalten. Die Figuren der Geschichte werden auf dünne Pappe gezeichnet, bemalt und ausgeschnitten und dann am Kopf an den Schaschlikspießen befestigt. Von oben beleuchtet eine Lichtquelle das kleine Theater. Die Figuren spielen beim Erzählen auf der Bühne, indem sie von oben in die Bühne herabgelassen oder an der Seite entlanggeführt werden.
Für die Fahrt im Wagen kann man auch eine Kulisse entwerfen, die auf einer Rolle läuft und durch seitliche Längsschlitze am Bühnenbildrand entlanggezogen wird, so daß sich das Bühnenbild bewegt, der Wagen aber auf der Bühne steht.
Den Tisch, auf dem das Papptheater bei der Aufführung steht, sollte man vorn mit einem Tuch zuhängen, damit die Beine der Spieler nicht zu sehen sind.

(5) Theaterstück: Vom König, der Gott sehen wollte

Siehe Abschnitt 3 Nr. 2.

Die Geschichte kann als kleines Theaterstück gespielt werden. Dazu verkleiden sich alle mit bunten Tüchern; auch das Licht der Sonne kann mit gelben Tüchern, die hochgehalten werden, gespielt werden. Die wörtliche Rede wird gesprochen, die Kulissen mit Tüchern und einfachen Gegenständen improvisiert.

(6) Bilder von Gott

Material:
viele Fotos in DIN-A4-Format

Die Fotos liegen in der Mitte des Teilnehmerkreises ausgebreitet. Es sind Fotos von allen erdenklichen Personen, Dingen, Naturereignissen, Situationen. Zu leiser Musik gehen die Teilnehmer/innen im Raum umher und sehen sich die Bilder an. Wer das Bild gefunden hat, das seiner/ihrer Vorstellung von Gott am nächsten kommt, nimmt es an sich und setzt sich wieder. Wenn alle ein Bild ausgewählt haben, wird die Musik angehalten, und die Teilnehmer/innen stellen sich gegenseitig ihr Bild von Gott vor.

(7) Rollenspiel: Milde und Strenge zugleich

Siehe Abschnitt 3 Nr. 3.

Aus einer Gruppe wird ein König/eine Königin gewählt. Die anderen denken sich zu zweit jeweils einen möglichen Streitpunkt aus. Den bringen sie dann vor den »König« oder die »Königin«, der/die dann ein gerechtes Urteil sprechen soll. Im Lauf des Spiels wechseln die Rollen, andere sind König oder Königin, und wieder andere denken sich Streitigkeiten aus.

(8) Das Hemd

Ein ausgedientes Hemd wird in die Mitte eines Raumes gehängt. Die Geschichte »Das Hemd des Zufriedenen« *(siehe Abschnitt 3 Nr. 4)* wird vorgelesen. Jede/r erhält einen Zettel, einen Stift und eine Sicherheitsnadel und macht sich zu den folgenden Fragen Gedanken:

Sind wir zufrieden? Wann und womit sind wir zufrieden? Was meinen wir, was uns noch zur Zufriedenheit fehlt?

Die Antworten und Gedanken werden auf die Zettel geschrieben und diese mit den Sicherheitsnadeln an das Hemd geheftet. Die Zettel werden vorgelesen, oder jede/r erhält die Möglichkeit, sie zu lesen. Es kann sich ein Gespräch über zufriedenes oder unzufriedenes Leben anschließen.

(9) Bildbetrachtungen: Jesus als König mit Dornenkrone

Künstlerische Darstellungen von Jesus als »König mit Dornenkrone« gibt es viele. Miteinander können mehrere dieser Bilder betrachtet und verglichen werden. Auf unterschiedliche Gestik und Körperhaltungen achten. Was wird durch die Bilder über Jesu Königtum ausgesagt?

(10) Gespräche

- Das Volk Israel verlangt einen König (1 Sam 8,1–22)
  Miteinander die Textstelle lesen und die Rollen und Aufgaben des Königs in Israel herausarbeiten:
  Welche Vor- und Nachteile bringt es für das Volk Israel, einen König zu haben?
  Was sind die Aufgaben des Königs?
  Warum könnte Israel auch auf einen König verzichten?

- Jesus, der leidende König (Lk 23,1–5; Mt 27,27–31a; Mk 15,1–15; Joh 18,28–38)
  Die Textstellen miteinander lesen.
  Was kommt darin zum Ausdruck über das Königtum Jesu?
  Wie sieht das Königtum Jesu aus?
  Wie wird sein Königtum von den Menschen angenommen, die in den Textpassagen erwähnt sind?

- Das Gleichnis vom anvertrauten Geld (Lk 19,11–17)
  Miteinander den Text lesen. Die Stellen nennen, die uns wichtig oder fraglich sind. Noch einmal den Text vorlesen. Austauschen über das, was wir sagen möchten und bei dem Text empfinden. Der Frage nachgehen: Welche Dinge sind uns anvertraut? Was machen wir daraus und aus unseren Talenten und Begabungen?

Clown

1. Einführung

Der Clown oder Narr ist das Gegenbild zum König. Der König regiert in Weisheit und hat die Macht über seine Untertanen – aber wer kann ihm die Wahrheit sagen? Der Narr. Tatsächlich war der Hofnarr an den Höfen derjenige, der den König und seine Gäste zum Lachen zu bringen hatte, der ihm aber auch als einziger ungestraft die Wahrheit sagen durfte. In Naturreligionen standen Narren sogar im Ruf der Heiligkeit und waren unantastbar.

Narren sind Propheten, weil sie den Menschen einen Spiegel vorhalten, der ihnen zeigt, wer und was sie wirklich sind. Im Lauf der Zeit sind aus dem Narren unterschiedliche Figuren geworden: Wir kennen Till Eulenspiegel mit dem Narrenspiegel und der Narrenkappe, den Clown mit seinem viel zu großen Anzug, der Glatze und der roten Nase, den Gaukler, der viele Gestalten annehmen kann, den Harlekin in seinem bunten Gewand, den Pierrot mit seinem weißen Gesicht und seinem vornehmen Getue. Hinter ihrem überzeichneten Auftreten, den oft zu großen Kleidern, den bunt geschminkten Gesichtern verbirgt sich etwas von der tiefen Sehnsucht der Menschen nach Freiheit und Wahrheit, nach Ausgelassenheit und Fröhlichkeit, nach Echtheit und Liebe.

Tragisch wird die Figur des Narren, der alle zum Lachen bringt, aber dennoch in seinem Herzen tieftraurig ist, wie es zum Beispiel in der Oper »Der Bajazzo« erzählt wird. Er ist hin- und hergerissen zwischen seiner Aufgabe und den Anforderungen seines Lebens. Viele Menschen finden sich in der Figur des Clowns wieder, weil sie genau diese Zerrissenheit selbst erleben. Sie spielen eine Rolle, die sie in Wirklichkeit gar nicht sind. Als Clown, als Narr darf man offen und ehrlich seine Gefühle zeigen, als Clown und Narr trägt man eine Maske und kann vielleicht gerade deshalb sein wahres Gesicht zeigen, muß es nicht mühsam verbergen.

Obwohl es die Figur des Clowns zur Zeit des Alten und Neuen Testaments noch nicht gibt, gab es Figuren, die diese Narrheit oder

Wahrheit des Lebens verkörperten. Die Narren des Alten Testaments sind die Propheten. Im Neuen Testament macht Jesus selbst sich zum Gespött der Menschen, ein Gedanke, den Künstler in dem Motiv »Christus, der Narr« aufgreifen. Der Apostel Paulus schreibt in einem seiner Briefe: »Wir sind Narren um Christi willen« (1 Kor 4,40), und als Narren um Christi willen verstehen sich viele Heilige: Franz von Assisi, Philipp Neri, Jacopone da Todi, Maria von Magdala, Mutter Teresa von Kalkutta u.a.

Im Lauf der Zeit wurde der Clown zu einer Gleichnisgestalt für unser Leben. »Der Mensch, der in seiner Narretei der Welt den Spiegel vorhält, der ›letzte Freigelassene der Schöpfung‹ (Jürgen Moltmann), der so frei ist, den Unmündigen die Wahrheit zu sagen und als Ohnmächtiger das Zepter zu schwingen, der ganz normale Mensch, dessen Normalität alle in Aufregung versetzt« (Heinz Tiefenbacher, in: Sieger Köder, Narren, Gaukler, Harlekine, Schwabenverlag, Ostfildern 1995), das ist der Clown.

2. Biblische Bezüge

Natan und König David (2 Sam 12,1–15)
Der Narr (Jer 17,11)
Der Prophet ist ein Narr (Hos 9,7)
Närrisches Verhalten (Lk 12,16–21)
Toren um Christi willen (1 Kor 4,9–13)
Die Narrenrede (2 Kor 11,16–12,13)

3. Geschichten/Texte

(1) Mich ich – dich du

Fasching –	ich fühle mich verkannt –
Maske und Verkleidung –	erkennst du dich –
ich kenne mich nicht mehr –	zeig dich erkenntlich –

gib dich zu erkennen –
bekannt – verkannt – erkannt –
Fasching –
Maske und Verkleidung –
wo sind deine Augen –
zeig Gesicht –
das ist Ansichtssache –
sieh mich an –
es ist kein Versehen –
mein Gesicht ist meine Maske –
meine Maske ist mein Gesicht –
Menschen haben ein Gesicht –
Maskenträger –
heilige Maskerade –
unheilige Maskerade –
verstecken –
verstecken spielen –
Fasching –
Maske und Verkleidung –
Schminke und Farbe –
bekenn Farbe –
abschminken –
farblose Gesichter –
ich werde rot –
ich sehe schwarz –

du bist zu blaß –
bekenn Farbe –
Maske und Verkleidung –
Fasching –
das Fest –
eine Ausnahme –
mach mit mir eine Ausnahme –
ich fühle mich ausgenommen –
Applaus –
Menge –
Masse –
Masse der Masken –
keine Sicht –
aussichtslos –
ich bin ein Narr –
Das alles ging ihm durch
den Kopf, als er den
Zettel fand:
»Gott schuf mich ich –
Gott schuf dich du –
Um Gottes Willen:
Laß mich ich sein!«
Da mußte er lächeln –
leise –,
aber es tat gut.

Peter Spangenberg

Aus: Peter Spangenberg, Dem Himmel auf der Spur, Märchen – Fabeln – Einfälle, Friedrich Bahn Verlag, Neukirchen-Vluyn 1991.

(2) Harlekin

Lieben, Hassen, Hoffen, Zagen,
alle Lust und alle Qual,
alles kann ein Herz ertragen
einmal um das andre Mal.

Aber weder Lust noch Schmerzen,
abgestorben auch der Pein,
das ist tödlich deinem Herzen,
und so darfst du mir nicht sein!

Mußt dich aus dem Dunkel heben,
wär es auch um neue Qual,
leben mußt du, liebes Leben,
leben noch dies eine Mal!

Hugo von Hofmannsthal

(3) Der betende Gaukler

Es war einmal ein Gaukler, der tanzend und springend von Ort zu Ort zog, bis er des unsteten Lebens müde war. Da gab er alle seine Habe hin und trat in das Kloster zu Clairvaux ein. Aber weil er sein Leben bis dahin mit Springen, Tanzen und Radschlagen zugebracht hatte, war ihm das Leben der Mönche fremd, und er wußte weder ein Gebet zu sprechen noch einen Psalter zu singen.

So ging er stumm umher, und wenn er sah, wie jedermann des Gebetes kundig schien, aus frommen Büchern las und mit im Chor die Messe sang, stand er beschämt dabei. Ach, er allein, er konnte nichts. »Was tu ich hier?« sprach er zu sich, »ich weiß nicht zu beten und kann mein Wort nicht machen. Ich bin hier unnütz und der Kutte nicht wert, in die man mich kleidete.«

In seinem Gram flüchtete er eines Tages, als die Glocke zum Chorgebet rief, in eine abgelegene Kapelle. »Wenn ich schon nicht mitbeten kann im Konvent der Mönche«, sagte er vor sich hin, »so will ich doch tun, was *ich* kann.«

Rasch streifte er das Mönchsgewand ab und stand da in seinem bunten Röckchen, in dem er als Gaukler umhergezogen war. Und während vom hohen Chor die Psalmgesänge herüberwehen, beginnt er mit Leib und Seele zu tanzen, vor- und rückwärts, links herum und rechts herum. Mal geht er auf seinen Händen durch die Kapelle, mal überschlägt er sich in der Luft und springt die kühnsten Tänze, um Gott zu loben. Wie lange auch das Chorgebet der Mönche dauert, er tanzt ununterbrochen, bis es ihm den Atem verschlägt und die Glieder ihren Dienst versagen.

Ein Mönch war ihm aber gefolgt und hatte durch ein Fenster seine Tanzsprünge mitangesehen und heimlich den Abt geholt. Am anderen Tag ließ dieser den Bruder zu sich rufen. Der Arme erschrak zutiefst und glaubte, er solle des verpaßten Gebetes wegen gestraft werden. Also fiel er vor dem Abt nieder und sprach: »Ich weiß, Herr, daß hier meines Bleibens nicht ist. So will ich aus freien Stükken ausziehen und in Geduld die Unrast der Straße wieder ertragen.« Doch der Abt neigte sich vor ihm, küßte ihn und bat ihn, für ihn und alle Mönche bei Gott einzustehen: »In deinem Tanze hast du Gott mit Leib und Seele geehrt. Uns aber möge er alle wohlfeilen Worte verzeihen, die über die Lippen kommen, ohne daß unser Herz sie sendet.«

Hubertus Halbfas

Aus: Hubertus Halbfas, Der Sprung in den Brunnen, Patmos Verlag, Düsseldorf 13. Auflage 1995.

(4) Ballade vom Clown

es war einmal
ein grandioser clown
der rennt
und rennt
über plätze
und straßen
er rennt
und schreit

er rennt
und schreit
aus leibeskräften
er rennt
und schreit
der zirkus brennt
er rennt
und schreit
der zirkus brennt

und die leute
kommen
an die fenster
auf die balkone
laufen auf die straßen
stehen auf den plätzen
und sagen
seht den clown
ein toller clown

seht wie er spielt
seht wie er schreit
seht wie er rennt
und schreit
der zirkus brennt
einsame spitze
ein toller clown
weltklasse

seht den tollen clown
sagten die jungen fraun
seht wie er zirkus macht
seht wie er weint und lacht

und er schreit
und rennt
und er rennt und schreit
der zirkus brennt
und er schreit
aus leibeskräften
und er weint
und er reißt sich
die perücke vom kopf
und er weint
und es läuft ihm
die schminke
vom gesicht
und er rennt und schreit

269

der zirkus brennt
und er rennt und schreit
und reißt sich die kleider
vom leib
und er schreit
und rennt
der zirkus brennt

und da laufen
welche
mit papier und stift
und sagen
bitte ein autogramm
und er schreit
und weint
und zerreißt das papier

und er rennt
und schreit
der zirkus brennt
und sie finden es toll
und sagen
wirklich
einsame spitze
ein toller clown
weltklasse

und der clown
er rennt und schreit
und er rennt und schreit
und er schreit

aus leibeskräften
und er rennt sich die seele
aus dem leib
und er rennt
und schreit
der zirkus ...

und da ...
er greift mit der hand
an sein herz
und ohne schrei
bricht er zusammen

und tosender beifall
aus allen fenstern
von allen balkonen
auf allen straßen
auf allen plätzen
in der manege der langeweile

und das zirkuszelt
die welt
brennt lichterloh

und der clown ist tot
und er rennt nicht mehr
und er schreit nicht mehr

das zirkuszelt
die welt
brennt

Wilhelm Willms

Aus: Wilhelm Willms, der geerdete himmel, Verlag Butzon & Bercker, Kevelaer.

(5) Der Clown

Als ich ihn sah in Rampenlicht und Spänen,
begriff ich etwas von Erschütterung,
von kleinen Wunden und von großen Plänen,
von tiefem Leiden ohne die Verbitterung,

die sonst die Menschen hilflos macht und kalt
und überfällt nach Laune der Dämonen.
Doch er war weise, jung und wirkte doch so alt –;
ich sah die Liebe in den bunten Augen wohnen.
Die Masse Mensch, die auf den Bänken hockte,
erlebte ganz berauscht die Kuppelsprungartisten.
Und wenn dann diesem oder jenem mal der Atem stockte,
dann galt es nur, die eigne Angst gekonnt zu überlisten.
Wie alles in der Welt nur eine Frage scheint der List,
und wie man Rausch erzeugt und falschen Bann,
so daß das Leben am berauschendsten dann ist,
wenn man sich selbst berauscht oder gar selber springen kann.
Und wenn dann einer kommt – maskiert in neuen Tönen –
und mit der neuen Maske eine alte Wirklichkeit entlarvt
und eine Botschaft bringt, nach der sich alle sehnen,
dann trifft er tote Seelen an, gewohnheitsspeckig unbedarft.
Nur Kinder haben ein Gespür für bunte Augen
und für den Frack, der weiße Pluderhosen schwärzt,
und für die märchenhaften Schuhe, die schon lange nichts mehr taugen,
und für die Botschaft, die beglückt und schmerzt.
Beklatscht wird der, der in dem Angstroulette sein Leben setzt,
und auch beklatscht wird der, der Hunde Männchen machen läßt.
Doch wehe dem, der alles Leben dankbar höher schätzt:
dem gibt man, wenn es irgend geht, den bittren Rest.
Ich sah ihn, wie er diesen Rest behutsam in die Hände füllte
und dann in Melodie verwandelte und hellen Sinn
und damit dann den Rest von Sehnsucht stillte
mit Hilfe seines Instruments so zwischen Frack und Kinn.
Er wurde selbst zum Instrument der Wahrheit, die er spielte;
und mancher sah, daß er, der Clown, zu Tiefen fand,
die er wohl selber durch Erfahrung seiner Hoffnung fühlte,
was ihn geheimnisvoll dann auch mit meinem Sinn verband.
Vielleicht kann nur der Clown noch wirklich Wege zeigen,
vielleicht nur der, der sich zum Clown berufen läßt;
denn ihnen und den Kindern ist beglückend ernst zu eigen:
Die Wahrheit und das Leiden, die Freude und der ganze Rest.

Peter Spangenberg

4. Lieder/Tanz/Musik

(1) Ich möcht' mit einem Zirkus ziehn

Lied abgedruckt in Elsbeth Bihler, Symbole des Lebens – Symbole des Glaubens I: Licht – Feuer, S. 143.

(2) Claudio der Clown

1. Clau - di - o, der Clown, schenkt Spaß und so - viel Freu - de.
Clau - di - o, der Clown, ver - zau - bert uns auch heu - te. *Refr.:* Seht
her, er läch - elt bloß: Al - lez hopp, al - lez hopp, al - lez
hopp, al - lez hopp, al - lez hopp! Und schon geht's los!

2. Claudio, der Clown,
   der läßt es uns jetzt wagen,
   daß wir uns getraun
   und Purzelbäume schlagen.

3. Claudio, der Clown,
   der läßt es uns erleben,
   daß wir uns getraun,
   wie Seifenblasen schweben.

4. Claudio, der Clown,
   der winkt mit beiden Händen,
   daß wir uns getraun,
   und watscheln wie die Enten.

5. Claudio, der Clown,
   der braucht es nur zu sagen,
   daß wir uns getraun
   und gleich ein Tänzchen wagen.

6. Claudio, der Clown,
   läßt uns wie Hummeln brummen,
   daß wir uns getraun
   und umeinander summen.

7. Claudio, der Clown,
   der läßt es uns erleben,
   daß wir uns getraun,
   einander hoch zu heben.

8. Claudio, der Clown,
   der schaffts mit Spaß und Witzen,
   daß wir uns getraun
   einander durchzukitzeln.

9. Claudio, der Clown,
   hilft uns aus freien Stücken
   daß wir uns getraun,
   einander fest zu drücken.

10. Claudio, der Clown,
    der läßt uns Fratzen machen,
    daß wir uns getraun,
    einander anzulachen.

11. Claudio, der Clown,
    der läßt uns Nasen drehen,
    daß wir uns getraun
    und uns im Spiegel sehen.

12. Claudio, der Clown,
    der weiß so viele Sachen,
    daß wir uns getraun
    und mit den andern lachen.

T: Rolf Krenzer M: Reinhard Horn
Aus: Spiele, Töne, Spaß und Lieder
Rechte: KONTAKTE Musikverlag, Lippstadt.

Spielanleitung:

Zum Lied wird so gespielt, wie es in den Strophen vorgemacht wird.

(3) Das Lied vom Clown

1. Das Spiel be-ginnt, ein Clown tritt auf, er hat den glei-chen Le-bens-lauf wie du und ich. Die Mas-ke setzt er aufs Ge-sicht. Das La-chen, Wei-nen siehst du nicht, so spielt er dich und mich.

2. Behutsam schaut er sich jetzt um,
   das hochverehrte Publikum
   sieht ihn dort stehn.
   Mit Spannung wartend auf den Scherz,
   doch sein Gesicht versteckt den Schmerz,
   du kannst ihn nicht recht sehn.

3. Doch da, ein Lächeln um den Mund,
   dem Spaß gehöret diese Stund,
   die Menge lacht.
   Denn fröhlich soll'n die Menschen sein,
   wer traurig ist, darf hier nicht 'rein.
   Hier wird nur Spaß gemacht.

4. Doch wehe, wer von Ernst bewegt,
   wer seine Maske abgelegt,
   schaut traurig drein.

Dem Clown zeiht keiner diese Tat,
er übt am Publikum Verrat,
er darf kein Clown mehr sein.

5. Wer sich in seinem Kleid verschanzt
und andern nach der Pfeife tanzt,
nie selbst er ist.
Drum setze deine Maske ab,
gib dich, wie keiner sonst sich gab,
sei, der du selbst bist.

6. Die Spielzeit allzu schnell verrinnt,
denk nach, bevor dein Spiel beginnt,
wer du willst sein.
Wer Masken und Kostüme trägt
und wer zum Spaß die Welt zersägt,
zu dem sagt mancher: Nein.

7. Das Leben sei ein Spiel, sagt man,
zu hoch gepokert – und was dann?
Du hast verlor'n.
Wir lachen unsern Clown bloß aus,
wir gehen amüsiert nach Haus,
wir fühl'n uns neugebor'n.

T und M: Christoph Recker
Rechte beim Autor.

Ausdruckstanz:

Eine/r spielt den Clown, während ein Chor das Lied vom Clown singt. Die Gefühle und Bewegungen werden ganz behutsam dargestellt, sparsam, aber langsam und deutlich. Die Choreographie vorher genau überlegen!

(4) Musik

– Richard Strauss: Till Eulenspiegels lustige Streiche op. 28
– Igor Strawinsky: Petrouschka
– Leoncavallo: Der Bajazzo (Oper)

5. Bilder

- Peter Litzenburger: Christus, der Narr (Bilderzyklus)
- Bilder von Sieger Köder in: Narren, Gaukler, Harlekine, Schwabenverlag, Ostfildern 1995.
- Rosy Fernandez Diaz: Clown mit Geige
  Poster Verkerke Reprodukties BV/P.O. Box 30 Bennekom/Holland

6. Gestalten/Malen/Basteln

(1) Ideenfindung: Clown

Die Mitte ist gestaltet mit dem Foto eines Clowns, das auf einem großen Papierbogen liegt. Die Teilnehmer/innen werden aufgefordert, spontan das aufzuschreiben, was ihnen einfällt.

(2) Bild zum Lied: Ich möcht' mit einem Zirkus ziehn

Siehe Abschnitt 4 Nr. 1.

Material:
Farben, Papier

Methode:
Das Lied wird miteinander gesungen und anschließend immer weiter gesummt. Dabei malt jede/r ein Bild zum Lied, um es für sich mit nach Hause zu nehmen.

(3) Malen zu Musik

Siehe Abschnitt 4 Nr. 4.

Material:
Farben, Pinsel, Papier

Methode:

a) Die einzelnen Musikstücke in Ruhe mehrmals anhören und dann ein abstraktes Bild in den Farben malen, die zur Musik einfallen.

b) Die Hintergrundgeschichten zu den Kompositionen lesen und danach ein Bild zur Geschichte und zur Musik malen, evtl. auch mehrere Szenen.

(4) Gipsmasken

Material:
Gipsverband, Wasser, Farbe

Methode:
Eine Schüssel mit Wasser wird bereitgestellt. Der Gipsverband wird in 10 cm lange Stücke geschnitten. Zwei Personen tun sich zusammen. Eine setzt sich auf einen Stuhl und hält das Gesicht (ohne Brille) nach oben. Der/Die andere feuchtet die Gipsverbandstücke in der Schüssel an und legt sie auf das Gesicht der/des anderen, bis das ganze Gesicht abgedeckt ist (Mund zum Atmen freilassen). Der Gipsverband bleibt auf dem Gesicht, bis er getrocknet ist. (Man sollte sich vorher entscheiden, ob die Augen frei bleiben oder geschlossen werden). Dann wird die Maske abgenommen und mit Farben bemalt.

(5) Masken aus Pappe

Material:
Pappe (Pappteller), Schnur, Schere, Farben, Bast

Methode:
Auf die Pappe (oder den Pappteller) werden Augen, Mund und Nase maßstabgerecht aufgezeichnet und ausgeschnitten. Rechts und links an dem Pappgesicht wird eine Schur zum Festbinden befestigt. Das Gesicht wird bunt gemalt und kann an der Stirn noch mit Haaren (bunte Bastfäden) verziert werden.

Man kann das Gesicht auch auf die Seite eines ganzen Kartons malen, ausschneiden und den Karton als Röhre über den Kopf stülpen.

7. Stilleübungen

L = Leiter/in; TN = Teilnehmer/in(nen). Jede freie Zeile im Sprech-
text bedeutet eine längere Sprechpause.

(1) Clown

Die TN sitzen im Kreis, in der Mitte liegt das Bild eines Clowns.

L spricht:
In der Mitte sehen wir das Bild eines Clowns.
Wir schauen es an und schließen dann die Augen.
Wir versuchen, uns zu erinnern.
Wir sehen die Clowns vor uns, die wir selbst schon erlebt haben.

Wir sehen Clowns, die alles versuchen,
denen alles mißlingt und die durch ihr Ungeschick die Menschen
zum Lachen bringen.
Wir sehen diese Clowns, die trotz ihres Ungeschicks das Leben zu
genießen scheinen.
Wir sehen die Clowns,
wir schauen ihnen ins Gesicht
und entdecken in ihren Augen eine unendliche Traurigkeit.

Vielleicht sehen wir in ihnen alle unerfüllte Sehnsucht nach Liebe,
nach Glück, nach Geborgenheit.

Vielleicht sehen wir in ihnen unser eigenes Gesicht.

Musik einspielen zum Nachdenken.

(2) Masken

In der Mitte liegen auf einem Tuch mehrere unterschiedliche Mas-
ken.

L spricht:
Wir sehen in der Mitte Masken.
Wenn Karneval ist, setzen wir Masken auf.
Da können wir sie alle sehen.
Manche Menschen setzen gerne Masken auf.

Sie können dahinter ihr wahres Gesicht verbergen.
Sie können unerkannt und unbeobachtet andere beobachten.

Gerade deshalb haben manche Menschen Angst vor Masken.
Sie sind unheimlich, weil unbewegt.

Aber die sichtbaren Masken sind die wenigsten;
den scheinbar unsichtbaren Masken begegnen wir häufiger, fast täglich:
der Maske der Freundlichkeit,
der Maske der Fröhlichkeit,
der Maske der Strenge,
der Maske der ...
Wir können diese Reihe beliebig fortsetzen.

Welche Masken setzen wir täglich auf?
Sind wir uns unserer Masken bewußt?
Wurden sie schon zu unserem eigentlichen Gesicht?
Was verbirgt sich hinter unseren Masken wirklich?

An dieser Stelle wird ruhige Musik eingespielt. Im Anschluß kann der Text »Mich ich – dich du« (siehe Abschnitt 3 Nr. 1) gelesen werden.

8. Spiel und Aktion

(1) Clown sein

Material:
Clownschminke, zu große und zu weite Kleidung aus der Klamottenkiste, diverse Gegenstände

Gegenseitig schminken sich alle als Clowns. Aus der Klamottenkiste sucht sich jede/r Kleidung zusammen, die viel zu groß ist. Immer 2 bis 3 Personen tun sich zusammen und denken sich mit irgendeinem Gegenstand oder Instrument eine Clownnummer aus, die sie dann allen vorstellen.

(2) Zirkusbesuch

Miteinander einen Zirkus besuchen und besonders auf die Clown-
nummern achten, evtl. hinterher mit dem Clown ein Interview führen über seinen Beruf. (Vorher die Fragen überlegen!)
Clown mit bunten Farben malen.

(3) Pantomime: Der betende Gaukler

Siehe Abschnitt 3 Nr. 3.

Die Geschichte wird als Pantomime gespielt, ohne sie vorzulesen.
Die Verkleidung geschieht mit bunten Tüchern. Zunächst ist der
Gaukler ganz bunt gekleidet und macht Späße. Dann begegnet er
den dunkel gekleideten Mönchen und zieht ebenfalls ein dunkles
Tuch über. Während die Mönche beten, sieht man ihm seine Unsi-
cherheit an, bis er wegläuft zu einem aufgestellten Kreuz, das dunkle
Gewand abstreift und vor dem Kreuz tanzt.
Zur Pantomime kann man auch Klangbilder entwerfen oder vom
Band Musik einspielen, fröhliche Tanzlieder und gregorianischen
Choral als Gegensatz.
Jeder kann für sich überlegen, was er/sie am besten kann, um Gott
zu loben.

(4) Gespräche

- Ballade vom Clown *(siehe Abschnitt 3 Nr. 4)*
  Miteinander überlegen: Wer macht sich bei uns zum Narren, der
  warnt und dessen Warnung doch in den Wind geschrieben wird?

- Die »Narrenrede« (2 Kor 11,16–12,13)
  Die Narrenrede des Paulus als begeisterter Redner vor einer
  Gruppe vortragen. Hinterher miteinander austauschen, was diese
  »Rede« bei den einzelnen ausgelöst hat.